# EVANGELIOS

# APOCRIFOS

# EVANGELIOS

# APOCRIFOS

editorial Sirio, s.a.

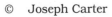

ISBN: 84-7808-191-7
Depósito legal: B-28.498-1996

Impreso en los talleres gráficos de
Romanya/Valls, Verdaguer 1,
08786-Capellades (Barcelona)

# Introducción

Originalmente la palabra *Apócrifo* (escondido, secreto), no significaba nada falso o desautorizado, aunque con el paso de los siglos ésta sería la connotación principal que dicho término fue adquiriendo, al menos dentro de la Iglesia.

Los llamados evangelios apócrifos constituyen una colección de textos muy heterogéneos, cuyos únicos rasgos comunes son su demostrada antigüedad, el tratar de temas o personajes muy importantes relacionados con el inicio de la religión cristiana y el haber sido rechazados todos ellos por las autoridades eclesiásticas.

Atacados y vilipendiados por unos y excesivamente alabados por otros, los evangelios apócrifos nos presentan un cuadro multicolor y sumamente interesante de los primeros tiempos del cristianismo. En ellos se capta la frescura y la inocencia del cristianismo inicial, en el que la religión popular y la enseñanza esotérica no habían sido todavía ocultadas ni sometidas por una Iglesia que con el tiempo llegaría a ser extremadamente autoritaria y represiva.

En este volumen presentamos una selección de los apócrifos del Nuevo Testamento que hemos considerado más significativos; textos, todos ellos redactados durante los primeros siglos de nuestra era, muchos contemporáneos e incluso tal vez anteriores a los evangelios canónicos.

A través de estos escritos, el lector interesado podrá penetrar más profundamente no sólo en el proceso de gestación de las nuevas ideas religiosas que tuvo lugar en los primeros tiempos de nuestra era, sino también en los misterios de la historia de Jesús, cuyo poderoso atractivo sigue vigente después de veinte siglos.

# Protoevangelio de Santiago

El *Protoevangelio* de Santiago pertenece al grupo de los Evangelios de la Natividad, que relatan también el nacimiento y adolescencia de la Virgen María. El término *Protoevangelio* fue utilizado por primera vez para designar a este apócrifo en 1552 por el humanista francés Guillermo Postel, quien al ver que era leído en las iglesias de Oriente pensó que allí se le consideraba canónico y que constituía una especie de prólogo o introducción al evangelio de San Marcos, de ahí el nombre de *Protoevangelium*. Por ello sería más apropiado denominarlo simplemente *Libro de Santiago* que es el nombre con que lo conocía Orígenes.

Las primeras referencias a este evangelio las hallamos ya en Clemente de Alejandría, maestro de Orígenes. Y también Justino mártir refiere detalles del nacimiento de Jesús que no se encuentran en ningún otro lugar más que en este *Libro de Santiago*. Parece que fue escrito a principios del siglo II por lo que constituye, para muchos autores, la narración más antigua del milagroso nacimiento y de la infancia de la Virgen María. En él aparecen por vez primera los nombres de sus padres: Joaquín y Ana, así como algunos episodios bastante interesantes, no exentos de extravagancias.

Con un lenguaje lleno de ingenuidad y de frescura, cuenta los primeros años de María. Evidentemente el fin principal de toda la obra es demostrar la virginidad perpetua de María antes del parto, en el parto y después del parto, por eso no tiene reparo en beber "el agua de la prueba del Señor". Su virginidad durante el parto es atestiguada además por una comadrona que estuvo presente en el nacimiento.

Su autor trata de dar la impresión de que es Santiago, hermano de Jesús. Quien fuera, en realidad, es imposible averiguarlo. Su ignorancia de la geografía de Palestina es sorprendente, por otra parte, en sus narraciones se nota una gran influencia del Antiguo Testamento, lo cual parece indicar que se trata de un cristiano de origen judío que vivía fuera de Palestina, quizás en Egipto.

En su forma actual, no es obra de un solo autor. Los incidentes de la muerte de Zacarías y la huida de Juan el Bautista se ve claramente que fueron añadidos con posterioridad, además el hilo del relato se rompe en varias ocasiones.

Aunque su constitución actual no se remonta más allá del siglo V, es evidente que las dos primeras partes existían ya en la primera mitad del siglo II. Fue frecuentemente utilizado en las iglesias griegas y también por oradores, poetas y artistas griegos y bizantinos. Existen más de treinta manuscritos del texto griego, además de traducciones muy antiguas en armenio, siríaco, copto y eslavo, sin embargo todavía no se ha descubierto ningún manuscrito latino.

La influencia de este evangelio en el campo de la liturgia, la literatura y el arte ha sido enorme. El culto de Santa Ana y la fiesta eclesiástica de la Presentación de la Virgen en el Templo deben su origen a este libro. Muchas de las leyendas sobre nuestra Señora están basadas en él. Ha constituido una permanente fuente de inspiración para los artistas de todos los tiempos.

# PROTOEVANGELIO
# DE SANTIAGO

# I

**1.** Según las historias de las doce tribus de Israel, Joaquín era un hombre muy rico que siempre ofrecía sus presentes por partida doble diciendo: "El excedente de mi ofrenda será para todo el pueblo y lo que dono como expiación de mis faltas será para el Señor, a fin de que se muestre propicio".

**2.** El gran día del Señor llegó y los hijos de Israel llevaban sus ofrendas. Pero Rubén, poniéndose frente a Joaquín, le dijo: "No se te permite traer tus ofrendas porque no has engendrado un hijo en Israel".

**3.** Joaquín quedó muy afligido y se dirigió a los archivos de las doce tribus del pueblo, diciendo: "Veré si en los archivos de las tribus de Israel soy el único que no ha engendrado un hijo". Y buscó y encontró que todos los justos habían tenido descendencia en Israel; y recordó al patriarca Abraham, a quien Dios le había dado por hijo a Isaac en sus últimos días.

**4.** Joaquín se quedó muy apesadumbrado y sin decir nada a su mujer, se fue al desierto, y allí puso su tienda y ayunó 40 días y 40 noches repitiéndose a sí mismo ¡No descenderé ni para comer ni para beber hasta que el Señor, mi Dios, venga a visitarme, la oración será mi alimento y mi bebida!

# II

**1.** Mientras tanto Ana, su mujer, lloraba y se lamentaba diciendo: "¡Me lamento por mi viudez y también por mi esterilidad!".

**2.** Llegó el gran día del Señor, y Judit su sierva, le dijo: "¿Hasta cuándo vas a soportar este abatimiento de tu alma?

El gran día del Señor ha llegado y no te está permitido llorar; toma este velo que me han dado, yo no puedo llevarlo porque soy sierva y tiene el signo real".

**3.** Y Ana dijo: "No haré eso, pues el Señor me ha humillado; seguramente, algún malvado te habrá dado ese velo y tú vienes para que me una a tu pecado". Y Judith dijo: "¿Qué daño podría yo desearte si el Señor ha cerrado tu seno para que no tengas posteridad en Israel?".

**4.** Y Ana, muy apesadumbrada, se quitó el duelo, se lavó la cabeza y se vistió con su traje de novia, y hacia la novena hora descendió al jardín para pasear. Y vio un laurel y se sentó bajo él y oró al Señor diciendo: "Dios de mis padres, bendíceme y escucha mi plegaria, al igual que bendijiste las entrañas de Sara y le diste a su hijo Isaac".

# III

**1.** Y levantando los ojos al cielo vio un nido de gorriones en el árbol y comenzó a llorar diciéndose: "¡Pobre de mí! ¿Quién me habrá engendrado y de qué vientre he nacido, para que me haya convertido en una maldición para los hijos de Israel, para que me hayan ultrajado y expulsado del templo del Señor?".

**2.** "¡Pobre de mí! ¿A quién me parezco? No a los pájaros del cielo, porque incluso los pájaros del cielo son fecundos ante vos, Señor. ¡Pobre de mí! ¿A quién me parezco? No a las bestias salvajes de la tierra; porque incluso las bestias salvajes de la tierra son fecundas ante vos, Señor".

**3.** "¡Pobre de mí! ¿A quién me parezco? No me parezco a estas aguas; porque incluso estas aguas son fecundas ante vos, Señor. ¡Pobre de mí! ¿A quién me parezco? No me parezco a esta tierra; porque incluso esta tierra da sus frutos a su tiempo, y os bendice, Señor".

## IV

**1.** Y entonces un ángel del Señor se le apareció y le dijo: "Ana, el Señor ha escuchado tu plegaria, concebirás y darás a luz una hija y se hablará de tu primogénita por toda la Tierra". Y Ana dijo: "Por mi Señor, mi Dios, que si doy a luz sea un hijo o una hija, lo ofreceré al Señor y será su siervo todos los días de su vida".

**2** Y sucedió que entonces llegaron dos mensajeros y le dijeron: "Joaquín tu esposo llega con sus ovejas pues un ángel del señor descendió sobre él y le dijo: Joaquín, el Señor Dios, ha escuchado tu oración, baja, pues tu esposa Ana concebirá una hija".

**3.** Y Joaquín bajó y llamó a los pastores y les dijo: "Traedme diez corderos sanos, que serán para mi Dios y traedme también doce becerros que serán para los sacerdotes y el consejo de ancianos y cien cabritos que serán para todo el pueblo".

**4.** Y entonces Joaquín llegó con sus rebaños, y Ana, de pie en la puerta, viéndole venir, corrió hacia él y le echó los brazos al cuello, diciendo: "Ahora sé que el Señor Dios me ha colmado de bendiciones; pues era viuda y ya no lo soy, no tenía hijos y voy a concebir en mis entrañas". Y Joaquín descansó el primer día en su casa.

## V

**1.** Al día siguiente, Joaquín presentó sus ofrendas, diciéndose a sí mismo: "Si el Señor Dios me es propicio, me permitirá ver el disco de oro del sacerdote". Y Joaquín presentó sus ofrendas y fijó su mirada en el disco de oro del sacerdote, cuando éste ascendió al altar del Señor y no percibió ninguna falta en él. Y Joaquín dijo: "Ahora sé que el

Señor me es propicio y que ha redimido todos mis pecados". Y descendió del templo del Señor y volvió a su casa.

**2.** Así, pues, cumplidos los meses de Ana, al noveno dio a luz. Y preguntó a la comadrona: "¿Qué he parido?". Y ella dijo: "Una niña". Y Ana respondió: "Mi alma ha sido glorificada en el día de hoy". Y acostó a la niña. Cumplidos algunos días, Ana se lavó, dio el pecho a la niña y la llamó María.

## VI

**1.** Cada día la niña crecía más; cumplió seis meses y su madre la puso en el suelo para ver si se tenía de pie. Dio siete pasos y se lanzó al regazo de su madre. Esta la levantó diciéndole: "Por el Señor mi Dios, que no pisarás más este suelo hasta el día que te lleve al templo del Señor". Y colocó un santuario en la habitación de la niña, y no le dejó tomar como alimento nada que fuera vil ni impuro. Y llamó a las hijas de los hebreos, a aquéllas que no tenían mancha, para que jugaran con ella.

**2.** La niña llegó a la edad de un año, y Joaquín dio un gran festín e invitó a los sacerdotes, los escribas y al consejo de ancianos y a todo el pueblo de Israel. Y Joaquín presentó la niña a los sacerdotes y éstos la bendijeron diciendo: "Dios de nuestros padres, bendice a esta niña y dale un nombre que sea repetido hasta el fin de los siglos y a través de todas las generaciones". Y todo el pueblo dijo: "Así sea, así sea". Y Joaquín la presentó a los príncipes de los sacerdotes y la bendijeron diciendo: "Dios de lo más alto del cielo, dirige tu mirada sobre esta niña, y dale tu suprema bendición".

**3.** Y su madre la llevó de nuevo al santuario que había en su habitación, y la amamantó. Y Ana cantó un himno al

Señor Dios, diciendo: "Quiero cantar un himno al Señor mi Dios, porque vino a verme y apartó de mí el ultraje de mis enemigos; porque el Señor me dio un fruto de su justicia a la vez uno y múltiple ante su rostro. ¿Quién anunciará a los hijos de Rubén que Ana amamanta a una niña? Sabed, sabed, las doce tribus de Israel, que Ana amamanta una niña". Y ella dejó a la niña en la habitación, en el santuario y salió y sirvió a los invitados. Una vez acabada la cena, todos descendieron llenos de júbilo, glorificando al Dios de Israel.

## VII

**1.** Los meses fueron transcurriendo para la niña. Tenía ya cerca de dos años, y Joaquín dijo: "Llevémosla al templo del Señor para cumplir la promesa que hemos hecho, no sea que el Todopoderoso nos envíe un mensajero y rechace nuestra ofrenda". Y Ana dijo: "Esperemos a que cumpla tres años para que la niña no eche de menos a su padre y a su madre". Y Joaquín dijo: "Esperemos".

**2.** Y la niña cumplió los tres años, y Joaquín dijo: "Llamad a las hijas de los hebreos que se hallan sin mancha y que cojan cada una una antorcha y las mantengan encendidas para que la niña no se vuelva hacia atrás y su corazón se fije sólo en el templo del Señor". Y ellas hicieron lo que se les había ordenado hasta que subieron al templo del Señor. El sacerdote recibió a la niña, la abrazó, la bendijo y le dijo: "El Señor ha glorificado tu nombre a través de todas las generaciones. En ti el Señor, en el último día, mostrará la redención prometida a los hijos de Israel".

**3.** E hizo sentar a la niña en el tercer escalón del altar, y el Señor Dios hizo descender su gracia sobre la niña, y ella bailó y toda la casa de Israel la amó.

## VIII

**1.** Y sus padres se fueron llenos de admiración y alabando al Dios Todopoderoso porque la niña no se había vuelto atrás. Y María permaneció en el templo del Señor, alimentándose como una paloma y recibía el alimento de la mano de un ángel.

**2.** Cuando alcanzó la edad de doce años, los sacerdotes se reunieron y dijeron: "María ha cumplido ya doce años en el templo del Señor. ¿Qué podemos hacer para que no manche el templo del Señor?". Y ellos le dijeron al gran sacerdote: "Eres tú el designado ante el altar del Señor, entra y reza por María y haremos lo que el Señor te revele".

**3.** Y el gran sacerdote, tomando la túnica de las doce campanillas, entró en el Santo de los Santos y rezó por María. Y sucedió que un ángel del Señor se le apareció diciéndole: "Zacarías, Zacarías, sal y reúne a todos los que estén viudos, y que cada uno traiga una vara, y aquél al que el Señor envíe un prodigio, de aquél será María esposa". Los heraldos salieron y recorrieron todo el país de Judea, y la trompeta del Señor resonó y todos acudieron.

## IX

**1.** Así, pues, José dejó el hacha, y salió para reunirse con ellos; una vez reunidos fueron con sus varitas a ver al gran sacerdote. Este cogió todas las varas y entró en el templo y oró. Y cuando hubo terminado su oración, salió y se las devolvió, no viendo ningún prodigio. Sucedió que José cogió la última, y entonces una paloma salió y se posó sobre la cabeza de José. Y el sacerdote le dijo: "Es a ti a quien El ha elegido para ser el guardián de la Virgen del Señor".

**2.** Y José le objetó: "Tengo hijos y soy viejo, ella es joven: no quiero convertirme en objeto de burla de los hijos de Israel". Y el gran sacerdote respondió a José: "Teme al Señor tu Dios y recuerda lo que hizo con Dathan, con Abirón y con Coré, cómo la tierra se abrió y fueron sepultados a causa de su desobediencia. Ahora, José, es de temer que lo mismo suceda en tu casa".

**3.** Y José, preso de temor, la recibió bajo su protección. Y le dijo a María: "Te he sacado del templo del Señor, ahora te dejo en mi casa, y me voy a construir otras casas, volveré junto a ti; el Señor te protegerá".

# X

**1.** Sucedió que el gran consejo de ancianos se reunió y dijeron: "Hagamos un gran velo para el templo del Señor". Y el gran sacerdote dijo: "Llamad a todas las jóvenes que estén sin mancha de la tribu de David". Y los siervos partieron y las buscaron y encontraron a siete jóvenes. Y el gran sacerdote se acordó de la joven María y recordó que era de la tribu de David y que estaba sin mancha ante Dios. Y los siervos fueron y la trajeron.

**2.** Y las jóvenes entraron en el templo del Señor; y el gran sacerdote dijo: "Echemos a suertes para saber quién hilará el oro, el amianto, el lino fino, la seda, el jacinto, la escarlata y la púrpura auténtica". Y la púrpura y la escarlata le tocaron a María, y después de recogerlas, volvió a casa. Y sucedió que Zacarías en aquel momento se quedó mudo y Samuel le sustituyó hasta el día en que volvió a hablar. Y María tomó la escarlata y la hiló.

# XI

**1.** Y María cogió el cántaro y salió a coger agua: y entonces una voz se dejó oír y decía: "Salve María, llena de gracia; el Señor está contigo, bendita eres entre todas las mujeres". Y ella miró alrededor, a derecha e izquierda, para ver de dónde provenía la voz. Y temblorosa, volvió a su casa, dejó el cántaro y cogiendo la púrpura, se sentó y se puso a hilar.

**2.** Y sucedió que un ángel del Señor presentándose ante ella, le dijo: "No temas María, porque has hallado gracia ante el dueño de todas las cosas, y concebirás su verbo". Y María oyó estas palabras y dudando respondió: "¿Si debo concebir del Señor Dios Vivo, daré a luz como cualquier mujer da a luz?".

**3.** Y el ángel del Señor le dijo: "No será así, María, la virtud del Señor te cubrirá con su sombra; es por lo que el ser santo que nazca de ti será llamado hijo del Altísimo. Y le pondrás por nombre Jesús: porque salvará a su pueblo de sus pecados". Y María dijo: "He aquí la esclava del Señor; hágase en mí según su palabra".

# XII

**1.** Y ella trabajó la púrpura y la escarlata y se las llevó al sacerdote. Y éste la bendijo y le dijo: "María el Señor Dios ha glorificado tu nombre y serás bendita por todas las generaciones de la tierra".

**2.** Y María, llena de júbilo, fue a ver, a su prima Isabel. Y llamó a la puerta. E Isabel la oyó, dejó su escarlata, corrió a la puerta y abrió y viendo a María la bendijo y le dijo: "¿Dónde está mi mérito para que la madre de mi Señor venga a mí? porque el niño que llevo en mi seno ha saltado en mi vientre y te ha bendecido". Pero María había olvidado los misterios que le había revelado el arcángel Gabriel y levantando los ojos al cielo dijo: "¿Quién soy yo, Señor, que todas las generaciones de la tierra me bendicen?".

**3.** María permaneció tres meses con Isabel. Día a día su embarazo avanzaba y llena de temor volvió a su casa y se escondió de los hijos de Israel. Tenía dieciséis años cuando estos misterios tuvieron lugar.

## XIII

**1.** Llegado para ella el sexto mes, entonces José volvió de construir sus casas, y entrando en su casa, encontró a María encinta. José se golpeó el rostro y se echó a tierra sobre su manto y lloró amargamente, diciendo: "¿Cómo podré mirar al Señor mi Dios? y ¿qué oración pronunciaré por esta joven? porque la recibí virgen del templo de Israel y no he sabido protegerla. ¿Quién es el que me ha sorprendido?, ¿quién ha cometido esta mala acción en mi casa y ha corrompido a esta virgen? ¿No será la historia de Adán que se repite en mí? Pues igual que él glorificaba a Dios, vino la serpiente y encontrando sola a Eva, la engañó; igual me ha sucedido a mí".

**2.** Y José se levantó y llamó a María y le dijo: "¿Tú, la predilecta de Dios, qué has hecho? ¿Has olvidado al Señor tu Dios?, ¿por qué has envilecido tu alma, tú que fuiste educada en el Santo de los Santos y que recibiste el alimento de manos de un ángel?".

**3.** Pero ella lloró amargamente diciendo. "Soy pura y no conozco varón". Y José le dijo: "¿De dónde proviene entonces lo que llevas en tus entrañas?" Y María dijo: "Por el Señor mi Dios que no sé cómo ha sucedido".

# XIV

**1.** Y José, lleno de temor, habiéndose alejado de María se preguntaba cómo debía actuar. Y dijo: "Si oculto su falta, estoy contraviniendo la ley del Señor; y si la denuncio a los hijos de Israel, tengo miedo de que el niño que está en su seno no sea de un ángel y que entregue a la muerte a un ser inocente. ¿Qué debo hacer? La repudiaré en secreto". Y la noche le sorprendió en estas cavilaciones.

**2.** Y sucedió que un ángel del Señor se le apareció en sueños y le dijo: "No temas por este niño; pues el fruto concebido en ella es obra del Espíritu Santo; dará a luz un hijo y le pondrás por nombre Jesús; salvará a su pueblo de sus pecados". Y José se despertó, se levantó y glorificó al Dios de Israel por haberle otorgado esta gracia, y se quedó con María.

# XV

**1.** Entonces Anás, el escriba, vino a buscarle y le dijo: "¿Por qué no acudiste a nuestra asamblea?". Y José le dijo: "Estaba cansado del viaje y he descansado el primer día". Y Anás se volvió y vio que María estaba encinta.

**2.** Y se fue corriendo y le dijo al sacerdote: "José, en el que tú confiabas, ha pecado gravemente contra la ley". Y el sacerdote dijo: "¿Cómo puede ser esto?". Y el escriba respondió: "El ha mancillado y consumado el matrimonio con la joven que recibió del templo del Señor sin hacerlo saber a los hijos de Israel". Y el sacerdote respondió: "¿José ha hecho eso?". Y Anás, el escriba, dijo: "Envía a tus siervos y sabrás que la joven está encinta". Y los siervos fueron y encontraron a María tal y como él había dicho, y se llevaron a María y José para ser juzgados.

**3.** Y el sacerdote dijo: "¿Por qué has hecho esto? y ¿por qué has envilecido tu alma y olvidado a tu Señor? Tú que fuiste educada en el Santo de los Santos, tú que recibiste el alimento de las manos de un ángel, tú que has escuchado los himnos sagrados y has bailado ante el Señor, ¿por qué has hecho esto?". Y María lloró y dijo: "Por mi Señor, mi Dios, que soy pura ante él y no conozco varón".

**4.** Y el sacerdote dijo a José: "¿Por qué has hecho esto?". Y José dijo: "Por mi Señor, mi Dios, estoy limpio de toda relación con ella". Y el sacerdote dijo: "No pronuncies falsos testimonios y di la verdad; consumaste el matrimonio a escondidas, sin revelarlo a los hijos de Israel y no te has inclinado ante el Todopoderoso para que bendiga tu raza". Y José no dijo nada.

## XVI

**1.** Y el sacerdote le dijo: "Devuelve a esta virgen que recibiste del templo del Señor". Y José lloraba. Y el sacerdote dijo: "Beberéis el agua de prueba del Señor, y El hará aparecer vuestro pecado ante vuestros ojos".

**2.** Y cogiendo el agua del Señor, el sacerdote se la dio a beber a José y lo mandó a la montaña; y volvió indemne. Y se la dio a beber también a María y la mandó a la montaña; y ella también volvió indemne. Y todo el pueblo supo y admiró que no se había revelado ningún pecado.

**3.** Y el sacerdote dijo: "Si el Señor Dios no nos ha permitido ver el pecado del que se os acusa, yo tampoco puedo condenaros". Y los dejó marchar absueltos.

Y José tomó a María y volvió a su casa lleno de júbilo glorificando al Dios de Israel.

## XVII

**1.** Aconteció que se publicó un edicto del emperador Augusto ordenando que se empadronaran todos los habitantes de Belén de Judá. Y José se dijo: "Inscribiré a mis hijos; pero ¿a esta niña, cómo voy a inscribirla? Como mi mujer, me da vergüenza. ¿Como mi hija? Todos los hijos de Israel saben que no es mi hija. El día del Señor se cumplirá su voluntad".

**2.** Y ensilló su burra y sentó a María, y su hijo llevaba la bestia y José los seguía. Y cuando habían recorrido unas tres millas, José se volvió para mirar a María y la vio triste y se dijo: "Sin duda el fruto que lleva en su seno le hace sufrir". Por segunda vez José miró a María y la vio sonreír. Y le dijo: "María, ¿qué te pasa? tan pronto te veo sonreír como veo que estás triste". Y María dijo a José: "Es porque veo a dos pueblos, uno llora y se golpea el pecho, el otro está lleno de júbilo y alegría".

**3.** Y llegaron a la mitad del camino, y María le dijo: "Bájame de la burra, porque lo que en mí llevo me abruma por avanzar". Y la hizo bajar de la burra y le dijo: "¿Dónde podría llevarte para proteger tu pudor? Este lugar está desierto".

## XVIII

**1.** Y encontró una gruta, hizo entrar a María y dejó a sus hijos con ella y se fue a buscar una comadrona por todo el país de Belén.

**2.** Y sucedió que yo, José, estaba caminando y dejé de andar; y miré alrededor y vi el aire impregnado de espanto; levanté mi mirada al cielo y estaba inmóvil quietos los pájaros del cielo; y bajé mi mirada a la tierra y vi una artesa y a unos obreros apoyados con sus manos en la amasadora, y los que amasaban ya no amasaban y los que estaban levantando la masa, no la levantaban y los que se la metían en la boca, no lo hacían; y todos miraban hacia lo alto; y entonces vi dos corderos que se acercaban, pero ya no andaban, se paraban y el pastor levantó su mano para pegarles con el bastón pero su mano se quedó suspendida en el aire, y miraba la corriente del río y vi dos cabras con la boca abierta a punto de beber y no bebían, y en un momento todo volvió a ponerse en movimiento.

## XIX

**1.** Y una mujer bajó de la montaña y me dijo: "¿A dónde vas?". Y yo le respondí: "Busco una comadrona judía". Y ella respondió: "¿Eres de la raza de Israel?". Y le dije: "Sí". Y ella volvió a preguntar: "¿Quién es la mujer que está dando a luz en la gruta?". Y le dije: "Es mi desposada". Y ella dijo: "¿No es tu mujer?". Y yo le dije: "Es María, fue educada en el templo del Señor y me fue dada como esposa, no es mi mujer, pero ha concebido por obra del Espíritu Santo". Y la comadrona le dijo: "¿Es verdad?". Y José le dijo: "Ven a verlo". Y la comadrona se fue con él.

**2.** Y se pararon en el lugar donde estaba la gruta y una nube luminosa cubría todo el lugar. Y la comadrona dijo: "Mi alma se glorifica en este día porque mis ojos han visto los prodigios que anuncian que ha nacido un salvador para Israel". La nube se alejó de la gruta y entonces apareció una luz tan intensa que nuestros ojos no podían soportarla. Y la luz fue disminuyendo poco a poco hasta que apareció el niño y tomó el pecho de su madre María. Y la comadrona gritó: "Hoy es un gran día, porque he visto algo extraordinario".

**3.** Y la comadrona salió de la gruta y se encontró con Salomé y le dijo: "Salomé, Salomé, tengo que contarte algo extraordinario: una virgen ha dado a luz". Y Salomé dijo: "Por el Señor mi Dios, si no pongo mi dedo y toco su seno, no creeré que una Virgen haya dado a luz".

## XX

**1.** Y la comadrona entró y dijo a María: "Prepárate, estamos hablando de ti sobre algo que es muy grave". Y Salomé tras poner el dedo en su seno dio un grito diciendo: "Caiga una desgracia sobre mi impiedad y mi incredulidad, porque he dudado del Dios vivo y entonces mi mano tocada por el fuego, se separa de mí".

**2.** Y se arrodilló ante el Señor, diciendo: "Oh Dios de mis padres, acuérdate de que soy de la raza de Abraham, de Isaac y Jacob; no me expongas a los juicios de los hijos de Israel, llévame con los pobres, tú sabes Señor, que entrego mis bienes en tu nombre y que es de ti de quien recibo mi sustento".

**3.** Entonces un ángel del Señor se le apareció y le dijo: "Salomé, Salomé, el Señor te ha escuchado: acerca tu mano al niño y cógelo, y tendrás salud y gozo".

**4.** Y Salomé se acercó y cogió al niño, diciendo: "Quiero postrarme ante ti, porque ha nacido un gran rey para el pueblo de Israel". Y entonces Salomé se curó enseguida y salió de la gruta. Y se oyó una voz que decía: "Salomé, Salomé, no cuentes los prodigios que has visto hasta que el niño no entre en Jerusalén".

# XXI

**1.** Se disponía ya José a volver a Judea, cuando se produjo un gran tumulto en Belén de Judá, unos magos llegaron diciendo: "¿Dónde está el rey de los judíos que acaba de nacer? Porque hemos visto una estrella en Oriente y hemos venido a adorarle".

**2.** Y Herodes, al oír esto, se turbó y envió a sus esclavos a los magos; e hizo venir a los príncipes de los sacerdotes y les preguntó: "¿Qué es lo que hay escrito acerca del Cristo? ¿Dónde tiene que nacer?". Ellos contestaron: "En Belén de Judea, pues así está escrito". Y Herodes los echó fuera. Entonces hizo llamar a los magos y les preguntó: "¿Qué señal habéis visto sobre el nacimiento de ese nuevo rey?". Y los magos contestaron: "Hemos visto una estrella muy brillante y de un resplandor tan grande que eclipsaba al resto de las estrellas convirtiéndolas en invisibles". Y hemos sabido así que un rey de Israel había nacido y hemos venido a adorarle". Y Herodes les dijo: "Id y buscadlo; y si lo encontráis, hacédmelo saber para que pueda ir yo también a adorarle".

**3.** Y los magos se fueron. Y la estrella que habían visto en Oriente les precedió hasta que llegaron a la gruta y se paró encima de ésta. Y los magos vieron al niño con su madre María y sacaron sus regalos: oro, incienso y mirra.

**4.** Y advertidos por el ángel de que no entraran en Judea, volvieron a su país por otro camino.

# XXII

**1.** Dándose cuenta Herodes de que había sido burlado por los magos, se enfureció y mandó a sus sicarios, diciéndoles: "Dad muerte a todos los niños menores de dos años".

**2.** Y María se enteró de que estaban matando a todos los niños y se asustó; cogió al niño, lo envolvió en pañales y lo depositó en el pesebre de los bueyes.

**3.** Isabel, al enterarse de que buscaban a Juan, lo cogió, se fue a la montaña y buscó un lugar para esconderlo, pero no encontraba ningún lugar donde refugiarse. Entonces, gimiendo dijo en voz alta: "Montaña de Dios, recibe a una madre con su hijo". Porque Isabel no podía subir la montaña. Y entonces la montaña se abrió y la acogió. Y había una luz que los alumbraba pues un ángel del Señor estaba con ellos y los protegía.

## XXIII

**1.** Herodes, como buscaba a Juan, envió a sus esclavos a Zacarías, y le dijeron: "¿Dónde has escondido a tu hijo?". Y aquél respondió: "Soy un siervo de Dios ligado al templo del Señor, no sé dónde está mi hijo".

**2.** Y los esclavos se alejaron y comunicaron esto a Herodes, y éste irritado les dijo: "Su hijo es el que debe reinar en Israel". Y los envió otra vez a él para decirle: "Di la verdad, ¿dónde está tu hijo?, ya sabes que tu sangre está bajo mi mano". Y los siervos fueron y le dijeron todo esto a Zacarías.

**3.** Y éste dijo: "Soy un mártir de Dios, si derramas mi sangre el Todopoderoso acogerá mi espíritu, porque la sangre que quieres derramar a la entrada del templo del Señor, es inocente". Y al alba se dio muerte a Zacarías, y los hijos de Israel ignoraron que hubiese muerto.

## XXIV

**1.** Pero los sacerdotes fueron al templo a la hora de la salutación, y Zacarías no acudió ante ellos para bendecirles, según la costumbre. Y los sacerdotes se fueron, esperando saludar a Zacarías a la hora de la oración y loar al Altísimo.

**2.** Pero como tardaba, les entró miedo y uno de ellos, el más osado entró en el templo y vio cerca del altar sangre coagulada, y oyó una voz que decía: "Zacarías ha sido asesinado y su sangre no se borrará hasta que no llegue su vengador". Al oír estas palabras lleno de terror salió y dio la noticia a los sacerdotes.

**3.** Estos se atrevieron a entrar y vieron lo que había pasado y el techo del templo tembló y los sacerdotes se rasgaron las vestiduras de arriba abajo. Y no encontraron su cuerpo, pero sí su sangre que parecía una piedra, y salieron muy asustados y anunciaron a todo el pueblo que Zacarías había sido asesinado. Y al saberlo todas las tribus de Israel lloraron y lo lamentaron durante tres días y tres noches.

**4.** Pasados los tres días, los sacerdotes se reunieron para deliberar y decidir quién ocuparía su lugar, y la suerte cayó sobre Simeón, ya que era el que fue avisado por el Espíritu Santo de que no moriría sin ver al Cristo encarnado.

## XXV

**1.** Yo, Santiago, quien ha escrito esta historia, sobreviniendo mucha confusión en Jerusalén tras la muerte de Herodes, me retiré al desierto hasta que la agitación se calmó en Jerusalén, glorificando al Dios Todopoderoso, que me otorgó la gracia y el talento para escribir este relato.

**2.** La gracia sea con todos los que temen a Nuestro Señor Jesucristo a quien corresponde la gloria por los siglos de los siglos. Amen.

# Evangelio del Pseudo Mateo

El *Protoevangelio de Santiago* tuvo una enorme influencia en la literatura y en la vida de la Iglesia de Oriente, sin embargo en la de Occidente parece que sólo fue conocido a través de arreglos y refundiciones, de las cuales la más antigua e importante parece ser el hoy conocido como *Evangelio del Pseudo Mateo*.

Este evangelio fue posiblemente redactado a finales del siglo III o principios del IV. En muchos de sus pasajes -especialmente en la primera parte- está calcado del anterior, si bien introduce también algunas modificaciones substanciosas como las fieras salvajes que escoltan a la sagrada familia, el episodio de los leones, la palmera que se inclina para darles de comer, surgiendo luego a sus pies una fuente, o el derrumbe ante Jesús de los ídolos del templo egipcio.

La postura de las autoridades eclesiásticas ante éste y otros apócrifos es muchas veces ambivalente: por un lado los rechazan con animosidad, pero por otro manifiestan que posiblemente muchos de los pasajes contenidos en ellos bien pudieran ser verdaderos.

La influencia del Pseudo Mateo durante toda la Edad Media fue enorme. Sus relatos ocupan un importante lugar en los escritos de muchos santos medievales y por supuesto, sirvieron de inspiración a numerosos pintores, especialmente durante el Renacimiento.

# EVANGELIO DEL PSEUDO MATEO

# Primera parte

## I

**1.** En aquel tiempo vivía en Jerusalén un hombre de nombre Joaquín, perteneciente a la tribu de Judá. Pastaba sus ovejas y temía a Dios con toda la simpleza y bondad de su corazón. No tenía otra preocupación que sus rebaños y empleaba el producto que obtenía en dar de comer a los que careciendo de recursos también temían a Dios; ofrecía sus sacrificios por partida doble, por los que trabajaban en la doctrina y en el temor de Dios, y por los que estaban bajo su cuidado. De sus corderos, de sus ovejas, de la lana y de todo lo que poseía hacía tres partes: daba una a las viudas, a los huérfanos, a los forasteros y a los pobres; una segunda parte la daba a los que habían sido consagrados al servicio de Dios; en cuanto a la tercera parte, se la reservaba para él y para su casa.

**2.** Como se comportaba así, Dios en recompensa multiplicaba sus rebaños, hasta el punto de que no había nadie como él en todo el pueblo de Israel. Había comenzado en su quinceavo año. Cuando tenía veinte años tomó por esposa a Ana, hija de Isachar, de su tribu, de la raza de David. Y tras convivir con ella veinte años, no había tenido hijos, ni hijas.

## II

**1.** Sucedió, que en los días de fiesta, se encontraba Joaquín entre los que ofrecían incienso al Señor, presentando sus ofrendas en presencia de Dios. Acercóse a él un escriba del templo, llamado Rubén y le dijo: "Tú no puedes estar entre los que hacen sacrificios a Dios, porque Dios no te ha bendecido dándote descendencia en Israel". Lleno de confusión y bajo las miradas del pueblo, Joaquín se marchó llorando del templo, y no volvió a casa, se fue con sus rebaños y se llevó con él a los pastores a las montañas y Ana su esposa no supo nada de él durante cinco meses.

**2.** Y Ana, lloraba diciendo: "Señor, Dios de Israel Todopoderoso, no me has dado hijos, ¿por qué ahora me quitas también a mi esposo? Porque hace cinco meses que no lo veo. Y no sé si está muerto, para poder al menos darle sepultura". Mientras lloraba en el jardín de su casa, elevando sus ojos en oración hacia el Señor, vio un nido de gorriones en un laurel y, con palabras entrecortadas por sus gemidos, se dirigió al Señor diciendo "Señor, Dios Todopoderoso, tú que has dado descendencia a todas las criaturas, a las fieras, a las bestias de carga, a las serpientes, a los peces, a los pájaros, y que has hecho que se regocijen de su progenitura, ¿me niegas a mí los favores de tu bondad? Tú sabes, Señor que desde el comienzo de mi matrimonio, hice voto de que si me dabas un hijo o una hija, te lo ofrecería en tu templo santo".

**3.** Y mientras decía esto, de pronto apareció ante ella un ángel del Señor que le dijo: "No temas Ana, porque es designio de Dios que nazca de ti un vástago, y el niño que de ti nacerá, será admirado por todos los siglos, hasta el fin". Y después de pronunciar estas palabras, desapareció ante sus ojos. Tras esto, llena de espanto y temblando por haber tenido aquella visión y haber oído semejante mensaje, entró en su habitación y se acostó en la cama, como muerta, y durante todo el día y toda la noche, permaneció en oración y llena de espanto.

**4.** Después llamó a su sirvienta y le dijo: "Ves que estoy desolada por mi viudez y hundida en la desesperación y ni siquiera has venido a mi lado". Y la sirvienta le respondió murmurando: "Si Dios ha cerrado tus entrañas y ha alejado de ti a tu esposo, ¿qué es lo que yo puedo hacer por ti?". Y oyendo estas palabras, Ana lloraba todavía más.

## III

**1.** En aquel mismo tiempo apareció en las montañas donde pastaba Joaquín con sus rebaños, un joven y le dijo: "¿Por qué no vuelves con tu esposa?". Y Joaquín respondió: "Durante veinte años la he tenido por compañera; pero ahora, como Dios no ha querido que tuviera hijos, he sido expulsado del templo de Dios con ignominia; ¿por qué tendría que volver junto a ella si ya me han expulsado y desdeñado una vez? Así que me quedaré aquí con mis ovejas, tanto tiempo como Dios quiera concederme la luz de este mundo; sin embargo, por mediación de mis sirvientes, daré con mucho gusto su parte a los pobres, a las viudas, a los huérfanos y a los ministros de Dios".

**2.** Tras pronunciar estas palabras, el joven le dijo: "Soy un ángel del Señor; me he aparecido hoy a tu esposa que lloraba y rezaba y la he consolado; debes saber que ella ha concebido una hija tuya. Morará en el templo del Señor, y el Espíritu Santo reposará en ella; y su dicha será mayor que la de todas las santas mujeres, de tal manera que nadie podrá decir que hubo una mujer como ella antes, ni después habrá nadie parecida a ella en este mundo. Baja de las montañas y vuelve con tu mujer, y la encontrarás encinta, porque Dios ha suscitado en ella descendencia y tú tienes que agradecérselo, y esta descendencia será bendita, y Ana también será bendita y se convertirá en la madre de una bendición eterna".

**3.** Y Joaquín, adorándole, le dijo: "Si he hallado gracia en ti, siéntate un rato bajo mi tienda y bendíceme, puesto que soy tu servidor". Y el ángel le dijo: "No eres mi siervo sino mi compañero, los dos servimos a un mismo maestro. Mi alimento es invisible y lo que bebo no pueden verlo los mortales. Por eso no tienes que pedirme que entre en tu tienda, lo que querías darme ofrécelo en holocausto a Dios". Entonces Joaquín tomó un cordero sin mancha y dijo al ángel. "No me hubiera atrevido a ofrecer un sacrificio a Dios si tú no me hubieras dado el poder del sacrificio". Y el ángel le dijo: "Yo por mi parte, no te invitaría a ofrecer un sacrificio, si no conociera la voluntad del Señor". Entonces sucedió que mientras Joaquín ofrecía su sacrificio, con el humo del sacrificio, el ángel ascendió al cielo.

4. Entonces Joaquín inclinó su rostro al suelo, y permaneció postrado desde la hora sexta del día hasta la tarde. Cuando llegaron sus sirvientes y jornaleros, ignorando lo que había pasado, se asustaron al creer que quería matarse; se acercaron y lo levantaron. Cuando les contó lo que había visto, se llenaron de encanto y admiración a la vez, y lo exhortaron para que cumpliera sin más tardanza la orden del ángel y volviera enseguida con su esposa. Y mientras Joaquín consideraba si debía volver, sucedió que le invadió el sueño, y el ángel que se le había aparecido cuando estaba despierto, se le apareció de nuevo mientras dormía y le dijo: "Soy el ángel que Dios te ha encomendado como guardián: desciende y vuelve con tu esposa, porque las obras de caridad que tú y tu mujer habéis hecho, han sido proclamadas en presencia del Altísimo, y él os ha dado una posteridad que ni los profetas ni los santos han tenido jamás desde el comienzo, ni nunca tendrán". Y cuando Joaquín se despertó de su sueño, llamó a los que cuidaban sus rebaños y les contó lo que había soñado. Y todos adoraron al Señor y dijeron a Joaquín: "No te resistas más al ángel del Señor;

encontrado una manera nueva de agradar a Dios y promete permanecer virgen. Por eso pienso que por petición nuestra y mediante una respuesta de Dios, podemos saber a quién debemos entregarla para que la guarde".

**2.** Toda la sinagoga aprobó sus palabras. Y los sacerdotes tiraron a suertes entre todas las tribus de Israel y la suerte recayó sobre la tribu de Judá. Y el sacerdote dijo: "Todo el que no tenga esposa que venga mañana y que traiga una vara en la mano". Y así fue como José llegó con los jóvenes y vino con una vara. Una vez que entregaron sus varas al gran sacerdote, éste ofreció un sacrificio a Dios y preguntó al Señor. Y el Señor le dijo: "Coloca todas las varas en el Santo de los Santos y que se queden allí. Y ordena a estos hombres que vengan mañana. De la extremidad de una de esas varas saldrá una paloma que volará hacia el cielo; a aquél que se le manifieste este prodigio, es a quien debes otorgar la protección de María".

**3.** Al día siguiente, temprano, todos se reunieron y tras ofrecer el incienso, el pontífice entró en el Santo de los Santos y expuso las varitas. Y como las había distribuido todas y no salía de ninguna de ellas paloma alguna, el gran sacerdote Abiathar se revistió con las doce campanillas y con sus hábitos sacerdotales, y entrando en el Santo de los Santos, encendió el fuego del sacrificio, y mientras estaba en oración un ángel se le apareció y le dijo: "Aquí hay una varita muy pequeña que no has tenido en cuenta y que has colocado con las otras; cuando la hayas presentado y entregado verás aparecer el signo que te he dicho". Esta varita era la de José y él mismo se había considerado como descartado, porque era viejo, y por miedo de ser forzado a recibir a la joven, no la había querido reclamar. Y mientras permanecía humildemente en la última fila, el gran sacerdote Abiathar lo llamó en voz alta, diciendo: "Ven a recibir tu varita, te están esperando". Y José se acercó, asustado, ya que el gran sacerdote le había llamado en voz alta. Y apenas extendió su mano para recibir la varita, se escapó de repente una paloma más blanca que la nieve y extremadamente bella. Después de volar largo rato por la bóveda del templo, se dirigió hacia el cielo.

**4.** Entonces todo el pueblo felicitó al anciano, diciéndole: "Feliz eres en tu vejez, y Dios ha mostrado que tú eras digno de recibir a María". Y los sacerdotes le dijeron: "Recíbela, porque eres el único elegido por Dios entre toda la tribu de Judá", pero José empezó a suplicarles y a decirles con gran confusión: "Soy viejo y tengo hijos, ¿por qué me confiáis esta joven?". Entonces, el gran sacerdote Abiathar le dijo: "Acuérdate, José, de cómo perecieron Dathan, Abiron y Coré porque habían menospreciado la voluntad del Señor. Lo mismo te sucederá, si desprecias la orden de Dios".

Y José le dijo: "Ciertamente, no puedo menospreciar la voluntad de Dios, pero seré el guardián de la niña, hasta que podamos saber quién de mis hijos, por voluntad de Dios, podrá tomarla por esposa. Que se le den, mientras esperamos, algunas jóvenes de entre sus compañeras para que moren con ella". Y el pontífice Abiathar le respondió: "Le entregaremos algunas jóvenes para que la consuelen, hasta que llegue el día fijado para que la recibas; porque ella no podrá unirse en matrimonio con nadie más".

**5.** Entonces José recibió a María con cinco jóvenes más que debían vivir con ella en la casa de José. Estas jóvenes eran Rebeca, Séfora, Susana, Abigea y Zaheli y los sacerdotes les dieron seda, jacinto, escarlata, púrpura y lino. Y tiraron a suertes entre ellas, para saber lo que cada una debía hacer; y así sucedió que María recibió la púrpura para hacer el velo del templo del Señor. Mientras María cogía la púrpura, las otras jóvenes le dijeron: "Eres la más joven de todas y sin embargo has merecido la púrpura". Y diciendo esto, como burla, comenzaron a llamarla la reina de las vírgenes. Pero mientras ellas hablaban así, un ángel del Señor apareció entre ellas y les dijo: "Estas palabras no serán una burla, sino una profecía realmente cierta". Entonces se asustaron por la presencia del ángel y por sus palabras, y le pidieron a María que las perdonara y que rezara por ellas.

## IX

**1.** Al día siguiente estaba María en la fuente para llenar su cántaro, y un ángel del Señor se le apareció y le dijo: "Bienaventurada seas María, porque has preparado una morada para el Señor en tu seno. Una luz descenderá del cielo para habitar en ti, y por ti resplandecerá en el mundo entero".

**2.** De nuevo, al tercer día, mientras tejía la púrpura con sus dedos, se presentó un joven cuya belleza no se podía describir. María, al verle, tuvo miedo y se puso a temblar. El le dijo: "No temas nada, María, has hallado la gracia ante Dios: concebirás en tus entrañas y darás a luz un rey, que dominará no sólo la Tierra, sino el cielo y que reinará por los siglos de los siglos".

## X

**1.** Mientras sucedía todo esto, José estaba en Cafarnaún, cerca del mar, ocupado en su trabajo, ya que era carpintero; se quedó allí durante nueve meses. Al volver a su casa, encontró a María encinta. Y temblando, en su desesperación, gritó: "Señor Dios, recibe mi alma, porque prefiero morir que seguir viviendo".

Las jóvenes que estaban con María le dijeron: "¿Qué

dices, José? Sabemos que ningún hombre la ha tocado; sabemos que la pureza y la virginidad siguen inmaculadas en ella. Ha estado salvaguardada por Dios, y ha permanecido con nosotras siempre en oración, cada día un ángel del Señor conversa con ella; y cada día recibe el alimento de la mano del ángel. ¿Cómo puede haber habido pecado? Si quieres que te declaremos nuestras sospechas, nadie la ha dejado encinta, si no es el ángel de Dios".

**2.** Pero José dijo: "¿Por qué queréis engañarme y hacerme creer que es un ángel del Señor el que se ha unido a ella? ¿No puede ser que alguien se haya hecho pasar por un ángel y la haya engañado?". Y al mismo tiempo lloraba y decía: "¿Cómo me presentaré en el templo del Señor? ¿Cómo podré ni tan siquiera osar mirar a los sacerdotes de Dios? ¿Qué voy a hacer?". Y diciendo esto, pensaba en esconderse y repudiarla.

## XI

Había decidido levantarse por la noche y huir e ir a vivir a un lugar escondido. Pero la misma noche, un ángel del Señor se le apareció en sus sueños y le dijo: "José, hijo de David, no temas por tomar a María como esposa, porque lo que ella lleva en su seno es obra del Espíritu Santo. Dará a luz un hijo que será llamado Jesús: porque liberará al pueblo de sus pecados". Y José, levantándose, dio gracias al cielo, y se acercó a María, y a las jóvenes que estaban con ella y les contó su visión. Y consolado ya sobre el asunto de María, dijo: "He pecado porque he sospechado de ti".

## XII

**1.** Después de esto, se extendió el rumor de que María
se hallaba encinta. Y José fue conducido por los servidores
del templo ante el gran sacerdote, quien junto con todos los
sacerdotes comenzó a abrumarle con reproches diciéndole:
"¿Por qué has seducido a esta joven de tan gran mérito que
los ángeles de Dios la han alimentado como si fuera una
paloma, que jamás ha querido ver a ningún hombre y que
conoce tan bien la Ley de Dios? Si no la hubieras forzado,
hubiera permanecido virgen hasta ahora". Pero José juraba
que jamás la había tocado. Entonces, el gran sacerdote
Abiathar le dijo: "Por Dios, que te haré beber el agua del
Señor y en el acto tu pecado será revelado".

**2.** Entonces, todo Israel se reunió en una multitud
innombrable, y María fue llevada también al templo del
Señor. Y los sacerdotes, los parientes y los padres de María
le decían llorando: "Confiesa tu pecado a los sacerdotes tú
que eras como una paloma en el templo de Dios y recibías
la comida de la mano de un ángel".

José fue llamado al altar y le dieron a beber el agua del
Señor: si un hombre que había mentido, la probaba y daba
siete vueltas al altar, Dios manifestaba algún signo en su
rostro. Pero José bebió tranquilamente y dio las vueltas
alrededor del altar, y no apareció ningún signo de pecado en
su rostro. Entonces, todos los sacerdotes y los servidores
del templo, y toda la gente proclamaron su virtud, diciendo:
"Bienaventurado seas, porque no se ha hallado ninguna falta en ti".

**3.** Y llamando a María, le dijeron: "¿Y tú, qué excusa
puedes darnos? ¿Qué signo puede aparecer en ti más grande que este grueso vientre que te traiciona? Sólo te pedimos
que confieses quién te ha seducido, ya que José está libre de
toda relación contigo. Porque vale más que confieses tu

pecado, que dejar que la cólera de Dios te marque con un signo en tu rostro ante todo el pueblo". Entonces, María les dijo con gran firmeza y sin temblar: "Si hay alguna mancha o pecado en mí, o si he tenido concupiscencia impura, que el Señor me marque ante todos los pueblos, para que yo sirva como ejemplo saludable". Y se acercó con confianza al altar del Señor, y bebió el agua del Señor y dio siete vueltas alrededor del altar, y ninguna marca se vio en ella.

**4.** Y como todo el pueblo estaba lleno de estupor y muy sorprendido, viendo el embarazo de María sin que ningún signo apareciera en su rostro, se originó una gran confusión de palabras contradictorias entre el gentío. Unos alababan su santidad, mientras que los otros la acusaban de maldad. Entonces María, viendo el recelo del pueblo que no juzgaba su justificación como completa, dijo con voz clara para que todos la entendieran: "Por el Señor Dios de los ejércitos, en presencia del cual me encuentro, jamás he conocido varón; pero además nunca conoceré varón, porque desde mi niñez tomé esta resolución. Y desde mi infancia hice a mi Dios el voto de permanecer pura para él que me ha creado, y quiero vivir así solamente para él, y quiero, solamente por él, permanecer sin mancha mientras viva".

**5.** Entonces, todos la abrazaron y le suplicaron que les perdonara por sus malvadas sospechas. Y todo el pueblo, y los sacerdotes y todas las vírgenes la acompañaron a su casa, llenos de alegría, dando gritos y diciendo: "Bendito sea el nombre del Señor, porque ha manifestado tu santidad a todo el pueblo del Israel".


# XIII

**1.** Sucedió que después de un tiempo se publicó un

edicto de César Augusto ordenando que cada uno fuera a censarse a su patria. Este primer empadronamiento fue hecho por Cirino, gobernador de Siria. Así que José tuvo que partir con María hacia Belén, porque era de aquel país y María era de la tribu de Judá de la casa y de la patria de David. José y María iban por el camino que conduce a Belén y María le dijo a José: "Veo ante mí dos pueblos, uno que llora y el otro que se alegra" pero José le respondió: "Quédate ahí sentada, sujétate a la montura y no digas palabras inútiles". Entonces, un niño muy bello, vestido con un manto magnífico, apareció ante ellos y le dijo a José: "¿Por qué has llamado inútiles las palabras que ha dicho María en relación a los dos pueblos? Ella ha visto al pueblo judío, que llora por haberse alejado de su Dios, y al pueblo de los gentiles, que se alegra porque se ha acercado al Señor, siguiendo la promesa hecha a nuestros padres Abraham y Jacob; porque ha llegado el tiempo en que todas las naciones serán benditas en la posteridad de Abraham".

**2.** Después de decir estas palabras, el ángel hizo parar a la bestia porque el momento del alumbramiento había llegado, y le dijo a María que descendiera y entrara en una gruta subterránea en la que jamás había habido luz, estaba siempre oscura porque no penetraba la claridad del día. Pero al entrar María, la gruta se iluminó y resplandeció totalmente, como si el Sol se hallara allí, y la luz divina iluminó la gruta como si fuera la hora sexta del día; y mientras María estuvo en esta caverna, tanto de día como de noche, sin interrupción estuvo iluminada con la luz divina. Y trajo al mundo un hijo que los ángeles adoraron desde el momento de su nacimiento y le rodearon diciendo: "Gloria a Dios en las alturas y paz en la Tierra a los hombres de buena voluntad".

**3.** José había ido a buscar una comadrona. Al volver a la gruta, María ya había traído al mundo a su hijo. Y José le dijo: "Te he traído dos comadronas: Zelomi y Salomé: están fuera, delante de la gruta y no se atreven a entrar debido a esta luz tan viva". Y María, al oír esto sonrió. Pero José le dijo: "No te rías, sé prudente, no vayas a necesitar de algún remedio". Entonces hizo entrar a una de ellas. Y Zelomi, tras entrar dijo a María: "Permíteme que te toque". Y María se lo permitió, y la comadrona dio un grito y dijo: "Señor, Señor, ten piedad de mí. He aquí ante mí lo que jamás se ha oído ni tan siquiera sospechado; sus senos están llenos de leche, y tiene un niño varón siendo virgen. El nacimiento ha sido sin hemorragia de sangre y el parto sin dolor. Ha concebido virgen, ha dado a luz virgen, y ha permanecido virgen".

Salomé, dijo: "No puedo creer lo que estoy oyendo a menos que lo compruebe yo misma". Y Salomé, tras entrar, le dijo a María: "Déjame que te toque y que compruebe si Zelomi dice la verdad". Y María se lo permitió y Salomé acercó la mano. Y mientras se acercaba y la tocaba, de repente su mano se secó, y se puso a llorar de dolor, desesperada, y a gritar: "Señor, sabes que siempre te he creído y que he cuidado de todos los pobres sin pedir nada a cambio, que no he recibido nada de la viuda ni del huérfano, y que nunca un pobre se ha ido con las manos vacías. Y soy desgraciada a causa de mi incredulidad, porque me he atrevido a dudar de tu Virgen".

**4.** Y mientras hablaba así, se le apareció un joven muy bello y le dijo: "Acércate al niño, adóralo y tócalo con tu mano y ésta sanará, porque él es el Salvador del mundo y de todos los que esperan en él". Y se acercó al niño, y adorándolo, tocó el borde de las ropas que lo envolvían y enseguida su mano sanó. Y saliendo fuera elevó la voz y se puso a proclamar los grandes prodigios que había visto, lo que había sufrido y cómo había sido curada, y muchos creyeron en sus palabras.

**5.** Unos pastores, a su vez, afirmaban que habían visto en medio de la noche a unos ángeles que cantaban un himno alabando y bendiciendo al Dios del cielo, y diciendo que el Salvador de todos había nacido, el Cristo, en quien Israel debía encontrar su salvación.

**6.** Y una gran estrella brillaba encima de la gruta desde la tarde, hasta por la mañana, y jamás, desde el comienzo del mundo, se había visto una tan grande.

Y los profetas que estaban en Jerusalén decían que esta estrella anunciaba el nacimiento del Cristo, que debía cumplir las promesas hechas no sólo a Israel, sino a todas las naciones.

## XIV

Al tercer día después del nacimiento del Señor, María salió de la gruta, entró en un establo y dejó al niño en el pesebre, y el buey y la mula lo adoraban. Así se cumplió lo que había sido anunciado por el profeta Isaías: "El buey ha conocido a su amo y la mula el pesebre de su Señor". El niño estaba en medio de los dos animales y éstos le adoraban sin cesar. Así se cumplió lo que fue puesto en boca del profeta Habacuc: "Tú te manifestarás en medio de dos animales". Y José y María permanecieron en este lugar con el niño durante tres días.

## XV

**1.** Al sexto día entraron en Belén y pasaron allí el séptimo día. El día octavo, circuncidaron al niño y le pusieron por nombre Jesús, tal como había dicho el ángel, antes de su concepción. Una vez que se cumplieron según la ley de

Moisés, los días de la purificación de María, José condujo al niño al templo del Señor. Y como el niño había sido circuncidado, ofrecieron dos tórtolas y dos jóvenes palomas.

**2.** Había en el templo un hombre de Dios, perfecto y justo, que se llamaba Simeón y que tenía ciento doce años. El Señor le había anunciado que no moriría sin haber visto al Cristo, el Hijo de Dios encarnado. Al ver al niño, gritó en voz alta: "Dios ha visitado su templo, y el Señor ha cumplido su promesa". Y se apresuró a adorar al niño. Después, tomándolo con su manto, lo adoró de nuevo y le besó los pies, diciendo: "Ahora, Señor, dejad partir a vuestro pobre servidor en paz, según vuestra palabra; mis ojos han visto la salvación, que vos habéis preparado ante todos los pueblos: Luz que debe disipar las tinieblas de las naciones e ilustrar a Israel, vuestro pueblo".

**3.** Había también en el templo del Señor una profeta, de nombre Ana, hija de Fanuel, de la tribu de Aser, que había vivido con su marido siete años después de su virginidad, y que era viuda desde hacía ochenta y cuatro años; jamás se había alejado del templo del Señor, siempre entregada al ayuno y a la oración. Y acercándose, adoró al niño, diciendo que en él se hallaba la redención del siglo.

## XVI

**1.** Habían pasado dos años y unos magos vinieron de Oriente a Jerusalén, trayendo grandes ofrendas. Interrogaron a los judíos, diciendo: "¿Dónde está el rey que ha nacido, pues hemos visto su estrella en Oriente y hemos venido a adorarle?". La noticia llegó al rey Herodes y se asustó tanto que envió a consultar a los escribas, los fariseos y los doctores del pueblo para saber dónde los profetas habían predicho que debía nacer el Cristo. Y éstos respondieron:

"En Belén de Judá. Porque está escrito: Y tú Belén, tierra de Judá, no eres la menor entre las principales ciudades de Judá, porque de ti saldrá el jefe que debe regir a Israel, mi pueblo". Entonces el rey Herodes llamó a los magos y averiguó a través de ellos el tiempo en que la estrella había aparecido. Y los envió a Belén diciendo: "Id, e informaos exactamente sobre el niño, y cuando lo halléis me lo decís para que yo también pueda ir a adorarlo".

2. Entonces, mientras los magos se iban, la estrella apareció en el camino, y ésta les precedía, como para guiarles, hasta que llegaron al lugar donde se encontraba el niño. Y los magos, viendo la estrella, se llenaron de gozo, y entraron en la casa, y encontraron al niño Jesús reposando en el seno de su madre. Entonces abrieron sus tesoros, y les dieron a José y María tres regalos. Al niño le ofrecieron cada uno una pieza de oro. Después de esto, uno ofreció oro, otro incienso, y el otro mirra. Como querían volver junto a Herodes, fueron advertidos en sueños por un ángel de que no volvieran a ver a Herodes. Adoraron al niño con gran gozo, y volvieron a su país por otro camino.

## XVII

1. El rey Herodes, al darse cuenta de que había sido burlado por los magos, se llenó de cólera y envió a su gente por todos los caminos, para apresarles y darles muerte. Al no conseguir alcanzarlos, mandó dar muerte en Belén a todos los niños menores de dos años, siguiendo la información adquirida de los magos.

2. Pero la víspera del día en que esto tuvo lugar, José fue avisado en sueños por un ángel del Señor, que le dijo: "Toma a María y al niño y vete a Egipto por el camino del desierto". Y José se fue, siguiendo las palabras del ángel.

## XVIII

**1.** Como habían llegado a una gruta y querían descansar, María bajó de su montura, y se sentó, teniendo a Jesús en sus rodillas. Había tres niños que caminaban con José y una niña con María. Y entonces de repente salieron de la gruta unos dragones, y al verlos los niños se pusieron a gritar llenos de terror. Entonces Jesús, bajando de las rodillas de su madre, se puso de pie ante los dragones; y éstos le adoraron, y después de adorarle se fueron. Entonces se cumplió lo que había dicho el profeta David: "Alabad al Señor, sobre la Tierra, dragones, vosotros y todos los abismos".

**2.** Y el niño Jesús, yendo ante ellos, les ordenó que no hicieran daño a los hombres. Pero María y José temían que el niño no fuera herido por los dragones. Y Jesús les dijo: "No tengáis miedo y no me miréis como a un niño, siempre he sido un hombre, y es preciso que todas las bestias del bosque se amansen ante mí".

## XIX

**1.** Incluso los leones y los leopardos le adoraban y les acompañaban por el desierto; allá donde María y José fueran, les precedían y les mostraban el camino e inclinaban sus cabezas, adoraban a Jesús. El primer día que María vio a los leones y a toda clase de bestias alrededor de ella, tuvo mucho miedo. Pero el niño Jesús, mirándola feliz, le dijo: "No temas madre, no es para hacernos daño, sino para obedecernos por lo que se muestran solícitos a nuestro lado". Y con estas palabras disipó el miedo de su corazón.

**2.** Junto a ellos, con los bueyes, las mulas y las bestias de carga, que llevaban el equipaje, iban los leones sin hacerles daño alguno. Con toda dulzura iban entre las ovejas y los becerros que José y María traían de Judea. Y anduvieron entre lobos sin ningún temor y nadie sufrió ningún daño. Así se cumplió lo que había dicho el profeta: "Los lobos pastarán con los corderos, el león y el buey comerán la misma paja". Tenían dos bueyes y un carro para llevar los objetos necesarios y los leones los dirigían en su camino.

## XX

**1.** Sucedió que al tercer día de viaje, María estaba cansada debido al ardor del sol del desierto, y viendo una palmera, le dijo a José: "Me gustaría descansar un poco bajo su sombra". Y José se apresuró a conducirla bajo la palmera y la hizo bajar de su montura. Cuando estaba sentada, levantó los ojos a la palmera y viendo que estaba cargada de frutos, dijo a José: "Me gustaría si fuera posible, probar la fruta de esta palmera". Y José le dijo: "Me extraña que hables así, viendo lo alto que es el árbol, y que sueñes con comer sus frutos. A mí lo que me preocupa es la falta de agua, no nos queda nada en los odres, y no tenemos con qué saciar la sed, ni nosotros, ni las bestias".

**2.** Entonces, el niño Jesús, que estaba descansando en las rodillas de su madre, dijo a la palmera: "Arbol, inclínate y alimenta a mi madre con tus frutos. Ante estas palabras, la palmera se inclinó hasta los pies de María y recogieron sus frutos con los que todos se saciaron. Cuando ya habían recogido todos los frutos, el árbol seguía inclinado, esperando para enderezarse la orden de aquél que le había hecho inclinarse. Entonces Jesús le dijo: "Enderézate, palmera, recobra tu fuerza y sé la compañera de los árboles que están en el paraíso de mi padre. Abre de tus raíces la fuente que se esconde bajo tierra y que lleva suficiente agua para aplacar nuestra sed". Y la palmera se enderezó y de sus raíces manó una fuente de agua limpia, fresca y de un gran dulzor. Y al ver la fuente, se pusieron muy contentos y saciaron su sed, así como todas las bestias de carga, y dieron gracias a Dios.

## XXI

Al día siguiente partieron, y en el momento de iniciar la marcha, Jesús se volvió a la palmera y dijo: "Te concedo este privilegio, palmera, que una de tus ramas sea trasladada por mis ángeles y plantada en el paraíso de mi padre. Quiero concederte este favor para que a todos los que hayan vencido en alguna batalla se les pueda decir: Habéis obtenido la palma de la victoria".

Mientras decía esto, un ángel del Señor apareció debajo de la palmera; cogió una de sus ramas y voló hacia el cielo, llevando la rama en la mano.

Y al ver esto, cayeron a tierra y quedaron como muertos. Y Jesús les dijo: "¿Por qué el pánico se ha apoderado de vuestros corazones? ¿Ignoráis que esta palmera que he hecho transportar al paraíso, será dispuesta por todos los santos en un lugar de delicias, al igual que estaba preparada para vosotros en el desierto?". Y llenos de gozo, todos se levantaron.

## XXII

**1.** Iban caminando, cuando José le dijo: "Señor, el calor nos abrasa; cojamos, si os parece, el camino cerca del mar, así podremos descansar en las ciudades de la costa". Jesús le dijo: "No temas nada, José; acortaré el camino, de manera que la distancia que debíais hacer en treinta días, la hagáis en una sola jornada". Mientras hablaban, al mirar ante ellos, divisaron ya las montañas y las ciudades de Egipto.

**2.** Llenos de júbilo, llegaron al territorio de Hermópolis, y entraron en la ciudad de Egipto que se llamaba Sotina; y como no conocían a nadie que pudiera darles hospitalidad, entraron en un templo que se llamaba Capitolio de Egipto. En este templo había trescientos sesenta y cinco ídolos a quienes se les rendían cada día los honores divinos en unas ceremonias sacrílegas.

## XXIII

Pero ocurrió que cuando la bienaventurada María entró en el templo con el niño, todos los ídolos se cayeron por tierra, cara al suelo, completamente destrozados y convertidos en pequeños trozos; y así revelaron su insignificancia. Así se cumplió lo que había dicho el profeta Isaías: "Entonces el Señor vendrá sobre una ligera nube y entrará en Egipto, y todas las obras hechas por la mano de los egipcios temblarán ante su rostro".

## XXIV

La noticia fue anunciada a Afrodisio, gobernador de la ciudad, y éste fue al templo con todo su ejército. Los pontífices del templo al ver a Afrodisio que venía con todo su ejército, esperaban ver cómo se castigaba a los que habían provocado la caída de los dioses. Pero, al entrar en el templo, al ver todos los ídolos de cara al suelo, se acercó a María y adoró al niño que llevaba en los brazos, y tras adorarlo, se dirigió a todo su ejército y a sus amigos diciendo: "Si éste no fuera el dios de nuestros dioses, éstos no hubieran caído ante él y no estarían posternados en su presencia, de esta manera testimonian tácitamente que él es su maestro. Y nosotros, si no hacemos prudentemente lo que hemos visto hacer a nuestros dioses corremos el riesgo de provocar su indignación y de perecer todos como le ocurrió al faraón, rey de Egipto, quien sin hacer caso a los grandes prodigios, fue tragado por el mar con todo su ejército". Entonces por Jesucristo, todo el pueblo de aquella ciudad creyó en el Señor Dios.

# Segunda parte

## XXV

Poco tiempo después, el ángel se apareció a José y le dijo: "Vuelve al país de Judá; los que querían matar al niño ya han muerto".

## XXVI

**1.** Después de la vuelta de Egipto, estando ya en Galilea, Jesús, que iba a cumplir cuatro años, jugaba un día de sabbat con unos niños a la orilla del Jordán. Habiéndose sentado, hizo siete lagos pequeños con el barro, y dispuso unas zanjas por donde el agua del río por orden suya iba y venía. Entonces, uno de los niños, hijo del diablo, obstruyó, por celos, las salidas por las que pasaba el agua y destruyó lo que Jesús había hecho. Jesús le dijo: "Caiga la desgracia sobre ti, hijo de la muerte, hijo de Satán. ¡Osas destruir la obra que he hecho!". Y en seguida, el que había hecho esto, murió.

**2.** Entonces, los padres del muerto provocaron un gran tumulto contra María y José, diciendo: "Vuestro hijo ha maldecido a nuestro hijo, y ha muerto". Al oírlos José y María, fueron junto a Jesús, debido a las quejas de los padres y a la reunión de los judíos. Pero José dijo en secreto a María: "Yo no me atrevo a hablarle, tú adviértele y dile: ¿Por qué has levantado el odio del pueblo y nos has cargado con la cólera de los hombres?". Y al llegar su madre junto a él, le dijo: "¿Señor, qué es lo que ha hecho este niño para morir?". Y él respondió: "Merecía la muerte porque destruyó la obra que yo había hecho".

**3.** Y su madre le rogó: "No permitas, Señor, que todos se levanten contra nosotros". Entonces él, no queriendo afligir a su madre, tocó con el pie derecho al muerto y le dijo: "Levántate, hijo de la iniquidad; no eres digno de entrar en el reposo de mi Padre, porque has destruido la obra que había hecho". Entonces, el que estaba muerto se levantó, y se fue. Y Jesús, en virtud de su potestad, conducía el agua por las zanjas a los pequeños lagos.

## XXVII

Después de todo esto, Jesús cogió el limo de la fosa que había hecho e hizo doce pájaros ante los ojos de todos. Era el día de sabbat y había muchos niños con él. Y como algunos judíos habían visto lo que hacía le dijeron a José: "José, ¿no ves que el niño Jesús está trabajando el día de sabbat y esto no está permitido? Ha hecho doce pájaros con el barro". José entonces riñó a Jesús: "¿Por qué haces en el día de sabbat lo que no podemos hacer?". Y Jesús, oyendo a José, batió sus manos y les dijo a los pájaros: "Volad". Y al oír la orden se pusieron a volar. Y mientras todo el mundo estaba allí, miraba y escuchaba, les dijo a los pájaros: "Id y volad por todo el mundo y por todo el universo y vivid". Entonces, todos quedaron sumamente sorprendidos ante tales prodigios. Unos le alababan y lo admiraban; otros le censuraban. Y algunos fueron en busca de los príncipes de los sacerdotes y de los jefes de los fariseos y les anunciaron que Jesús, el hijo de José, ante todo el pueblo de Israel había realizado grandes prodigios y revelado un gran poder. Y esto se proclamó por las doce tribus de Israel.

## XXVIII

En otra ocasión, un hijo de Annas, sacerdote del templo, que había venido con José, portando en la mano una vara, destruyó, en presencia de todos y con gran cólera los laguitos que Jesús había hecho con sus manos, vertió el agua que Jesús había traído del torrente, ya que había cerrado la zanja por donde entraba el agua, y después lo destrozó. Jesús, al ver todo esto, dijo al niño que había destruido su obra: "Semilla execrable de iniquidad, hijo de la muerte, laboratorio de Satán, que el fruto de tu simiente no tenga fuerza, que tus raíces no tengan humedad, que tus ramas se vuelvan áridas y sin frutos". Al instante, en presencia de todos, el niño se secó y murió.

## XXIX

Entonces José se asustó y volvió a casa con Jesús y con su madre. Y entonces de repente, un niño, también agente de la iniquidad; corriendo a su encuentro, se arrojó a la espalda de Jesús, queriendo reírse de él y hacerle daño si podía. Pero Jesús le dijo: "No volverás sano y salvo del camino que has hecho". Y al instante el niño murió. Y los padres del niño, que habían visto lo que había sucedido, comenzaron a gritar diciendo: "¿De dónde ha nacido este niño? Es bien cierto que cualquier palabra que dice es verdad, e incluso a veces se cumple antes de que la pronuncie". Y se acercaron a José y le dijeron: "Llévate a este Jesús de aquí, porque no puede vivir con nosotros en esta ciudad. O por lo menos enséñale a bendecir en lugar de maldecir". José fue ante Jesús y le advirtió: "¿Por qué obras así? Muchos se quejan de ti y nos odian por tu culpa, y soportamos las vejaciones de la gente". Jesús respondiendo a José le dijo: "No hay otro hijo más prudente que el que su padre ha instruido siguiendo la ciencia de su tiempo y la maldición de su padre no perjudica a nadie salvo a los que hacen el mal".

Entonces la gente se agrupó tumultuosamente contra Jesús y le acusaron ante José. Y José, al ver todo esto, se asustó mucho, temiendo que el pueblo de Israel usara la violencia y la sedición.

En ese momento, Jesús cogió por la oreja al niño muerto y lo levantó del suelo en presencia de todos; y vieron entonces a Jesús hablar con él como si se tratara de un padre con su hijo. Y el espíritu del niño volvió a él y se reanimó. Y todos se sorprendieron mucho.

## XXX

**1.** Entonces un maestro judío, llamado Zaquías, oyendo a Jesús pronunciar estas palabras y viendo que poseía un conocimiento extraordinario de la virtud, se afligió mucho y se puso a hablar rudamente a José, sin ningún tipo de sentido ni moderación, y le decía: "¿No quieres entregar a tu hijo para que sea instruido en la ciencia humana y el temor? Veo que tú y María queréis más a vuestro hijo que a las enseñanzas de los ancianos del pueblo. Pero deberíais honrar a los sacerdotes de toda la Iglesia de Israel, para que tuviera con los niños un afecto mutuo y fuera instruido al lado de ellos en la doctrina judaica".

**2.** Pero José le dijo: "¿Y quién podría cuidar e instruir a este niño? Si tu puedes cuidarlo e instruirlo, no nos oponemos a que le enseñes lo que todos aprenden". Jesús, que había oído las palabras de Zaquías, le contestó: "Maestro de la ley, lo que acabas de decir, todo lo que has citado, debe ser cumplido por los que son instruidos según las leyes humanas; pero yo no estoy sometido a vuestros tribunales, porque no tengo un padre según la carne. Tú que lees la ley, y que la conoces, te quedas con la ley: pero yo, yo estaba antes que la ley. Aunque pienses que no hay nadie que iguale a la ciencia, aprenderás de mí que nadie puede enseñar nada de lo que has hablado. Salvo el que es digno. Ahora bien, yo, cuando deje esta tierra, borraré cualquier mención a vuestra genealogía. Tú ignoras cuándo naciste: sólo yo sé cuándo habéis nacido y el tiempo de vida que tenéis en esta tierra".

**3.** Entonces, todos los que oyeron estas palabras se sorprendieron y comentaban: "¡Oh!, ¡oh!, he aquí un misterio realmente grande y admirable. Jamás hemos oído nada parecido. Jamás nada parecido fue dicho por otro, ni por los profetas, ni por los fariseos, ni por los escribas: nunca lo hemos oído. Sabemos dónde ha nacido y que tiene cinco años escasos, pero ¿de dónde viene para hablar de esa manera?". Los fariseos respondieron: "Nunca oímos a un niño tan pequeño pronunciar semejantes palabras".

**4.** Y Jesús les respondió diciendo: "¿Estáis asombrados de oír a un niño pronunciar tales palabras? Entonces ¿por qué no ponéis vuestra fe en lo que os he dicho? Sólo porque os he dicho que sé cuándo habéis nacido estáis todos sorprendidos: voy a deciros más, y aún quedaréis más asombrados. He visto a Abraham, al que vosotros llamáis padre; le he hablado y él me ha visto". Al oír esto todos callaron y nadie se atrevió a hablar. Y Jesús les dijo: "Yo estaba entre vosotros con los niños, y no me habéis conocido. Os he hablado como a hombres sabios y no habéis comprendido mi voz, porque estáis por debajo de mí y sois hombres de poca fe".

# XXXI

**1.** Una vez más el maestro Zaquías, doctor de la ley, les dijo a José y María: "Dadme al niño; se lo confiaré al maestro Leví para que le enseñe las letras y lo instruya". Entonces José y María, acariciando a Jesús, le condujeron a la escuela, para que Leví, el anciano, le enseñara las letras. Y Jesús, al entrar, guardó silencio. Y el maestro Leví, nombrando una letra a Jesús, la primera, Aleph, le dijo: "Responde". Pero Jesús callaba y no contestaba nada. Entonces el maestro, irritado, cogió una vara y le golpeó la cabeza.

**2.** Entonces Jesús le dijo al maestro Leví: "¿Por qué me pegas? En verdad, te digo que aquél que es golpeado enseña al que golpea más de lo que podría aprender. Porque yo, puedo enseñar lo que dices. Pero todos ésos están ciegos, y hablan y escuchan como si fuera un bronce sonando o un timbal ruidoso, y no entienden lo que significa su propio sonido". Y continuando Jesús, dijo a Zaquías: "Cualquier letra, desde el Alfa a la Tau, se distingue por su posición. Dime primero lo que significa Tau y te diré lo que es Alfa". Y Jesús continuó diciendo: "Hipócritas, ¿cómo pueden decir Tau los que no conocen lo que significa Alfa? Decid primero lo que es Alfa y os creeré cuando digáis Beta". Y Jesús se puso a preguntar el nombre de cada letra y dijo: "Que el maestro de la ley diga lo que significa la primera letra, y por qué tiene triángulos, grados, agudos, etcétera...". Cuando Leví escuchó aquello se quedó estupefacto.

**3.** Entonces se puso a gritar ante todos y a decir: "¿Acaso este niño merece vivir en esta tierra? Merece, ser crucificado. Porque puede apagar el fuego y además reírse de los otros tormentos. Pienso que él existía antes del cataclismo, que nació antes del diluvio. ¿Qué entrañas lo llevaron? ¿Qué madre lo trajo al mundo? ¿Qué pechos lo amamantaron? Ante él yo huyo: no puedo sostener las palabras que salen de su boca, en cambio mi corazón está estupefacto al oír tales palabras. Porque pienso que ningún hombre puede comprenderlas, a menos que Dios no haya estado con él. Y ahora, desgraciado de mí, me he entregado a sus burlas.

Creía tener un alumno, y me he encontrado con mi maestro, sin saberlo. ¿Qué puedo decir? No puedo sostener las palabras de este niño: me voy de esta ciudad porque no puedo comprenderlo.

Yo, un anciano, he sido vencido por un niño: no puedo hallar ni el comienzo ni el fin de lo que afirma. Es difícil encontrar uno mismo en el principio. De verdad os digo, y no miento, que según mi opinión lo que este niño ha hecho, sus primeras palabras y el propósito de su intención, todo esto, no me parece que tenga nada en común con los hombres. Ni siquiera sé si es un mago o un dios: o quizá un ángel de Dios habla por su boca. De dónde es, de dónde viene, en qué se convertirá, lo ignoro".

**4.** Entonces Jesús, con el rostro iluminado, le sonrió y dijo en un tono autoritario a todos los hijos de Israel que estaban presentes y que los escuchaban: "Que los que eran estériles, fructifiquen, que los ciegos vean, que los cojos anden correctamente, que los pobres reciban bienes en abundancia y que los muertos resuciten, a fin de que cada uno vuelva a su estado original y permanezca en él, que es la raíz de la vida y la dulzura perpetua". Y una vez que el niño Jesús dijo esto, al instante todos los que estaban enfermos sanaron. Y nadie osaba decirle nada ni oír nada de él.

## XXXII

Después de todo esto, José y María fueron con Jesús a la ciudad de Nazareth, y allí vivió con sus padres. Un día de sabbat que Jesús jugaba en la terraza de una casa con otros niños, sucedió que uno de ellos tiró a otro de la terraza al suelo y murió. Y como los padres del muerto no habían visto esto, comenzaron a gritar en contra de José y María, diciendo: "Vuestro hijo ha tirado a nuestro hijo al suelo y ha muerto". Y Jesús se callaba y no decía nada. Entonces José y María se acercaron a Jesús precipitadamente y su madre le preguntó: "¿Mi Señor, dime si has sido tú el que lo ha tirado?". Y de repente Jesús bajó de la terraza y llamó al niño por su nombre, Zenón. Y éste le contestó: "Señor". Y Jesús le dijo: "¿He sido yo el que te ha tirado de la terraza al suelo?". El niño contestó: "No, Señor". Y los padres del niño que estaba muerto se sorprendieron mucho y alabaron a Jesús por el milagro que había hecho. Y de allí José y María, partieron con Jesús a Jericó.

## XXXIII

Jesús tenía seis años, y su madre lo mandó con un cántaro a buscar agua a la fuente junto con otros niños. Y sucedió, que tras sacar agua, uno de los niños le empujó, chocó con el cántaro y lo rompió. Pero Jesús extendió el manto que llevaba y recogió tanta agua como la que cabía en el cántaro y se la llevó a su madre. Y ella al verle, cada día se sorprendía más, soñaba y guardaba todo esto en su corazón.

## XXXIV

Otro día Jesús se fue al campo y cogió un poco de trigo del granero de su madre y lo sembró. El trigo germinó, creció y se multiplicó de una manera increíble. Después, él mismo lo cosechó y recogió tres medidas de grano que dio a sus numerosos parientes.

## XXXV

Hay un camino que sale de Jericó y va hacia el río Jordán, al sitio por el que pasaron los hijos de Israel; se dice que es allí donde se paró el Arca de la Alianza. Jesús tenía ocho años, salió de Jericó e iba al Jordán. Y había al lado del camino, cerca de la orilla del Jordán, una caverna en la que una leona alimentaba a sus pequeños: nadie podía seguir ese camino y estar seguro. Entonces Jesús que venía de Jericó al enterarse que una leona había parido en esa caverna, entró a la vista de todos. Los leones, al ver a Jesús, corrieron a su encuentro y le adoraron. Y Jesús estaba sentado en la caverna, y los leoncillos corrían de aquí para allá alrededor de los pies de Jesús, lo acariciaban y jugaban con él. Los leones viejos, en cambio, se mantenían a distancia, con la cabeza baja; lo adoraban y movían suavemente la cola ante él. Entonces el pueblo, que estaba lejos y no veía a Jesús, dijo: "Si no hubiera cometido grandes pecados, él o su familia, no se hubiera ofrecido él mismo a los leones".

Y mientras el pueblo se dedicaba a pensar en todo esto y estaba triste, de repente, y en presencia de todos, Jesús salió de la caverna, precedido por los leones y los leoncillos jugaban a sus pies. Los padres de Jesús permanecían a lo lejos, con la cabeza inclinada y miraban; y el pueblo se mantenía también alejado por miedo a los leones y no se atrevían a acercarse. Entonces Jesús dijo al pueblo: "Valen mucho más estas fieras que reconocen a su Maestro y lo glorifican, que vosotros, hombres, que habiendo sido creados a imagen y semejanza de Dios, lo ignoráis. Las bestias me reconocen y se vuelven mansas. Los hombres me ven y no me conocen".

## XXXVI

Después, Jesús atravesó el Jordán con los leones, ante la presencia de todos, y el agua del Jordán se separó de derecha a izquierda. Entonces dijo a los leones de manera que todos lo oyeran: "Id en paz y no hagáis mal a nadie; y que nadie os dañe hasta que no lleguéis al lugar de donde habéis salido". Y aquéllos, saludándolo, no con la voz sino con la actitud de su cuerpo, volvieron a la caverna. Y Jesús volvió junto a su madre.

## XXXVII

**1.** José era carpintero y fabricaba yugos para los bueyes, arados, instrumentos propios de labranza y camas de madera. Sucedió que llegó un joven y le pidió que hiciera una cama de seis codos. José le dijo al aprendiz que cortara madera con una sierra de hierro según la medida que se había pedido. Pero éste no respetó la medida e hizo un trozo de madera más corto que el otro. Y José comenzó a agitarse y a pensar qué podría hacer al respecto.

**2.** Y cuando Jesús le vio agitado por este pensamiento, le habló para consolarlo diciendo: "Ven, cojamos los extremos de dos piezas de madera, coloquémoslas una al lado de la otra y así juntas, tiremos hacia nosotros y podremos hacerlas iguales". José obedeció esta orden, ya que sabía que podía hacer todo lo que quería. Y José cogió los extremos de los trozos de madera y los colocó contra la pared, cerca de él, y Jesús cogió los otros, tiró del trozo más corto y se volvió igual que el más largo. Y dijo a José: "Vete a trabajar y haz lo que habías prometido que harías". Y José hizo lo que había prometido.

## XXXVIII

**1.** Sucedió que por segunda vez el pueblo rogó a José y María que enviaran a Jesús a aprender las letras a la escuela. Ellos no rechazaron hacerlo y siguiendo la orden de los ancianos, lo condujeron ante un maestro para que fuera instruido en la ciencia humana. Y entonces el maestro empezó a enseñarle con un tono imperioso, diciendo: "Di Alfa". Pero Jesús le dijo: "Dime primero lo que es Beta y te diré lo que es Alfa". Y entonces el maestro irritado golpeó a Jesús, y al golpearlo, murió.

**2.** Y Jesús volvió junto a su madre. Entonces, José, asustado, llamó a María y le dijo: "Quiero que sepas que mi alma está triste hasta la muerte a causa de este niño. Porque puede llegar un día que alguien le pegue por maldad y que muera". Pero María le respondió diciendo: "Hombre de Dios, no creas que esto pueda suceder. Es mejor que creas firmemente que aquél que le ha enviado a nacer entre los hombres, le protegerá de toda maldad y lo conservará en su nombre al abrigo del mal".

## XXXIX

**1.** Por tercera vez los judíos pidieron a María y a José

que llevaran al niño a un maestro para que le enseñara. Y José y María, temiendo al pueblo, la insolencia de los príncipes y las amenazas de los sacerdotes, le condujeron otra vez a la escuela, aún sabiendo que no podía aprender nada de hombre alguno, él, que poseía del Dios mismo una ciencia perfecta.

**2.** Así, que una vez Jesús entró en la escuela, guiado por el Espíritu Santo, cogió el libro de la mano del maestro que enseñaba la ley, y en presencia de todo el pueblo que lo veía y escuchaba, se puso a leer, pero no lo que estaba escrito en el libro, sino que hablaba con el espíritu del Dios vivo, como si se tratara de un torrente de agua que brotara de una fuente viva y como si la fuente estuviera siempre llena. Y enseñaba al pueblo con tanta fuerza las grandezas del Dios vivo que incluso el maestro cayó en tierra y lo adoró. Pero el corazón de los que allí estaban y lo habían escuchado hablar se llenó de estupor. Y cuando José se enteró, fue corriendo junto a Jesús, temiendo que el maestro muriera. Al verle el maestro le dijo: "No me has dado un discípulo sino un maestro: ¿y quién puede resistir sus palabras?". Entonces, se cumplió lo que había dicho el Salmista: "La fuente divina está llena de agua. Tú has preparado su alimento, porque es así como se prepara".

## XL

Después, José se fue de allí con María y con Jesús, para ir a Cafarnaum, al borde del mar, a causa de la maldad de los que eran sus enemigos. Y cuando Jesús vivía en Cafarnaum, había en esta ciudad un hombre llamado José, muy rico. Pero había sucumbido a su enfermedad y estaba tendido muerto en cama. Cuando Jesús oyó en la ciudad a los que gemían, lloraban y se lamentaban de su muerte, dijo a José: "¿Por qué no le prestas a este hombre, que se llama igual que tú, el socorro de tu bondad?". Y José le contestó: "¿Qué poder, qué medios tengo para prestarle socorro?". Y Jesús le dijo: "Coge un pañuelo que llevas en la cabeza, ve y pónselo en el rostro al muerto y dile: 'Que Jesús te cure'. Y en seguida el muerto sanará y se levantará de la cama". Después de oír esto, José se fue corriendo a cumplir la orden de Jesús; entró en la casa del muerto y colocó el pañuelo que llevaba en la cabeza sobre el rostro del muerto, que estaba acostado en la cama, y le dijo: "Que Jesús te cure". Y al instante el muerto se levantó de la cama y preguntó quién era Jesús.

## XLI

**1.** Y fueron a la ciudad que se llamaba Belén, y José estaba en su casa con María, y Jesús estaba con ellos. Y un día, José llamó a Santiago, su primogénito, y lo envió al huerto a recoger legumbres para hacer un potaje. Jesús siguió a su hermano Santiago al jardín, sin saberlo José ni María. Y mientras Santiago recogía las legumbres, salió de repente una víbora de un agujero y mordió la mano de Santiago, quien se puso a gritar a causa de un gran dolor. Y desfalleciéndose, con una voz llena de amargura, decía: "¡Ay de mí! una víbora malvada me ha mordido la mano".

**2.** Pero Jesús, que estaba en el otro lado, corrió junto a Santiago al oír su grito de dolor: le cogió la mano, y no hizo otra cosa más que soplar encima y refrescarla. Y al instante, Santiago sanó y la serpiente murió. Y José y María ignoraban lo que sucedía; pero con los gritos y por orden de Jesús acudieron al jardín y encontraron a la serpiente muerta y a Santiago perfectamente sano.

# XLII

**1.** Cuando José iba a un banquete con sus hijos, Santiago, José, Judá y Simeón, y con sus dos hijas, y Jesús y María, su madre, iban también, y la hermana de ésta, María hija de Cleofás, que el Señor Dios había dado a su padre Cleofás y a su madre Ana, porque habían ofrecido al Señor a María, la madre de Jesús. Y esta María había sido llamada con el mismo nombre de María para consolar a sus padres.

**2.** Siempre que estaban reunidos, Jesús los santificaba y los bendecía, y comenzaba él primero a comer y a beber. Ninguno de ellos osaba comer ni beber, ni sentarse a la mesa, ni partir el pan, hasta que Jesús, tras bendecirlos, hubiese hecho el primero estas cosas. Si por casualidad no estaba allí, esperaban que lo hiciese. Y cada vez que él quería acercarse a la comida, se aproximaban también María y José y sus hermanos, los hijos de José. Y estos hermanos, teniéndolo ante sus ojos como una luminaria, lo observaban y lo temían. Y cuando Jesús dormía, tanto de día como de noche, la luz de Dios brillaba en él. Sea alabado y glorificado por los siglos de los siglos. Amen.

# Libro sobre la Natividad de María

Se trata sin duda de una refundición del Evangelio del Pseudo Mateo y como él sirvió de base a numerosas leyendas e historias medievales.

En este libro vemos depuradas -y hasta eliminadas-muchas cosas que podían herir la sensibilidad de su tiempo, como el primer matrimonio de José, la prueba del "agua del Señor", la comprobación de Salomé, etc. Presenta muchos de los conceptos incluidos en sus predecesores pero manifiesta una devoción más delicada hacia la Virgen María.

Durante la Edad Media fue atribuido a San Jerónimo y aún hoy figura entre las obras de este Doctor de la Iglesia. Sea como fuere, en su forma actual parece bastante posterior a los anteriores.

# LIBRO SOBRE LA
# NATIVIDAD DE MARIA

# PREFACIO

Me haces un encargo que no es para mí gran trabajo, pero que sí supone una grave responsabilidad ya que exige mucho cuidado para discernir lo verdadero de lo falso.

Me pides que haga una relación escrita de los datos que haya encontrado sobre el nacimiento de la santa y bienaventurada Virgen María (y de lo restante de su vida) hasta del día de su parto incomparable y los comienzos de la vida de Cristo. Este es un encargo no difícil, pero sí arriesgado, como acabo de decir, por el peligro que entraña en relación con la verdad. Bien sabes que estas cosas, cuya relación me pides ahora que tengo la cabeza encanecida, las leí de pequeño en cierto libro que entonces cayó en mis manos. Por lo que te darás cuenta de que, después de tanto tiempo y ocupado como he estado en asuntos de notable envergadura, pueden fácilmente habérseme borrado de la memoria algunos detalles. Así pues, creo que nadie podrá reprocharme las omisiones, cambios o añadiduras en que incurra al acceder a tu petición; ya que, así como admito su posibilidad, de la misma manera niego que las cometa con deliberación.

## I

**1.** La bienaventurada y gloriosa siempre virgen María descendía de familia real y pertenecía a la familia de David. Había nacido en Nazaret y fue educada en el templo del Señor, en la ciudad de Jerusalén. Su padre se llamaba Joaquín y su madre Ana.

**2.** La vida de estos esposos era sencilla y justa ante el

Señor e irreprochable y piadosa ante los hombres. Sus bienes los dividían en tres partes: una la destinaban para el templo de Dios y sus ministros; otra se la daban a los pobres y peregrinos; la tercera quedaba reservada para las necesidades de sus criados y para sí mismos.

**3.** Sin embargo este matrimonio, tan querido de Dios y piadoso para con su prójimo, llevaba veinte años de vida conyugal en casto matrimonio sin obtener descendencia. Sin embargo habían hecho voto de que, si Dios les concedía un vástago, lo consagrarían al servicio divino. Por este motivo acostumbraban a ir al templo de Dios en las fiestas.

## II

**1.** Se acercaba la fiesta del templo y Joaquín se dirigió a Jerusalén en compañía de algunos conocidos suyos. El sumo sacerdote era entonces Isacar. Este, al ver a Joaquín entre los demás dispuesto como ellos a ofrecer sus dones, lo menospreció desdeñando sus presentes, preguntándole cómo se atrevía a presentarse entre ellos, siendo estéril. Le dijo, además, que sus ofrendas no debían ser aceptadas por Dios pues lo consideraba indigno de tener descendencia, y adujo el testimonio de la Escritura, que declara maldito al que no hubiere engendrado varón. Le dijo que debía primero verse libre de esta maldición, teniendo hijos, y que sólo entonces podría presentarse con ofrendas ante la vista del Señor.

**2.** Joaquín sufrió mucho ante tamaña injuria y se retiró a los campos donde estaban los pastores con sus rebaños, sin querer volver a casa para no exponerse a los desprecios de sus conocidos que habían presenciado la escena y que habían oído lo que el sumo sacerdote le había dicho.

# III

**1.** Llevaba ya algún tiempo retirado en el campo, cuando un día se le apareció un ángel de Dios, rodeado de un inmenso resplandor. El quedó turbado ante su vista, pero el ángel le libró del temor diciendo: "Joaquín, no tengas miedo ni te asustes por mi presencia. Has de saber que soy un ángel del Señor. El me ha enviado a ti para anunciarte que tus plegarias han sido escuchadas y que tus limosnas han subido hasta su presencia. Ha tenido a bien poner sus ojos en tu confusión después de que llegó a sus oídos el oprobio de esterilidad que injustamente se te dirigía. Dios castiga el delito, más no a la naturaleza. Y por eso, cuando tiene a bien cerrar la matriz, lo hace para poder abrirla de nuevo de una manera más admirable y para que quede bien claro que la descendencia no es fruto de la pasión, sino de la voluntad divina.

**2.** ¿Acaso Sara, la madre de vuestra estirpe, no fue estéril hasta los ochenta años? Y, no obstante, dio a luz en extrema ancianidad a Isaac, quien recibiría la bendición de todas las generaciones. También Raquel, a pesar de ser tan grata a Dios y tan querida del santo Jacob, fue estéril durante largo tiempo. Sin que esto fuera obstáculo para que engendrara después a José, que fue no sólo el Señor de Egipto, sino también el libertador de su pueblo. Y ¿quién hubo entre los jueces más fuerte que Sansón o más santo que Samuel? Sin embargo, ambos tuvieron madres estériles. Si, pese a ello, la razón contenida en mis palabras no logra convencerte, ten por cierto, que las concepciones largamente esperadas y los partos provenientes de la esterilidad, suelen ser los más maravillosos.

**3.** Sabe pues, que Ana tu mujer, va a darte a luz una hija, a quien impondrás el nombre de María. Vivirá consagrada a Dios desde su niñez, en consonancia con el voto que habéis hecho; y ya desde el vientre de su madre se verá llena del Espíritu Santo. No comerá ni beberá cosa alguna impura; ni pasará su vida entre el bullicio de la gente, sino en el recogimiento del templo del Señor, para que nadie pueda llegar a sospechar ni a decir cosa alguna desfavorable de ella. Y, cuando vaya creciendo en edad, de la misma manera que ella nacerá de madre estéril, así, siendo virgen, engendrará a su vez de manera incomparable al Hijo del Altísimo. El nombre de éste será Jesús, y ha de ser el salvador de todos los pueblos.

**4.** Esta será para ti la señal de que es verdad cuanto acabo de decirte: Cuando llegues a la puerta dorada de Jerusalén te encontrarás con Ana, tu mujer, que vendrá a tu encuentro. Ella, que ahora está preocupada por tu tardanza en regresar, se alegrará hondamente al poderte ver de nuevo". Y una vez que le dijo esto, el ángel se apartó de él.

## IV

**1.** Después el ángel se apareció a Ana, esposa de Joaquín, y le dijo: "No tengas miedo Ana, ni creas que es un fantasma lo que tienes ante ti. Soy el ángel que presentó vuestras oraciones y limosnas ante Dios. Ahora acabo de ser enviado a vosotros para anunciaros el nacimiento de una hija cuyo nombre será María y que ha de ser bendita entre todas las mujeres. Desde el momento mismo de nacer, desbordará en ella la gracia del Señor y permanecerá en la casa paterna los tres primeros años hasta que termine su lactancia. Después vivirá consagrada al servicio de Dios y no abandonará el templo hasta que llegue el tiempo de la discreción. Allí permanecerá sirviendo a Dios con ayunos y oraciones de noche y de día y absteniéndose de toda cosa impura. Jamás conocerá varón, sino que, ella sola, sin previo ejemplo y libre de toda mancha, corrupción o unión con hombre alguno, dará a luz, siendo virgen, al hijo, y siendo esclava, al Señor que con su gracia, su nombre y su obra será el salvador de todo el mundo.

**2.** Levántate, pues, sube hasta Jerusalén. Y cuando llegues a la puerta dorada, encontrarás allí, en confirmación a lo que te digo, a tu marido, por cuya salud estás acongojada. Ten seguro, que el contenido de mi mensaje se realizará sin duda alguna".

## V

**1.** Ambos obedecieron al mandato del ángel y se pusieron camino de Jerusalén desde los puntos donde respectivamente se hallaban. Y, cuando llegaron al lugar señalado por el ángel, se encontraron mutuamente. Entonces, alegres por verse de nuevo y firmes en la certeza que les daba la promesa de un futuro vástago, dieron gracias a Dios.

**2.** Y, después de adorar al Señor, volvieron a casa, donde esperaron la realización de la divina promesa, llenos de confianza y de alegría. Por fin concibió Ana y alumbró una hija, a quien sus padres dieron el nombre de María según el mandato del ángel.

## VI

**1.** A los tres años, cuando hubo terminado el tiempo de la lactancia, llevaron a la Virgen juntamente con sus ofrendas al templo del Señor. Tenía éste quince peldaños, de modo que, como el templo estaba edificado sobre un monte, no se podía llegar al altar de los holocaustos, que estaba fuera de su recinto, más que por medio de estos peldaños.

**2.** En una de estas gradas colocaron, pues, sus padres a la bienaventurada Virgen María, niña aún de corta edad. Y mientras ellos estaban entretenidos en cambiar sus vestidos de viaje por otros más limpios, la Virgen del Señor fue subiendo una a una todas las gradas sin que nadie le diera la mano para levantarla y guiarla. Y es que ya el Señor hacía cosas magníficas en la infancia de su Virgen y daba a conocer de antemano con esta maravillosa señal cuán grande habría de ser en el futuro.

**3.** Después de celebrar el sacrificio prescrito por la ley, cumplido ya su voto, dejaron a la Virgen en el recinto del templo para que fuera allí educada con las demás doncellas y se volvieron a su casa.

## VII

**1.** La Virgen del Señor fue creciendo en virtudes al mismo tiempo que en edad; y, según las palabras del salmista, *su padre y su madre la abandonaron, pero Dios la tomó consigo*. Diariamente tenía trato con los ángeles. Asimismo gozaba todos los días de la visión divina, la cual la inmunizaba contra toda clase de males y la inundaba de bienes. Así llegó hasta los catorce años, haciendo con su conducta que los malos no pudieran imaginar en ella nada malo y que los buenos tuvieran su vida y su comportamiento por dignos de admiración.

**2.** Solía entonces anunciar públicamente el sumo pontífice que todas las doncellas que vivían oficialmente en el templo y hubiesen cumplido la edad convenida retornaran a sus casas y contrajeran matrimonio, de acuerdo con las costumbres del pueblo y el tiempo de cada una. Todas se sometieron dócilmente a esta orden menos María, la Virgen del Señor, quien dijo que no podía hacer aquello. Dio como razón el que estaba consagrada al servicio de Dios espontáneamente y por voluntad de sus padres, y que además había hecho al Señor voto de virginidad, por lo que no estaba dispuesta a quebrantarlo por la unión matrimonial. Vióse entonces en gran aprieto el sumo sacerdote, pensando por una parte que no debía violarse aquel voto para no contravenir la Escritura, que dice: *Haced votos al Señor y cumplidlos*; y no atreviéndose por otra a introducir una costumbre desconocida para el pueblo, mandó que, con ocasión de la fiesta ya cercana, se presentaran todos los hombres de Jerusalén y sus contornos para que su consejo pudiera darle luz sobre la determinación que había de tomarse en asunto tan difícil.

**3.** Realizado el plan, fue la opinión de todos que debía consultarse al Señor sobre esta cuestión. Se pusieron, pues, en oración y el sumo sacerdote se acercó para consultar a Dios. Y al momento se dejó sentir en los oídos de todos una voz proveniente del oráculo y del lugar de las ofrendas. Decía esta voz que, en conformidad con el vaticinio de Isaías, debía buscarse a alguien a quien se encomendase y con quien se desposase aquella virgen. Pues bien es sabido que Isaías dice: "Brotará un tallo de la raíz de David y se elevará una flor de su tronco. Sobre ella reposará el espíritu del Señor: espíritu de sabiduría y de entendimiento, espíritu de consejo y de fortaleza, espíritu de ciencia y piedad. Y será inundada del espíritu de temor del Señor".

**4.** De acuerdo, pues, con esta profecía, mandó que todos los varones pertenecientes a la casa y la familia de David, aptos para el matrimonio y no casados, llevaran sendas varas al altar. Y dijo que el dueño de la vara, que, una vez depositada, hiciera germinar una flor y en cuyo extremo se posara el Espíritu del Señor en forma de paloma, sería el designado para ser custodio y esposo de la Virgen.

# VIII

**1.** Allí estaba, como uno de tantos, José, hombre de edad avanzada que pertenecía a la casa y familia de David. Y, mientras todos por orden fueron depositando sus varas, éste retiró la suya. Al no ocurrir el fenómeno extraordinario anunciado por el oráculo, el sumo sacerdote pensó que se debía consultar de nuevo al Señor. Este respondió que precisamente había dejado de llevar su vara aquél con quien debería desposarse la Virgen. Con esto quedó José descubierto, quien tuvo que depositar su vara, y al momento se posó sobre su extremidad una paloma procedente del cielo. Esto demostró claramente que era él con quien debía desposarse la Virgen.

**2.** Se celebraron pues, los esponsales como de costumbre y José se retiró a la ciudad de Belén para arreglar su casa y disponer todo lo necesario para la boda. María, por su parte, la Virgen del Señor, retornó a la casa de sus padres en Galilea acompañada de siete doncellas compañeras desde la niñez, que le habían sido dadas por el sumo sacerdote.

# IX

**1.** En estos mismos días (es decir: al principio de su llegada a Galilea) fue enviado por Dios el ángel Gabriel para que le anunciase la concepción del Señor y para que la pusiera al corriente de la manera y orden como iba a desarrollarse este acontecimiento. Y así, llegado hasta ella, inundó la estancia donde se encontraba de un fulgor extraordinario. Después la saludó amabilísimamente en estos términos: "Dios te salve María, Virgen gratísima al Señor, Virgen llena de gracia: el Señor está contigo; tú eres más bendita que todas las mujeres y que todos los hombres que han nacido hasta ahora".

**2.** La Virgen, que estaba bien acostumbrada a ver rostros angélicos y a quien le era familiar el verse circundada de resplandores celestiales, no se asustó por la visión del ángel ni quedó aturdida por la magnitud del resplandor, sino que únicamente se vio sorprendida por la manera de hablar de aquel ángel. Y así se puso a pensar a qué vendría saludo tan insólito, qué pronóstico podría traerle y qué desenlace tendría finalmente. El ángel, por inspiración divina, vino al encuentro de tales pensamientos y le dijo: "No tengas miedo, María, de que en mi saludo haya algo contra tu castidad. Precisamente por haber escogido el camino de la pureza has encontrado gracia a los ojos del Señor. Y por eso vas a concebir y dar a luz un hijo sin pecado alguno de tu parte.

**3.** Este será grande, pues extenderá su dominio de mar a mar y desde el río hasta los confines de la tierra. Será llamado Hijo del Altísimo, porque quien va a nacer humilde en la tierra está reinando lleno de majestad en el cielo. El Señor Dios le dará el trono de David, su padre, y reinará eternamente en la casa de Jacob. Su reinado no tendrá fin. El es el rey de reyes y señor de los que dominan. Su trono durará por los siglos de los siglos".

**4.** Entonces la Virgen, no por incredulidad a las palabras del ángel sino deseando únicamente saber cómo habrían de tener su cumplimiento respondió: "¿Y cómo se verificará esto? ¿Cómo voy a poder dar a luz si no voy a conocer nunca varón, de acuerdo con mi voto?". Repuso el ángel: "No pienses, María, que vas a concebir de manera humana, pues lo harás sin unión marital alguna, alumbrarás siendo virgen y amamantarás permaneciendo virgen. El Espíritu Santo vendrá, en efecto, sobre ti y la virtud del Altísimo te cubrirá con su sombra contra todos los ardores de la concupiscencia. Por tanto, solamente tu vástago será santo, porque siendo el único concebido y nacido sin pecado, se llamará Hijo de Dios". María entonces extendió sus brazos y elevó sus ojos al cielo, diciendo: "He aquí la esclava del Señor, hágase en mí según tu palabra".

**5.** Seguramente resultaría demasiado largo, y para algunos lectores fastidioso, que nos pusiéramos a insertar ahora en este opúsculo todo lo que precedió o siguió a la natividad del Señor según este escrito. Por tanto omitimos todo aquello que está bastante detallado ya en el evangelio y narramos a continuación otras cosas que no están allí suficientemente explicadas.

# X

**1.** José, pues, se trasladó de Judea a Galilea, pensando contraer matrimonio con su esposa Virgen, después de haber transcurrido ya tres meses y estando a punto de cumplirse el cuarto desde que celebraron los esponsales. Entre tanto, al ir aumentando poco a poco el embarazo, empezaron a manifestarse las señales de su maternidad. Esto no podía quedar oculto a José, quien, tratando a la Virgen con bastante intimidad y hablando con ella familiarmente, como esposo que era, vino a darse cuenta de que estaba efectivamente encinta. Y empezó a ser presa de la agitación y de la zozobra, no sabiendo qué acción tomar. Por una parte, su condición de varón justo no le permitía entregarla; y por otra, piadoso como era, no quería difamarla con la sospecha de la fornicación. Por ello se inclinaba a disolver el matrimonio y abandonarla en secreto.

**2.** Pero mientras pensaba en ello, el ángel del Señor se le apareció en sueños, diciéndole: "José, hijo de David: no temas (esto es: no admitas sospecha de fornicación en la

Virgen, ni pienses mal de ella), porque lo que en ella ha nacido y es ahora causa de angustia para tu alma no es obra de un hombre, sino del Espíritu Santo. Ella será la única Virgen entre todas las madres y ha de dar a luz al Hijo de Dios, a quien darás por nombre Jesús (esto es: Salvador), porque él salvará al pueblo de sus propios pecados". Así pues, José siguió el mandato del ángel y contrajo matrimonio con María. Más no la conoció, sino que le proporcionó castamente amparo y cobijo. Ya estaba a punto de cumplirse el noveno mes después de la concepción, cuando José, tomando consigo a María y todas las cosas que le eran necesarias, se dirigió a la ciudad de Belén, que era su lugar de origen. Y sucedió que, mientras se encontraban allí, se cumplieron los días de dar a luz. Y alumbró su hijo primogénito, nuestro Señor Jesucristo, como enseñaron los evangelistas, el cual juntamente con el Padre y el Espíritu Santo vive y reina por todos los siglos de los siglos. Amén.

# Evangelio de Tomás

Considerado como procedente de mediados del siglo II, este "Evangelio de Tomás" del que se conservan versiones en griego, siríaco, armenio, eslavo y latín, debió ser escrito por algún cristiano medianamente versado en la lengua y literatura judías. Relata la infancia de Jesús, sus hechos y sus milagros, con pintoresca ingenuidad y sencillez. Incluye muchos de los episodios repetidos en otros "evangelios de la infancia", que muestran a un niño Jesús generalmente caprichoso y vengativo, que hace con frecuencia alarde de su poder más para castigar a otros que para curar o hacer el bien.

Sin tener relación alguna con el gnóstico "Evangelio según Tomás" -que más adelante veremos-, este apócrifo gozó de gran popularidad, como lo acreditan las numerosas versiones y traducciones llegadas hasta nosotros y también los afanes de Orígenes y otras autoridades de la primitiva Iglesia por desautorizarlo en sus escritos y homilías.

# EVANGELIO DE TOMAS

## Narraciones sobre la infancia del Señor, por Tomás, filósofo israelita

# I

Yo, Tomás Israelita, vengo a dar a conocer a todos los gentiles la infancia de Nuestro Señor Jesucristo y cuantas maravillas realizó después de nacer en nuestra tierra. Así comienza mi relato:

# II

**1.** El niño Jesús, tenía entonces cinco años y se encontraba un día jugando en el cauce de un arroyo. Recogiendo de la corriente pequeños charcos de agua, la volvía cristalina al instante y la dominaba sólo con su palabra.

**2.** Después hizo una masa de barro y formó con ella doce pajaritos. Era día de sábado y había otros muchachos jugando con él.

**3.** Pero un judío, viendo lo que acababa de hacer Jesús en día de fiesta, se fue corriendo hacia su padre José y se lo contó todo: "Mira, tu hijo está en el arroyo y, tomando un poco de barro, ha hecho doce pájaros, profanando con ello el sábado".

**4.** Vino José al río y, al verle, le reprendió diciendo "¿Por qué haces en sábado lo que no nos está permitido hacer?". Mas Jesús batió sus palmas y se dirigió a las figuras gritándoles: "¡Marchaos!". Y los pajarillos se marcharon todos cantando.

**5.** Los judíos al ver esto, se llenaron de admiración y fueron a contar lo que habían visto hacer a Jesús.

# III

**1.** Se encontraba allí presente el hijo de Anás, el escriba, y vino a dar salida con un palo a las aguas embalsadas por Jesús.

**2.** Al verlo éste se indignó y le dijo: "¡Malvado, impío e insensato! ¿Te estorban las balsas y el agua? Pues ahora te vas a quedar tú seco como un árbol seco, sin que puedas llevar hojas ni raíz ni fruto".

**3.** Inmediatamente se quedó el muchacho completamente seco. Y los padres tomaron al desgraciado, llorando su tierna edad, y lo llevaron ante José, increpándolo por tener un hijo que hacía tales cosas.

## IV

**1.** Otra vez iba Jesús por el pueblo y un muchacho, que venía corriendo, fue a chocar contra sus espaldas. Irritado Jesús, le dijo: "No proseguirás tu camino". E inmediatamente cayó muerto el niño. Algunos, que vieron lo sucedido, dijeron: "¿De dónde habrá venido este niño, que todas sus palabras resultan hechos consumados?".

**2.** Y acercándose a José los padres del difunto, le increpaban diciendo: "Teniendo un hijo como éste no puedes vivir con nosotros en el pueblo, o tienes que acostumbrarle a bendecir y no maldecir; pues causa la muerte a nuestros hijos".

## V

**1.** José llamó aparte a Jesús y le amonestó de esta manera: "¿Por qué haces tales cosas, siendo ello la causa de que nos odien y nos persigan?". Jesús replicó: "Bien sé que estas palabras no proceden de ti. Mas por respeto a tu persona callaré. Esos otros, en cambio, recibirán su castigo". Y en el mismo momento quedaron ciegos los que habían hablado mal de él.

**2.** Los testigos de esta escena se llenaron de pavor y quedaron perplejos, confesando que cualquier palabra que saliera de su boca, fuera buena o mala, resultaba un hecho y se convertía en realidad. Cuando José se dio cuenta de lo que Jesús había hecho, lo agarró de la oreja y tiró de ella fuertemente.

**3.** El muchacho entonces se indignó y le dijo: "Tú ya tienes bastante con buscar sin encontrar. Realmente te has portado con poca cordura. ¿No sabes que soy tuyo? No me causes aflicción".

## VI

**1.** Se encontraba entonces allí cierto rabino llamado Zaqueo, quien, oyendo a Jesús hablar de esa manera a su padre, se llenó de admiración al ver que, siendo niño, decía tales cosas.

**2.** Pasados unos días se acercó a José y le dijo: "Veo que tienes un hijo cuerdo e inteligente, confíamelo a mí para que le enseñe las letras. Y junto con ellas, le enseñaré toda clase de sabiduría y también a saludar a los avanzados en edad, a respetarlos como mayores y padres y a amar a sus iguales".

**3.** Y le dijo todas las letras con gran esmero y claridades desde el Alfa hasta la Omega. Mas Jesús fijó su vista en el rabino Zaqueo y le dijo: "¿Cómo te atreves a explicar a los demás la *Beta*, si ignoras tú mismo la naturaleza de *Alfa*? ¡Hipócrita!, explica primero la *A*, si la sabes, y luego te creeremos cuanto digas en relación de la *B*". Después comenzó a interrogar al maestro acerca de la primera letra, mas éste no pudo responderle.

**4.** Entonces dijo a Zaqueo en presencia de todos: "Escucha, maestro, la constitución de la primera letra y fíjate cómo tiene líneas y trazos medianos, a los que ves unidos transversalmente, conjuntos, elevados, divergentes... Los trazos que tiene la A tienen tres signos: homogéneos, equilibrados y proporcionados".

## VII

**1.** El maestro Zaqueo, cuando oyó la exposición que hizo el niño acerca de tantas y tales alegorías en torno a la primera de las letras, se quedó desconcertado ante la respuesta y la erudición que manifestaba. Y dijo a los presentes: "¡Ay pobre de mí! No sé qué hacer, pues yo mismo he buscado la confusión al traer junto a mí a este muchacho".

**2.** "Tómalo, pues, hermano José, te lo ruego. No puedo soportar la severidad de su mirada. No logro hacerme inteligible su discurso. Este muchacho no ha nacido en la tierra. Es capaz de dominar hasta el mismo fuego. Quizá ha nacido antes de la creación del mundo. No sé que vientre puede haberle llevado y qué seno puede haberle nutrido. ¡Ay de mí!, amigo mío; me aturde. No puedo seguir el vuelo de su inteligencia. Me he engañado, miserable de mí: quería un alumno y me he encontrado con un maestro".

**3.** "Me doy perfecta cuenta, amigos, de mi confusión; pues viejo y todo, me he dejado vencer por un niño. Es como para quedar aplanado y morir a causa de este muchacho, pues en este momento soy incapaz de mirarle fijamente. ¿Qué voy a replicar cuando todos me digan que me he dejado vencer por un niño? ¿Qué voy a explicar acerca de lo que me ha dicho sobre las líneas de la primera letra? No lo sé, amigos, porque ignoro el origen y el destino de esta criatura".

**4.** "Por lo cual te ruego, hermano José, que te lo lleves a casa. Es algo extraordinario: o un Dios, o un ángel, o no sé qué pueda ser".

## VIII

**1.** Y mientras los judíos se entretenían en dar consejos a Zaqueo, el niño se echó a reír y dijo: "Fructifiquen ahora tus cosas y abran sus ojos a la luz los ciegos de corazón. Yo he venido desde arriba para maldecirlos y llamarlos después a lo alto, pues ésta es la orden de Aquél que por vosotros me envió".

**2.** Cuando el niño terminó de hablar, se sintieron inmediatamente curados todos aquéllos que habían caído bajo su maldición. Y desde entonces nadie osaba irritarlo, no fuera que le maldijera y quedara ciego.

## IX

**1.** Días después se encontraba Jesús en una terraza jugando. Y uno de los muchachos que con él estaban cayó de lo alto y se mató. Los otros niños al ver esto, se marcharon todos; y quedó sólo Jesús.

**2.** Después llegaron los padres del difunto y le echaban a él la culpa, mas Jesús les dijo: "No, no. Yo no lo he tirado". Mas ellos le maltrataban.

**3.** Dio un salto entonces Jesús desde arriba, viniendo a caer junto al cadáver. Y se puso a gritar a grandes voces: "Zenón -así se llamaba el rapaz-, levántate y respóndeme: ¿He sido yo el que te ha tirado?". El muerto se levantó al instante y dijo: "No, Señor. Tú no me has tirado, sino que me has resucitado". Al ver esto, quedaron consternados todos los presentes y los padres del muchacho glorificaron a Dios por aquel hecho maravilloso y adoraron a Jesús.

## X

**1.** A los pocos días sucedió que, a un joven que se encontraba cortando leña en las cercanías, se le escapó el hacha y le cortó la planta del pie. El desdichado se moría por momentos a causa de la hemorragia.

**2.** Sobrevino por esto un gran alboroto y se arremolinó mucha gente. Jesús acudió también allí. Después de abrirse paso a viva fuerza por entre la multitud llegó junto al herido y apretó con su mano el pie lastimado del joven, quien súbitamente quedó curado. Dijo entonces al mozo: "Levántate ya; continúa partiendo leña y acuérdate de mí". La multitud, al darse cuenta de lo ocurrido, adoró al niño diciendo: "Verdaderamente en este muchacho habita el Espíritu de Dios".

## XI

**1.** Cuando tenía seis años, le dio una vez su madre un cántaro para que fuera a llenarlo de agua y se lo trajera a casa. Mas Jesús tropezó en el camino con la gente y la vasija se rompió.

**2.** Entonces él extendió el manto con que iba cubierto, lo llenó de agua y se lo llevó a su madre. Esta, al ver tal maravilla, se puso a besar a Jesús. E iba conservando en su interior todos los misterios que le veía realizar.

## XII

Otra vez, siendo tiempo de siembra, salió Jesús con su padre a sembrar trigo en su finca. Y, mientras José desparramaba la simiente, se le ocurrió también al niño Jesús sembrar un granito de trigo. Y, después de la siega y la trilla, su cosecha fue de cien coros. Entonces convocó en su era a todos los pobres de la localidad y les repartió el grano. José se llevó después lo restante. Y Jesús tenía ocho años cuando obró ese milagro.

## XIII

**1.** Su padre, que era carpintero, hacía arados y yugos. Una vez le fue encargado un lecho por cierta persona de buena posición. Mas resultó que uno de los varales era más corto que el otro; por lo que José estaba preocupado y no sabía cómo hacer. Entonces el niño Jesús le dijo a su padre: "Pon en tierra ambos palos e iguálalos a la mitad".
**2.** Así lo hizo José. Jesús se puso a la otra parte, tomó el varal más corto y lo estiró, dejándolo tan largo como el otro. José, su padre, se llenó de admiración al ver el prodigio y colmó al niño de abrazos y de besos diciendo: "Dichoso de mí, porque Dios me ha dado este niño".

## XIV

**1.** Dándose cuenta José de que la inteligencia del niño iba madurando juntamente con su edad, quiso de nuevo impedir que quedara analfabeto; por lo que lo llevó a otro maestro y lo puso a su disposición. Este le dijo: "Le enseñaré en primer lugar las letras griegas; después las hebreas". Es de notar que el maestro conocía bien la capacidad del muchacho y le tenía miedo. Y, después que le escribió el alfabeto, se entretenía con él durante largo tiempo sin obtener respuesta de sus labios.

**2.** Por fin Jesús dijo: "Si de verdad eres maestro y conoces perfectamente las letras, dime cuál es el valor del *Alfa* y luego te diré yo cuál es el de la *Beta*". Irritado entonces el maestro, le pegó en la cabeza. Cuando el niño sintió el dolor, le maldijo; e inmediatamente se desvaneció el maestro y cayó a tierra de bruces.

**3.** El muchacho volvió a casa de José. Este se llenó de pesar y dijo a su madre que no le dejara salir fuera de casa, porque todos los que le enojaban quedaban muertos.

## XV

**1.** Pasado algún tiempo, otro maestro, que era amigo íntimo de José, le dijo: "Tráeme a tu chico a la escuela: quizá a fuerza de dulzura pueda enseñarle las letras". José replicó: "Si te atreves, hermano, llévatelo contigo". El lo tomó con mucho temor y preocupación, mas el niño marchaba de muy buena gana.

**2.** Este entró decididamente en clase y encontró un libro, puesto sobre el pupitre. Lo cogió, y, sin pararse a leer las letras que en él estaban escritas, abrió su boca y se puso a hablar llevado por el Espíritu Santo, enseñando la Ley a los que le escuchaban. Y una gran muchedumbre que se había congregado le oía, llena de admiración por lo hermoso de su doctrina y lo claro de sus razonamientos, teniendo en cuenta que era un niño el que así hablaba.

**3.** José, al saberlo, se llenó de miedo y corrió en seguida a la escuela, temiendo que no hubiera quedado malparado también aquel maestro. Pero éste le dijo: "Hermano, yo recibí a este niño como si fuera un alumno cualquiera y resulta que está rebosando gracia y sabiduría. Llévatelo, por favor, a tu casa".

**4.** Al oír esto el niño le sonrió diciéndole: "Gracias a ti, que has hablado con rectitud y has dado un testimonio justo, va a ser curado aquél que anteriormente fue castigado". E inmediatamente el otro preceptor se sintió bien. José tomó al niño y se fue a su casa.

## XVI

**1.** Otra vez mandó José a su hijo Santiago que fuera a atar haces de leña para traerlos a casa. El niño (Jesús) le acompañó. Mas ocurrió que, mientras Santiago recogía los sarmientos, le picó una víbora en la mano.

**2.** Habiéndose echado en el suelo todo lo largo que era y estando ya para morir, se le acercó Jesús y le sopló en la mordedura. Inmediatamente desapareció el dolor, reventó el reptil y Santiago recobró repentinamente la salud.

## XVII

**1.** Después sucedió que un niño enfermo vecino de José, murió. Su madre lloraba inconsolable. Jesús, al enterarse de la pena de ésta y del tumulto que se formaba, corrió allá precipitadamente. Y, encontrando ya muerto al niño, le tocó el pecho y le dijo: "Niño: a ti te hablo. No mueras, sino vive más bien y quédate con tu madre". El niño abrió los ojos y sonrió. Entonces dijo Jesús a la mujer: "Anda, tómalo, dale leche y acuérdate de mí".

**2.** Al ver esto los presentes se llenaron de admiración y exclamaron: "Verdaderamente que este niño o es un Dios o un ángel de Dios, pues todo lo que sale de su boca se verifica bien pronto". Jesús salió de allí y se puso a jugar con otros muchachos.

## XVIII

**1.** Días después sobrevino un gran tumulto en un lugar donde se estaba construyendo una casa. Jesús se levantó y se dirigió hacia aquel sitio. Y, viendo allí un cadáver tendido en el suelo, le tomó de la mano y se dirigió a él en estos términos: "Hombre, a ti te digo: levántate y reanuda tu trabajo". El hombre se levantó en seguida y le adoró.

**2.** La multitud que vio esto, se llenó de admiración y dijo: "Este muchacho debe haber venido del cielo, pues ha librado a muchas almas de la muerte y aún ha de seguir librando (más) durante su vida".

## XIX

**1.** Cuando tenía doce años, sus padres marcharon como de costumbre a Jerusalén para asistir a las fiestas de la Pascua, participando en una caravana. Ya terminadas las fiestas, se volvían de nuevo a su casa. Mas en el momento mismo de partir, el niño Jesús retornó de nuevo a Jerusalén, mientras sus padres pensaban que se encontraba en la comitiva.

**2.** Después del primer día de marcha se pusieron a buscarle entre sus parientes. Mas, no dando con él, se afligieron mucho y volvieron a Jerusalén en su busca. Finalmente lo encontraron en el templo después del tercer día, sentado en medio de los doctores, escuchándoles y haciéndoles preguntas. Todos estaban pendientes de él y se admiraban de ver que, siendo un niño, dejaba sin palabra a los ancianos y maestros del pueblo, desentrañando los puntos principales de la Ley y las parábolas de los profetas.

**3.** Y acercándose María, su madre, le dijo: "Hijo mío, ¿por qué te has portado así con nosotros? Mira con qué preocupación te hemos venido buscando". Mas Jesús replicó: ¿Y por qué me buscabais? ¿No sabéis acaso que debo ocuparme de las cosas de mi Padre?

**4.** Y los escribas y fariseos le decían: "¿Eres tú por ventura la madre de este niño?". Ella respondió: "Así es". Y ellos repusieron: "Pues dichosa tú entre las mujeres, ya que el Señor ha tenido a bien bendecir el fruto de tu vientre, porque gloria, virtud y sabiduría semejantes, ni las hemos oído ni visto jamás".

**5.** Jesús se levantó y siguió a su madre. Y era obediente a sus padres. Su madre, por su parte, retenía todos estos hechos en su corazón. Mientras tanto Jesús iba creciendo en edad, sabiduría y gracia. A él sea tributada alabanza por todos los siglos de los siglos. Amén.

# APENDICE

*Los tres primeros capítulos del
evangelio latino de Tomás.*

## I. De cómo María y José
## huyeron a Egipto con El.

**1.** Habiéndose levantado una gran agitación porque
Herodes estaba haciendo averiguaciones para encontrar a
nuestro Señor Jesucristo y quitarle la vida, dijo un ángel a
José: "Toma a María con su hijo y huye camino de Egipto,
lejos de ésos que quieren matarle". Tenía Jesús dos años
cuando entró en Egipto.

**2.** Una vez iba caminando por un sembrado y, alargan-
do su mano, cogió algunas espigas. Después las puso al
fuego, las trituró y empezó a comerlas.

**3.** Al entrar en Egipto se hospedaron en casa de una
viuda y allí permanecieron durante un año entero.

**4.** Jesús cumplió tres años. Y, viendo jugar a los demás
niños, se puso él a hacer lo propio con ellos. Cogió un pez
disecado, lo echó al agua y le mandó que empezara a cole-
ar. Y el pez así hizo. Jesús se dirigió otra vez al pez en estos
términos: "Anda, arroja la sal y échate al agua". Todo lo
cual sucedió puntualmente. Entonces algunos vecinos que
lo habían visto fueron a contárselo a la mujer en cuya casa
se hospedaba su madre, María. Y ella, al enterarse, los
arrojó inmediatamente de casa.

## II. De cómo un maestro lo mandó
## fuera de la ciudad.

**1.** Iba una vez Jesús paseando con María, su madre, por el foro de la ciudad, cuando vio un maestro que estaba dando clase a unos cuantos alumnos. De pronto unos gorriones que reñían entre sí vinieron a caer por la pared en el seno de aquel profesor que daba clase a los chicos. Jesús al verlo, dio muestras de alegría y se paró.

**2.** El maestro, que notó las muestras de contento que daba Jesús, se encolerizó y dijo a sus alumnos: "Id y traédmelo acá". Hecho lo cual, tomó a Jesús de la oreja y le dijo: "¿Qué es lo que has visto para reírte de ese modo?". El respondió: "Mira: tenía esta mano llena de trigo. Se la enseñé y desparramé el grano. El, al ver que otro se iba a apropiar de él se puso a pelear. Esta ha sido la causa de la riña". Entonces el maestro se puso a echarlo fuera de la ciudad juntamente con su madre.


## III. De cómo Jesús fue expulsado de Egipto.

**1.** Un ángel del Señor salió al encuentro de María y le dijo: "Toma al niño y vuélvete de nuevo a la tierra de los judíos, pues han muerto ya los que iban tras de su vida". Así María, juntamente con Jesús se puso en camino de Nazaret, ciudad que está emplazada entre las propiedades de su padre.

**2.** José salió de Egipto, muerto ya Herodes. Y llevó al niño al desierto hasta que en Jerusalén dejasen de buscar la vida del niño. Y dio gracias a Dios por haberle dado entendimiento y por haber encontrado gracia ante el Señor Dios.

# EVANGELIO ARABE
# DE LA INFANCIA

En el nombre del Padre y del Hijo y del Espíritu Santo,
un solo Dios.

Con el auxilio y el favor de la Divinidad Suprema
empezamos a escribir el libro de los milagros de Jesucristo,
Dueño, Señor y Salvador nuestro, que lleva por título
Evangelio de la Infancia, en la paz del Señor. Amén.

# I. Palabras de Jesús en la cuna

**1.** Encontramos lo que sigue en el libro del pontífice Josefo, sacerdote que vivió en los tiempos de Cristo y a quien algunos identifican con Caifás.

**2.** En él se cuenta que Jesús habló cuando se encontraba precisamente reclinado en la cuna, y que dijo a su madre: "Yo soy Jesús, el hijo de Dios, el Verbo, a quien tú has dado a luz de acuerdo con el anuncio del ángel Gabriel. Mi Padre me ha enviado para la salvación del mundo".

# II. Viaje a Belén

**1.** En el año 309 de la era de Alejandro decretó Augusto que cada cual fuera a empadronarse en su lugar de origen. Así pues, José, tomando a María, su esposa, salió de Jerusalén y vino a Belén con intención de empadronarse con su familia en su ciudad natal.

**2.** Llegando a una cueva, dijo María a José: "Se me acerca el momento de dar a luz y no me es posible proseguir el camino hasta la ciudad; entremos, si te parece, en esta gruta". Ocurría esto a la caída del sol. José se dio prisa en buscar una mujer que la asistiera. Y, encontró a una anciana de raza hebrea, oriunda de Jerusalén, a quien dijo: "Bendita seas; date prisa y entra en esa gruta, donde se encuentra una doncella a punto de dar a luz".

# III. La partera de Jerusalén

**1.** Mientras tanto se había ya puesto el sol, cuando la anciana llegó a la gruta en compañía de José. Ambos entraron. Y el recinto estaba iluminado con una luz más hermosa que el resplandor de lámparas y antorchas, y más refulgente que la luz del sol. Un niño en pañales y reclinado en un pesebre estaba mamando la leche de su madre, María.

**2.** Admirados los dos de esta luz, preguntó la anciana a María: "¿Eres tú, por ventura, la madre del recién nacido?". Al responder María afirmativamente, le dice: "Pues tú no eres como las demás hijas de Eva". A lo que María replicó: "Lo mismo que mi hijo no tiene igual entre los niños, de igual manera su madre no tiene semejante entre las mujeres". Dijo entonces la anciana: "Aquí he venido, señora mía, en busca de alguna recompensa, pues hace mucho tiempo ya que me encuentro aquejada de parálisis". Díjole entonces María: "Pon tus manos sobre el niño". Y, nada más hacer esto, quedó curada la mujer. Entonces marchó diciendo: "De ahora en adelante seré la esclava y criada de este niño durante todos los días de mi vida".

## IV. Adoración de los pastores

**1.** En aquel momento llegaron unos pastores, quienes encendieron fuego y se entregaron a regocijados actos de alegría. Simultáneamente se dejaron ver ejércitos celestiales que alababan y glorificaban a Dios. Los pastores se pusieron a imitarlos. Y así aquella cueva parecía el templo de un mundo sublime, ya que lenguas del cielo y de la tierra glorificaban y ensalzaban a Dios por la natividad de Cristo, nuestro Señor.

**2.** Y, al ver la anciana hebrea estos milagros tan patentes, expresó su agradecimiento a Dios de esta manera: "Gracias, Señor, Dios de Israel, porque mis ojos han visto el nacimiento del Salvador del mundo".

# V. Circuncisión

**1.** Al llegar el tiempo de la circuncisión, esto es, el día octavo, el niño hubo de someterse a esta prescripción de la Ley. La ceremonia tuvo lugar en la misma cueva. Y sucedió que la anciana hebrea tomó la partecita de piel circuncidada (otros dicen que fue el cordón umbilical) y la introdujo en una redomita de bálsamo añejo de nardo. Tenía ella un hijo perfumista y se la entregó, haciéndole con todo encarecimiento esta recomendación: "Ten sumo cuidado de no vender a nadie esta redoma de ungüento de nardo, por más que te ofrezcan por ella hasta trescientos denarios". Y ésta es aquella redoma que compró María, la pecadora, y que derramó sobre la cabeza y pies de Nuestro Señor Jesucristo, enjugándolos luego con sus propios cabellos.

**2.** Al cabo de diez días trasladaron el niño a Jerusalén; y, al cumplirse los cuarenta después de su nacimiento, lo presentaron en el templo para ofrecérselo a Dios. E hicieron por él sacrificios, de acuerdo con la Ley Mosaica: "Todo varón primogénito será consagrado a Dios".

# VI. Presentación en el templo

**1.** Y cuando su madre, la Virgen María, le llevaba gozosa en sus brazos, le vio el anciano Simeón resplandeciente como una columna de luz.

Los ángeles estaban en derredor suyo alabándole, como suele estar la guardia de honor en presencia de su rey. Simeón, pues, se acercó presurosamente a María y, extendiendo sus brazos hacia ella, se dirigió a Cristo en estos términos: "Ahora, oh Señor mío, puedes despedir a tu siervo en paz, de acuerdo con tu promesa. Pues mis ojos han visto la prueba de tu clemencia, que has preparado para salvación de todos los pueblos; luz para todos los gentiles y gloria para tu pueblo Israel".

**2.** También intervino en aquella ceremonia la profetisa Ana, quien se acercó dando gracias a Dios y felicitando a María.

## VII. Adoración de los magos

**1.** Y sucedió que, habiendo nacido el Señor Jesús en Belén de Judá durante el reinado de Herodes, vinieron a Jerusalén unos magos según la predicción de Zaradust. Y traían como presentes oro, incienso y mirra. Y le adoraron y le ofrecieron sus dones. Entonces María tomó uno de aquellos pañales y se lo entregó en retorno. Ellos se sintieron muy honrados en aceptarlo de sus manos. Y en la misma hora se les apareció un ángel que tenía la misma forma de aquella estrella que les había servido de guía en el camino. Y siguiendo el rastro de su luz, partieron de allí hasta llegar a su patria.

## VIII. Llegada de los magos a su tierra

Y salieron a su encuentro los reyes y los príncipes, preguntándoles qué era lo que habían visto o hecho, cómo habían efectuado la ida y la vuelta y qué habían traído consigo. Ellos les enseñaron este pañal que les había dado María, por lo que celebraron una fiesta y, según su costumbre, encendieron fuego y lo adoraron. Después arrojaron el pañal sobre la hoguera y al momento fue arrebatado y contraído por el fuego. Mas, cuando éste se extinguió, sacaron el pañal en el mismo estado en que estaba antes de arrojarlo, como si el fuego no lo hubiera tocado. Por lo cual empezaron a besarlo y a colocarlo sobre sus cabezas, diciendo: "Esta sí que es una verdad sin sombra de duda. Ciertamente es portentoso el que el fuego no haya podido devorarlo o destruirlo". Por lo cual tomaron aquella prenda y con grandes honores la depositaron entre sus tesoros.

## IX. Cólera de Herodes

**1.** Mas Herodes, al caer en la cuenta de que había sido burlado por los Magos, ya que no habían vuelto a visitarle, llamó a los sacerdotes y sabios, diciéndoles: "Indicadme dónde debe nacer el Cristo". Y habiéndole ellos respondido que "en Belén de Judea", empezó a tramar la muerte de Jesucristo.

**2.** Entonces se le apareció a José entre sueños un ángel del Señor diciéndole: "Levántate, toma al niño y a su madre, y marcha hacia Egipto". Levantóse, al canto del gallo y partió.

## X. Huída a Egipto

**1.** Cuando ya había recorrido un buen trecho del camino se iban acercando a una gran ciudad en la que se encontraba un ídolo al que todos los demás ídolos y divinidades egipcias ofrecían dones y votos. Al servicio de este ídolo había un sacerdote que se encargaba de transmitir a los habitantes de Egipto y de sus regiones cuanto Satanás hablaba por su boca. Tenía este sacerdote un hijo de tres años poseído de varios demonios, el cual charlaba y decía muchas cosas. Y, al apoderarse de él los espíritus infernales, deshacía sus vestidos, quedándose desnudo, y se lanzaba contra las gentes a pedradas.

**2.** Había en la localidad un asilo dedicado a aquel ídolo. Y, al ir para allí José y María con intención de hospedarse, los habitantes se llenaron de miedo y todos los hombres principales y sacerdotes idólatras se congregaron frente al ídolo mayor y le dijeron: "¿A qué viene esta agitación y temblor que acaba de sobrevenir a nuestra tierra?". Respondióles el ídolo: "Ha llegado aquí un Dios disfrazado que es el Dios verdadero, ya que a ninguno fuera de El se deben tributar honores divinos. El en verdad es el Hijo de Dios. Esta tierra, al presentirle, se puso a temblar y ante su llegada se ha estremecido y conmovido. Nosotros nos sentimos también sobrecogidos de pavor ante la grandeza de su poder". Y en el mismo momento se desplomó; y a su caída acudieron todos los habitantes de Egipto y de otras regiones.

## XI. Curación del niño endemoniado

**1.** Mas el hijo del sacerdote, al sentirse atacado por su enfermedad habitual, entró en el asilo y encontró allí a José y María, de quienes todos los demás habían huido. La Señora Santa María acababa de lavar los pañales de Nuestro Señor Jesucristo y los había tendido sobre unos maderos. Llegó pues, el niño endemoniado; y, tomando uno de estos pañales, se lo puso sobre la cabeza. Entonces los demonios empezaron a salir de su boca, huyendo en forma de cuervos y de serpientes, al mandato de Jesús, quedando el niño sano. Y éste empezó a alabar a Dios y a dar gracias al Señor que le había curado.

**2.** Al verle su padre, ya bueno, le dijo: "Hijo mío, ¿qué es lo que te ha ocurrido?, ¿cómo es que te has curado?". Respondió el hijo: "Al echarme por tierra los demonios, me fui al asilo y allí encontré a una augusta señora con un niño, cuyos pañales recién lavados, había tendido sobre unos maderos. Tomé uno de éstos y, al ponérmelo en la cabeza, los demonios me dejaron y huyeron". Su padre se llenó de gozo y le dijo: "Hijo mío, bien puede ser que este niño sea el Hijo de Dios vivo, creador de los cielos y de la tierra; pues al venir nosotros se deshizo el ídolo y cayeron todos los demás dioses, pereciendo todos por la fuerza de su majestad".

## XII. Temores de la Sagrada Familia

Y en esto se cumplió aquella profecía que dice: "De Egipto llamé a mi hijo". Mas José y María, oyendo que se había desplomado aquel ídolo haciéndose añicos, se llenaron de temor y de espanto; y exclamaron: "Cuando estábamos en tierra de Israel, Herodes intentó matar a Jesús; y por esto acabó con todos los niños de Belén y de sus cercanías. No hay duda de que ahora, al enterarse los egipcios de que este ídolo ha sido aniquilado, nos quemarán vivos".

## XIII. Los bandidos

**1.** Y, saliendo de allí, llegaron a un lugar infestado de ladrones. Los bandidos habían atacado a unos viajeros, despojándoles de sus vestidos y bagajes y apresándolos con fuertes ligaduras. Los malhechores oyeron entonces un ruido muy grande, como si se tratara de un rey magnífico que hubiera salido de su ciudad con todo su ejército y caballos al sonido de tambores; quedaron por ello consternados y abandonaron cuanto habían cogido.

**2.** Entonces los cautivos se desataron unos a otros; y, recogiendo sus equipajes, se marcharon. Mas viendo acercarse a José y María, les preguntaron: "¿Dónde está ese rey cuya venida estrepitosa y magnífica ha sido la causa de que los bandidos nos dejaran libres, de manera que pudiéramos escaparnos?". Respondióles José: "Vendrá tras de nosotros".

## XIV. La endemoniada

**1.** Después llegaron a otra ciudad, donde se encontraba una mujer endemoniada, que, habiendo salido una noche por agua, se había visto acometida por el maldito y rebelde Satanás. No era capaz de aguantar sus vestidos y no había manera de hacerla permanecer en casa. Siempre que intentaban sujetarla con cadenas o cuerdas, rompía las ligaduras y huía desnuda a lugares salvajes. Se situaba en las encrucijadas de los caminos y entre los sepulcros, acometiendo a la gente con piedras y causando a sus familiares males sin cuento.

**2.** Al verla María se compadeció de ella, por lo que Satanás la dejó al momento y huyó en forma de un joven, diciendo: "¡Ay de mí, María, por culpa tuya y de tu Hijo!". De esta manera se vio libre aquella mujer de su azote. Dueña ya de sí, sintió vergüenza de su propia desnudez y retornó a casa, evitando el encuentro con las gentes. Y, cuando se hubo adecentado, contó a su padre y a los suyos tal y como había tenido lugar. Estos, siendo como eran los más nobles de la ciudad, dieron honrosísima hospitalidad a José y María.

## XV. La joven muda

**1.** Al día siguiente, bien provistos de vituallas, se separaron de ellos. Al anochecer llegaron a otra ciudad, donde se estaban celebrando unas bodas. Pero la novia, por virtud del maldito Satanás y por arte de encantadores, había perdido el uso de la palabra y no podía hablar.

**2.** Y, cuando la pobre desdichada vio a María que entraba en la ciudad llevando a su Hijo Nuestro Señor Jesucristo, dirigió hacia ella su mirada. Después extendió sus manos hacia Cristo, le tomó en sus brazos, le apretó contra su corazón y le besó. Y, meciendo su cuerpecito del uno al otro lado, se inclinó sobre él. Al momento se desató el nudo de su lengua y se abrieron sus oídos. Entonces glorificó y dio gracias a Dios por haberle sido devuelta la salud. Y los habitantes de aquella ciudad se llenaron de regocijo y pensaron que era Dios con sus ángeles el que había bajado hasta ellos.

## XVI. Otra endemoniada

**1.** Permanecieron allí tres días consecutivos, siendo honrados y agasajados espléndidamente por los esposos. Y, provistos de vituallas, partieron de allí y llegaron a otra ciudad, donde, como de costumbre, determinaron pernoctar. Había en la localidad una mujer de muy buena fama que, habiendo salido una noche a lavar al río, fue sorprendida por el maldito Satanás. Este se abalanzó sobre ella y se enroscó alrededor de su cuerpo; después, siempre que se acercaba la noche, la sometía a terribles torturas.

**2.** Esta mujer, al ver a María, nuestra Señora, con el niño que llevaba reclinado en su regazo, le dijo: "Señora, déjame ese niño para que lo lleve y lo bese". Dejóselo, pues, a la mujer. Cuando ésta le hubo acercado a sí, se vio libre de Satanás, quien la abandonó huyendo, sin que nunca desde entonces volviera a dejarse ver de la mujer. Por lo

cual todos los presentes alabaron al Dios Sumo y esta mujer
trató muy bien a los viajeros.

## XVII. Una leprosa

Al día siguiente esta mujer tomó agua perfumada para
lavar al Señor Jesús. Cuando esto hubo hecho, tomó parte
de aquel agua y se la envió a una joven que allí vivía, cuyo
cuerpo estaba blanco por la lepra. Al ser derramada sobre
ella, la joven quedó inmediatamente limpia de su lepra. Y
sus paisanos dijeron: "No cabe duda de que José, María y el
Niño son dioses, no hombres". Y, cuando los viajeros preparaban ya su marcha se les acercó esta joven, rogándoles
que la admitieran como compañera de viaje.

## XVIII. Un niño leproso

**1.** Recibiendo su consentimiento, la muchacha partió
con ellos. Después llegaron a una ciudad donde se encontraba un príncipe muy esclarecido que habitaba su palacio
y que además disponía de unas habitaciones destinadas a
recoger huéspedes. Entraron en este compartimento. Mas la
muchacha se llegó hasta donde estaba la esposa del príncipe y, encontrándola llorosa y apesadumbrada, le preguntó
por la causa de su llanto. "No te admires, de mi llanto", dijo
ella. "Estoy sumida en una terrible angustia que aún no he
sido capaz de descubrir a hombre alguno". "Quizá, si me la
descubres, encontraré remedio para ella", dijo la muchacha.

**2.** Dijo entonces la mujer del príncipe: "Guarda, pues,
secreto de lo que te voy a decir. Yo estoy casada con este
príncipe, que es el rey y tiene muchas ciudades sometidas a
su mando. Llevo viviendo mucho tiempo con él sin tener

hijos. Cuando por fin tuve uno, éste resultó leproso y él lo aborreció juntamente conmigo. "O le matas", me dijo, "o si no envíaselo a una nodriza para que le críe lejos de aquí, de manera que no vuelva yo a tener noticia alguna suya. Por mi parte, no tengo ya nada que ver contigo ni volveré a mirarte". Por ello me encuentro sin saber qué hacer y presa de la angustia. ¡Ay de mi hijo! ¡Ay de mi esposo!". A esto replicó la muchacha: "He dado ya con el remedio para tu desgracia y ahora te lo indicaré. Has de saber que yo fui también leprosa y que me limpió un Dios que se llama Jesús, hijo de María". Y, preguntándole la mujer dónde se encontraba este Dios a quien se refería, respondió la muchacha: "Aquí mismo; dentro de tu misma casa". "¿Y cómo es esto posible?", dijo ella; "¿dónde se encuentra?". Respondió la muchacha: "Aquí están José y María. Pues bien, el niño que llevan se llama Jesús y es él precisamente quien me libró a mí de mi atormentadora enfermedad". "¿Y cómo fuiste tú curada de lepra?", dijo ella; "¿no me lo darás a conocer?". "¿Por qué no?", replicó la doncella; "tomé un poco de agua con la que su madre le había lavado y la derramé sobre mí. De esta manera me vi libre de la lepra".

**3.** Entonces se levantó la mujer del príncipe, los invitó a hospedarse en su propia casa y preparó a José un espléndido festín en medio de una nutrida concurrencia de caballeros. A la mañana siguiente tomó agua perfumada para lavar al niño Jesús. Después, tomando la misma agua, hizo lo propio con su hijo, quien al momento quedó limpio de lepra. Tributando, pues, alabanzas y gracias a Dios, dijo: "Dichosa la madre, ¡oh Jesús!, que te dio a luz. ¿Así dejas limpios con el agua que ha bañado tu cuerpo a los hombres tus semejantes?". Finalmente colmó de regalos a María, nuestra Señora, y la despidió con grandes honores.

## XIX. Un sortilegio

**1.** Y, llegando a otra ciudad, decidieron pasar allí la noche. Se hospedaron, pues, en la casa de un hombre que recientemente había contraído matrimonio, pero a quien malas artes tenían apartado de su esposa. Y habiendo pasado allí la noche, cesó el influjo del maleficio.

**2.** Y como intentaran a la mañana siguiente preparar sus cosas para proseguir el viaje, no les consintió esto aquel hombre sin antes ofrecerles un gran banquete.

## XX. Historia de un mulo

**1.** Al día siguiente partieron de allí y en las cercanías de otra ciudad encontraron a tres mujeres que volvían llorando del cementerio. Al verlas, María dijo a la doncella que les acompañaba: "Pregúntales en qué circunstancias se encuentran y qué calamidad les ha sobrevenido". Ellas no quisieron responder a las preguntas de la doncella, sino que la interrogaron a su vez: "¿De dónde venís vosotros y a dónde vais?, pues ya se está acabando el día y se echa encima la noche". Respondió la muchacha: "Nosotros somos unos viajeros que buscamos un lugar donde pernoctar". Ellas entonces dijeron: "Pues venid con nosotras y albergaos en nuestra casa".

**2.** Ellos las siguieron y fueron introducidos en una casa nueva, elegante y ricamente amueblada. Era a la sazón tiempo de invierno. La muchacha penetró hasta la estancia donde se encontraban las dueñas de la casa y las encontró afligidas y llorando. Estaba a su lado un mulo cubierto de brocado, ante el que se había puesto sésamo y a quien besaban y daban de comer. Al preguntarles la muchacha: "¿Qué es lo que sucede con este mulo, señoras mías?", ellas respondieron: "Este mulo que aquí ves era hermano nuestro, hijo de la misma madre. Al fallecer nuestro padre y quedarnos únicamente con él, pensamos proporcionarle un buen casamiento, como es costumbre entre las gentes. Pero unas mujeres, sirviéndose de malas artes, nos lo fascinaron sin saberlo nosotras".

**3.** "Y una noche, poco antes de amanecer, estando cerradas todas las puertas de la casa, nos encontramos con que se había convertido en mulo, tal como ahora lo ves. Esto es para nosotras un motivo de tristeza muy grande, ya que no tenemos un padre con quien consolarnos. Por ello no hemos dejado mago alguno o docto o encantador sin consultar en todo el mundo, pero de nada nos ha valido. Cuantas veces nuestro pecho se siente oprimido por la angustia, nos levantamos y vamos con nuestra madre a llorar junto al sepulcro de nuestro padre y luego nos volvemos a casa".

## XXI. Vuelve a ser hombre

**1.** Al oír tales cosas la muchacha les dijo: "Tened buen ánimo y no lloréis. El remedio de vuestro mal lo tenéis muy cerca; más aun, entre vosotras: en vuestra misma casa, yo a mi vez fui leprosa, pero, en cuanto vi aquella mujer que llevaba en brazos un infante llamado Jesús, tomé el agua con que ella lo lavaba, la derramé sobre mí y quedé curada. Estoy segura de que El puede también poner remedio a vuestro mal. Así, pues, levantaos, id a ver a mi Señora María y descubridle vuestro secreto, rogándola se compadezca de vosotras".

**2.** Cuando las mujeres hubieron oído las palabras de la muchacha, se acercaron rápidamente a nuestra Señora María, la hicieron entrar en su habitación y se sentaron junto a ella, diciendo entre sollozos: "¡Oh Señora nuestra, María!, ten compasión de nosotras, pues no nos queda ya en la familia una persona mayor o principal, ni padre ni hermano que nos proteja. Este mulo que aquí ves era nuestro hermano, a quien unas malvadas mujeres con sus sortilegios le han dejado reducido al estado en que ahora le encuentras. Te rogamos, pues, que te compadezcas de nosotras". Entonces María tomó al niño, lo puso sobre el lomo del mulo, se echó a llorar con aquellas mujeres y dijo a Jesucristo: "¡Hijo mío!, cura por tu gran misericordia a este mulo y hazle hombre racional como lo era antes".

**3.** En cuanto salió esta voz de la boca de María, el mulo cambió de forma y se convirtió en hombre: un joven sin tacha. Entonces él mismo, su madre y sus hermanas adoraron a María y levantando al niño Jesús empezaron a besarle, diciendo: "Dichosa tu madre, ¡oh Jesús!, Salvador del mundo. Dichosos los ojos que gozan del encanto de tu vista".

## XXII. Una boda rumbosa

**1.** Dijeron finalmente las dos hermanas a su madre: "Ya ves que nuestro hermano ha tomado de nuevo la forma humana gracias al auxilio de Jesucristo y a la intervención saludable de esta doncella, que fue la que nos presentó a Jesús y a María. Ahora bien, puesto que es soltero, lo mejor que podemos hacer es darle en matrimonio a esta muchacha". Y, como María asintiera a su petición, prepararon unas bodas suntuosas a la muchacha. Y se cambió la tristeza en alegría y el llanto en cánticos festivos. Y empezaron todos a dar muestras del gozo que les embargaba, cantando y ataviándose con trajes hermosísimos. Después recitaron unas coplas que decían: "Jesús, Hijo de David, Tú eres el que cambia la tristeza en alegría y los lamentos en gritos de júbilo".

**2.** Y permanecieron allí José y María diez días consecutivos. Después se despidieron con grandes honras por parte de aquellas personas, quienes les acompañaron a la salida y se volvieron llorando, particularmente la muchacha.

## XXIII. Los bandidos

**1.** Y de allí pasaron a una región desierta que, al decir de las gentes, estaba infestada de ladrones. A pesar de ello, determinaron José y María atravesarla de noche. Y durante la marcha vieron dos ladrones apostados en el camino y con ellos muchos otros malhechores de la misma banda que estaban durmiendo. Los dos primeros se llamaban Tito y Dúmaco. Dijo, pues, aquél a éste: "Te ruego que les dejes marchar libremente, de manera que pasen desapercibidos a nuestros compañeros". Oponiéndose a ello Dúmaco, le dice Tito de nuevo: "Mira, puedes contar con cuarenta dracmas; ¡ahora toma esto en prenda!". Y le alargó la faja que llevaba en la cintura. Todo esto lo hacía con el fin de que su compañero no hablara y los delatase.

**2.** Y María, viendo el favor que este ladrón les había hecho, se dirige a él y le dice: "El Señor te protegerá con su diestra y te concederá la remisión de tus pecados". Entonces Jesús intervino y dijo a su madre: "Madre mía, de aquí a treinta años me han de crucificar los judíos en Jerusalén y estos dos ladrones serán puestos en cruz juntamente conmigo, Tito estará a la derecha, Dúmaco a la izquierda. Tito me precederá al paraíso". Ella respondió: "Aparte esto de ti Dios, hijo mío".

**3.** Y se alejaron de allí con dirección a la ciudad de los ídolos, la cual a su llegada se convirtió en colinas de arena.

## XXIV. La Sagrada Familia en Matarieh

De aquí se dirigieron hacia el sicómoro aquél que hoy día se llama Matarieh. Allí hizo brotar el Señor una fuente y María lavó en ella la túnica de Jesús. Y del sudor esparcido se produjo un bálsamo por toda aquella región.

## XXV. La Sagrada Familia en Menfis

De aquí bajaron a Menfis; y, después de visitar al Faraón, permanecieron tres años en Egipto, donde Jesús hizo muchos milagros que no están relatados ni en el Evangelio de la Infancia ni en el Evangelio Completo.

## XXVI. Vuelta a Israel

**1.** Y al cumplirse los tres años, retornaron de Egipto. Pero, habiendo oído decir al tocar los confines de Judea, que si bien Herodes estaba ya muerto, su hijo Arquelao le había sucedido en el trono, José tuvo miedo de entrar. No obstante, se dirigió allá. Y en esto se le apareció un ángel de Dios, que le dijo: "José, márchate a la ciudad de Nazaret y quédate allí".

**2.** Es admirable que fuera peregrinando por diversos países el que es dueño de todos ellos.

## XXVII. Peste en Belén

**1.** Y, al entrar después en Belén, se encontraron con que la ciudad estaba infestada de una peste que atacaba los ojos de los niños y les causaba la muerte.

**2.** Había allí una mujer que tenía su hijo enfermo. Al verlo ya agonizante, lo llevó a María, que se encontraba bañando a Jesucristo, y le dijo: "¡Oh María, Señora mía!, ten una mirada de compasión para este mi hijo que sufre de dolores muy agudos".

**3.** María la escuchó y le dijo: "Toma el agua con que acabo de bañar a mi hijo y lava al tuyo con ella". Tomó la buena mujer el agua aquélla e hizo tal como se lo había indicado María. Cesó inmediatamente la agitación del niño y tras un breve sueño, despertó salvo y sano. Su madre llena de gozo, se lo llevó de nuevo a María y ésta le dijo: "Da gracias a Dios, porque es El quien ha devuelto la salud a tu hijo".


## XXVIII. Otro niño agonizante

**1.** Vivía allí otra mujer, vecina de aquélla cuyo hijo había sido curado. Tenía a su hijo aquejado de la misma enfermedad, y la pobre criatura, casi sin vista, se pasaba los días y las horas en un continuo lamento. Díjole la madre del niño curado anteriormente: "¿Por qué no llevas a tu hijo a María, como lo hice yo con el mío, que estaba ya agonizante? Se me puso bueno al solo contacto del agua con que Jesús había sido bañado por su madre".

**2.** En oyendo esto la mujer, se marchó y ungió a su hijo con la misma agua. Al momento el cuerpecito y los ojos del niño recobraron la salud. Y cuando esta buena mujer fue a visitar a María para referirle lo ocurrido, la Virgen le recomendó encarecidamente que diera gracias a Dios por la curación del niño y que no contara a nadie lo sucedido.

## XXIX. Un niño en el horno

**1.** Había en la misma ciudad dos mujeres casadas con un mismo hombre. Cada una tenía un hijo y ambos estaban atacados por la fiebre. Una de ellas se llamaba María y su hijo Cleofás. Esta fue a ver a María, la madre de Jesús, para ofrecerle un hermoso velo y decirle: "¡Oh, María, Señora mía!, acepta este velo y dame en retorno uno solo de los pañales del niño". Asintió María y se marchó la madre de Cleofás. Esta hizo de la prenda una túnica y se la puso a su hijo, el cual sanó al momento de su enfermedad. Pero el hijo de su rival murió a las veinticuatro horas. Por ese motivo se produjo una enemistad entre ellas.

**2.** Era costumbre que cada una se encargara de los trabajos domésticos en semanas alternas. Tocó, pues, el turno a María, la madre de Cleofás. Ocupada en estos menesteres, encendió una vez el horno; y, dejando a su hijo junto al fuego, se fue a buscar la masa para hacer pan. La rival, al percatarse de que estaba solo el niño, lo cogió y lo echó al horno, cuya temperatura mientras tanto se había elevado mucho. Después se retiró a hurtadillas. Cuando volvió María, encontró a su hijo sonriente en medio de las llamas y le pareció como si el horno se hubiera refrigerado. Cayó entonces en la cuenta de que su émula lo había precipitado allí. Lo sacó, pues, en seguida y se fue corriendo donde estaba María (la madre de Jesús) para referirle lo sucedido. Esta le dijo: "Calla y no se lo cuentes a nadie, pues temo por ti si lo divulgas". Otra vez salió la rival a buscar agua al pozo. Dio la casualidad de que estaba Cleofás junto al brocal y, al percatarse de que no había ningún testigo, lo arrojó dentro y se marchó. Fueron unos hombres a buscar agua y encontraron al niño sentado en la superficie. Bajaron y lo sacaron de allí, sobrecogidos de admiración ante el caso. Y todos alabaron a Dios. Entonces vino su madre, lo cogió y se lo llevó llorando a nuestra Señora, diciendo: "¡Oh Señora mía!, mira qué ha hecho mi rival con mi hijo y cómo lo ha arrojado al pozo. No puede menos de ocurrir que algún día acabe con él". Díjole María: "Dios te vengará de ella". Posteriormente hubo de ir la rival al pozo para sacar agua. Mas, con tan mala suerte, que se le enredaron los pies en la soga y cayó al fondo. Es verdad que vinieron algunos hombres para sacarla, pero la encontraron con la cabeza magullada y los huesos fracturados. Así pereció de mala manera y se cumplió en ella aquel dicho: "Cavaron un pozo muy hondo y cayeron en la fosa que habían preparado". (Ps. 7, 16).

## XXX. Un futuro apostol

**1.** Otra mujer de la localidad tenía dos hijos gemelos. Ambos fueron atacados por la enfermedad. El uno murió y el otro se encontraba en muy mal estado. Tomó a éste su madre y se lo llevó a María, diciéndole: "¡Oh, Señora mía!, socórreme, pues de dos hijos que tenía el uno ha poco que lo sepulté y el otro está para morir. En este trance habré de rogar a Dios de esta manera: "¡Oh Señor!, tú eres misericordioso, clemente y lleno de piedad. Tú me diste dos hijos; ya que me has quitado el uno, déjame al menos el otro".

**2.** La Virgen María se compadeció al ver lo amargo de su llanto, y le dijo: "Coloca a tu hijo en la cuna del mío y cúbrele con los vestidos de éste". Púsole, pues, en la cuna donde Cristo reposaba, después que había cerrado ya los ojos y era cadáver. Y, al perfume que exhalaban los vestidos de Jesús, abrió el niño los ojos y se puso a llamar con grandes voces a su madre. Después pidió pan y lo comió. Entonces su madre exclamó: "¡Oh Señora mía!, ahora reconozco que la virtud de Dios habita en ti, ya que tu hijo devuelve la salud a sus semejantes al solo contacto de sus vestidos". Este niño devuelto a la vida es aquél que en el evangelio lleva el nombre de Bartolomé.

## XXXI. Una mujer leprosa

**1.** Fue testigo de esta escena una mujer leprosa que por allí se encontraba, la cual se dirigió a la madre de Jesús en estos términos: "¡Oh Señora mía!, préstame tu ayuda". Respondióle María: "¿Y qué es lo que necesitas?, ¿oro, plata, o bien ver tu cuerpo libre de lepra?". Y la mujer exclamó: "¿Mas quién será capaz de obtenerme esto último?". A lo que repuso nuestra señora la Virgen María: "Espera un momento mientras doy un baño a mi hijo Jesús y lo deposito en la cuna".

**2.** Aguardó la mujer conforme se le había indicado. Y cuando María terminó de arreglar al niño, se dirigió a la mujer y le dio un poco del agua con que había bañado a Jesús diciéndole: "Toma este agua y derrámala sobre tu cuerpo". Y en haciendo esto quedó limpia, con lo que rindió a Dios las cumplidas gracias y alabanzas.

## XXXII. Otra leprosa

**1.** Marchóse, pues, aquella señora tras de haber permanecido tres días en casa de María. Y, al llegar a una ciudad, se encontró con un hombre principal que había contraído matrimonio recientemente con la hija de otro personaje de su rango. Mas al poco tiempo de casados observó el marido una motita de lepra como una estrella entre las cejas de su esposa. Y se separó de ella, disolviendo el matrimonio. Al verlos la buena mujer sumidos en este estado de abatimiento y de tristeza, les preguntó por la causa de su llanto. Mas ellos respondieron: "No pretendas escudriñar nuestra situación, pues no estamos dispuestos a descubrir a ninguno de los mortales la causa de nuestro dolor". Insistió ella, no obstante, y rogó que se le dieran a conocer, pues quizá tenía a su disposición algún remedio contra el mal que les aquejaba.

**2.** Le presentaron por fin a la muchacha; y, al ver las señales de lepra que aparecían entre sus cejas, dijo la mujer: "Yo misma, tal como me veis, estaba herida de la misma enfermedad, cuando por ciertos asuntos que surgieron casualmente, hube de hacer un viaje a Belén. Al entrar en la ciudad vi en una caverna a una Señora por nombre María con su hijo llamado Jesús. Ella, al verme leprosa, se compadeció de mí y me proporcionó un poco de agua con la que acababa de bañar a su hijo. Rocié con ella mi cuerpo y quedé limpia". Dijeron, pues, a la mujer aquélla: "¿No sería posible que vinieras con nosotros para indicarnos quién es la Señora que se llama María?". Y, obteniendo su consentimiento, todos se pusieron en camino, llevando consigo espléndidos presentes.

**3.** Entraron finalmente donde estaba María; y después de ofrecerle sus dones le presentaron a la muchacha leprosa. Al verla, exclamó María: "Que la misericordia del Señor Jesucristo descienda sobre vosotros". Después les ofreció un poco de aquel agua que había servido para bañar a Jesús y mandó que la derramaran sobre aquella pobrecita. Cuando esto hubieron hecho, quedó curada la enferma y todos a coro se pusieron a alabar a Dios. Y, al oír el príncipe que su esposa había sido curada, la recibió en su casa, celebró por segunda vez las nupcias y dio gracias a Dios por la curación.

## XXXIII. Una joven endemoniada

**1.** Vivía también allí una jovencita que era atormentada de continuo por Satanás. El maldito se le aparecía con frecuencia en forma de un dragón que se disponía a engullirla y le chupaba la sangre, de manera que la pobrecita estaba ya casi reducida a cadáver. Siempre que se le acercaba el maligno, juntaba sus manos sobre la cabeza y decía a grandes voces: "¡Desdichada de mí!, porque no hay nadie capaz de librarme de este dragón". Sus padres y todos los que estaban a su alrededor, se dolían de su desgracia. Muchas personas la rodeaban y se lamentaban entre sollozos al verla llorar y decir: "¡Oh hermanos y amigos míos! ¿No hay nadie que pueda librarme de este criminal?".

**2.** Oyóla un día la esposa del noble, aquélla que había sanado de la lepra. Subió a la terraza de su palacio, desde donde la vio llorando con las manos en la cabeza y asimismo a la gente que la rodeaba. Preguntó, pues, al marido de la endemoniada si vivía aún su suegra, a lo que él respondió que vivían aún sus padres políticos. Entonces le dijo: "Hazme venir aquí a la madre de tu esposa". Y en cuanto la tuvo a su lado, le preguntó: "¿Es hija tuya esta pobrecita?". "Así es", dijo la mujer toda triste y llorosa. Repuso entonces la hija del noble: "Guarda el secreto que voy a confiarte. Te participo que yo fui leprosa, pero me devolvió la salud María, la madre de Jesús. Y si tú quieres ver sana a tu hija, llévala a Belén, busca a esta Señora y espera confiadamente que tu hija será curada. Por mi parte estoy segura que volverás a mí llena de alegría, viendo a tu hija gozar de perfecta salud". La mujer, que oyó las palabras de aquella dama, tomó inmediatamente a su hija y se puso en camino hacia el lugar designado y, al llegar a la presencia de María, le manifestó el estado de su hija. Cuando María hubo escuchado sus palabras, le dio un poco del agua con que había lavado el cuerpo de Jesús y le mandó que la derramara sobre su hija. Después le dio una de las fajas que usaba Jesús, diciéndole: "Toma esta prenda y muéstrasela al enemigo cuantas veces le veas". Y con un saludo las despidió.

## XXXIV. Otra posesa

**1.** Partieron de allí con dirección a su ciudad. Y, llegando el momento en que la joven solía quedar sometida a la acción diabólica, se le apareció el maldito en forma de un dragón terrible, a cuya vista la muchacha se lleno de miedo. Su madre le dijo: "No temas, hija: en cuanto se te acerque, muéstrale la prenda que nos regalo la Señora María y veamos a ver qué es lo que sucede".

**2.** Se acercó, pues, Satanás en la forma de aquel maldito dragón y la joven se puso a temblar de pies a cabeza. Pero enseguida saco la faja, la puso sobre su cabeza y se cubrió con ella los ojos. Entonces empezaron a salir de la prenda brasas y llamas que eran lanzadas contra el dragón. ¡Oh qué gran milagro se obró cuando el maligno dirigió su mirada a aquella faja, de la que centelleaba fuego que venía a dar sobre su cabeza! Exclamó entonces con gran voz: "¿Qué tengo que ver yo contigo, Jesús, hijo de María? ¿A dónde huiré de ti?". Y, consternado, se apartó de la muchacha y no volvió a aparecérsele. Esta gozó por fin de paz y tributó gracias y alabanzas a Dios. Y todos los que presenciaron el milagro la acompañaron en su oración.

## XXXV. Judas Iscariote

**1.** Vivía allí mismo otra mujer cuyo hijo era atormentado por Satanás. Su nombre era Judas. Cuantas veces la pobre criatura era embestida por el demonio, se ponía a morder a todos cuantos se le acercaban. Y, si no encontraba a nadie a su alcance, se mordía sus propias manos y miembros. Al llegar, pues, la fama de la Virgen María y de su hijo Jesús a la madre del desgraciado, se levantó ésta y llevó a Judas ante la presencia de Nuestra Señora.

**2.** Entre tanto, Santiago y José habían sacado al niño Jesús fuera de casa para jugar con otros niños. Y, estando todos sentados, se acercó Judas el endemoniado, y se puso a la derecha de Jesús. Entonces fue atacado por Satanás, como de costumbre, y quiso morder a aquél; pero no pudo. Sin embargo le hizo daño en el costado derecho; y Jesús se puso a llorar. Más de repente salió Satanás del endemoniado bajo la forma de un perro rabioso. Y este niño era Judas Iscariote, el que luego habría de entregarlo a los judíos. Es de notar que el costado que le lastimó Judas es el mismo que traspasaron los judíos con una lanza.


## XXXVI. Las figurillas de barro

**1.** Cumplió el niño Jesús los siete años y estaba un día entretenido jugando con los muchachos de su misma edad. Todos se divertían haciendo con barro figurillas de asnos, bueyes, pájaros y otros animales. Cada cual hacia alarde de sus habilidades y aplaudía su trabajo. Entonces dijo Jesús a los demás: "Yo voy a mandar correr a mis figurillas". Admirados los otros, le preguntaron si por ventura era hijo del Creador.

**2.** Entonces Jesús las mandó ponerse en movimiento, y ellas empezaron a saltar. Luego, a una indicación suya, se volvieron a parar. Había hecho también figuras de pájaros y aves, que, al oír su voz se echaban a volar; mas cuando las mandaba estarse quietas, se paraban. Y, siempre que les ponía algo de comer o de beber, ellas comían o bebían. Al marcharse los muchachos contaron todo esto en casa, y sus padres les dijeron: "Tened cuidado, hijos, y no tratéis con él. Huid y no juguéis ya más en su compañía, pues es un encantador".

## XXXVII. Los colores del tintorero

**1.** Jugueteando un día Jesús con los muchachos, vino a pasar frente a la tienda de un tintorero llamado Salem, quien tenía allí depositados muchos paños para teñir.

**2.** Entro Jesús en el taller y se entretuvo en coger todos los paños que allí había y en irlos metiendo a un recipiente lleno de azul índigo. Al llegar Salem y percatarse del estropicio, se puso a gritar desaforadamente y a reñir a Jesús diciendo: "¿Qué es lo que me has hecho, hijo de María? Me has deshonrado ante los vecinos, pues cada uno deseaba un color a su gusto y tú lo has echado todo a perder". Respondió Jesús: "Todos los colores que quieras cambiar, yo me comprometo a cambiártelos". Y enseguida empezó a sacar las prendas del recipiente, cada una del color que quería el tintorero, hasta que estuvieron todas fuera. Los judíos al ver el portento, alabaron a Dios.

## XXXVIII. Jesús en la carpintería

**1.** José, siempre que salía a la ciudad, solía llevar consigo a Jesús. Es de saber que por su oficio, la gente le encargaba puertas, ordeñaderos, catres y arcas. A dondequiera que fuese, siempre le acompañaba Jesús.

**2.** Y sucedía que, cuando José tenía necesidad de alargar o cortar algún madero (ya se tratara de un codo o de un palmo), o bien de hacerlo más ancho o más estrecho, Jesús no hacía más que extender sus manos hacia el objeto y éste se acoplaba a la medida, sin que José tuviera necesidad de poner en ello la mano. Es de notar que éste no estaba demasiado práctico en el arte de la carpintería.

## XXXIX. Un encargo para el rey

**1.** Cierto día le llamó el rey de Jerusalén para decirle: "José, quiero que me hagas un trono a la medida del sitio donde yo acostumbro a sentarme". Obedeció José y permaneció dos años en palacio a partir del día en que puso manos a la obra hasta que la dio por terminada. Y, estando ya para trasladarlo a su lugar, cayo en la cuenta de que faltaban dos palmos para la medida propuesta. Al ver esto el rey se enojó con José; y éste, presa de un gran temor, pasó la noche sin dormir ni probar bocado.

**2.** Preguntándole Jesús la causa de su temor, respondió: "He perdido el trabajo de dos años enteros". Díjole Jesús: "No tengas miedo ni te dejes dominar por el abatimiento. Toma más bien un lado del trono; yo tomaré el otro y a ver si lo arreglamos". José puso en práctica lo que le había dicho Jesús; y sucedió que al tirar cada uno de su parte, quedó el trono arreglado y proporcionado a las medidas del lugar. Los que presenciaron este prodigio se llenaron de estupor y alabaron a Dios.

**3.** La madera del trono procedía de aquellos árboles tan apreciados en tiempos de Salomón, hijo de David, por su variedad y sus múltiples aplicaciones.

## XL. Una treta de muchachos

**1.** Otro día salió Jesús a la calle, y, viendo unos muchachos reunidos para jugar, quiso seguirles. Mas ellos se le escondieron. Entonces preguntó a unas mujeres que estaban a la puerta de una casa dónde se habían ido. Ellas respondieron que allí no estaban, a lo que Jesús replicó: "¿Quiénes, pues, son éstos que veis en el horno?" Las mujeres dijeron que se trataba de unos cabritos de tres años. Entonces exclamó Jesús: "Venid aquí, cabritos, en torno de vuestro pastor". Nada más pronunciar estas palabras, salieron los muchachos en forma de cabritos y se pusieron a triscar a su alrededor. Viendo esto las mujeres, se llenaron de admiración y de temor y se echaron a los pies de Jesús, diciendo: "Oh Jesús, Señor nuestro, hijo de María: Tú eres de verdad el pastor de Israel; ten compasión de las siervas que están ante ti y que nunca lo dudaron, pues tú, oh Señor, has venido a curar y no a perder".

**2.** Y, como hubiera respondido Jesús que los hijos de Israel eran como los etíopes entre los demás pueblos, replicaron las mujeres: "Tú, Señor, sabes todas las cosas y nada se te oculta, te rogamos, apelando a tu piedad, que devuelvas estos muchachos, tus siervos, a su primitivo estado". Dijo, pues, el Señor Jesús: "¡Muchachos, a jugar!". Y a vista de las mujeres, quedaron al momento los cabritos convertidos en muchachos.

## XLI. Jesús Rey

Y en el mes de *Adar* Jesús reunió a los muchachos en torno a sí, como un rey. Estos pusieron en el suelo sus vestidos y El se sentó sobre ellos. Despúes tejieron una guirnalda, ciñeron con ella sus sienes y formaron a ambos lados de El como chambelanes en presencia de su rey. Y a todo el que transitaba por aquel camino, le obligaban a interrumpir su marcha diciendo: "Antes de proseguir tu viaje, rinde vasallaje y adora al Rey".

## XLII. Simón el cananeo

**1.** Y, mientras estaban así entretenidos, se acercaron a aquel lugar unos hombres que llevaban un niño. Este había ido con sus compañeros al monte en busca de leña; y, al divisar un nido de perdiz, extendió sus manos para apoderarse de los huevos. Mas con tan mala suerte que en el mismo momento salió del nido una serpiente y le picó. Dio entonces gritos pidiendo auxilio, y sus compañeros corrieron a su lado, encontrándolo ya tendido en la tierra como muerto. Llegaron después sus padres y lo levantaron para llevárselo.

**2.** Y llegaron al sitio donde estaba Jesús sentado a manera de rey, rodeado de los demás muchachos que le servían de ministros. Estos salieron al paso del cortejo y dijeron a los portadores: "Venid a rendir homenaje a vuestro Rey". Ellos se negaron a causa de la aflicción en que estaban sumidos, mas los muchachos les arrastraron a viva fuerza, bien a pesar suyo.

**3.** Cuando por fin estuvieron en su presencia, Jesús inquirió sobre el motivo de llevar así al muchacho. Y, al saber que le había mordido una serpiente, dijo a los suyos: "Vayamos y démosle muerte". Los padres del herido le suplicaron que les permitiera marchar, ya que su hijo se encontraba en la agonía; mas los muchachos se encararon con ellos diciendo: "¿Pero es que no os habéis enterado de lo que ha dicho el Rey? *vayamos y demos muerte a la serpiente* ¿Acaso os negáis a complacerle?". Y así, muy a pesar suyo, dieron marcha atrás a la litera.

**4.** Al llegar al lugar del nido, preguntó Jesús a los muchachos: "¿Es aquí donde estaba la serpiente?". Ellos contestaron afirmativamente. Y en seguida, nada más oír la voz de Jesús, salió el reptil con todo rendimiento. Entonces le dijo Jesús: "Mira, ven y chupa todo el veneno que has inoculado a este niño". La serpiente se fue arrastrando hacia él y chupó todo el veneno. Después de lo cual, Jesús fulminó una maldición sobre ella y al instante reventó. El niño se puso a llorar después de ser curado; mas Jesús le dijo: "No llores, pues un día has de ser mi discípulo". Este es precisamente Simón Cananeo, de quien se hace mención en el Evangelio.

## XLIII. Jesús y Santiago

Otro día envió José a su hijo Santiago a recoger leña. Jesús se ofreció para acompañarle. Y, en llegando al bosque, comenzó Santiago su trabajo; mas fue mordido en su mano por una víbora maligna y se puso a dar voces, llorando. Al darse cuenta de lo que pasaba, corrió Jesús a su lado y sopló en el lugar donde había sido mordido por la víbora. Hecho lo cual, quedó curado sin más.

## XLIV. Un niño desplomado

Otro día se encontraba Jesús jugando con otros niños encima de una terraza. Uno de éstos cayó desde lo alto y murió al instante. Los demás se dieron a la fuga, y Jesús quedó solo en la terraza. Llegaron entonces los padres del difunto y le dijeron: "Tú empujaste a nuestro hijo desde arriba". Jesús lo negó; mas ellos se pusieron a dar voces, diciendo: "Nuestro hijo ha muerto, y éste es el que lo ha matado". Replicó Jesús: "No me calumniéis; y si es que no queréis creerme, vamos a preguntárselo al niño para que él ponga las cosas en claro". Entonces bajó Jesús, se acercó al muerto y le dijo a grandes voces: "Zenón, ¿quién fue el que te tiró abajo?". Y el difunto respondió y dijo: "No fuiste Tú, Señor, sino el terror". Todos alabaron a Dios por este milagro.

## XLV. El cántaro roto

**1.** Mandó una vez María a Jesús por agua a la fuente. Mas a la vuelta, cuando traía el cántaro lleno, recibió éste un gran golpe y se partió.

**2.** Entonces Jesús extendió su pañuelo, recogió el agua en él y se la llevó a su madre. Esta se llenó de admiración y conservaba escondido dentro de su corazón todo lo que se ofrecía a sus ojos.

## XLVI. Jugando con el barro

**1.** Una vez estaba Jesús jugando con otros niños a la orilla de un arroyo. Todos se entretenían formando pequeñas balsas. El Señor había hecho doce pajaritos de barro y los había puesto de tres en tres a ambos lados de la balsa. Y era día de sábado.

**2.** Se acercó por allí el hijo de Hanán y, viéndolos en este entretenimiento, se enojó muchísimo. E indignado dijo: "¿No os da vergüenza poneros a hacer figuras de barro en día de sábado?". Y en un momento rompió las balsas. Dio entonces Jesús unas palmadas a sus pájaros y éstos se echaron a volar piando.

**3.** Al verlos el hijo de Hanán, se acercó también a la

balsa de Jesús y la pisoteó, dejando escapar el agua estancada. Díjole entonces Jesús: "Así como se ha disipado este agua, se disipará también tu vida". Y en el instante quedó seco aquel muchacho.

## XLVII. Una muerte repentina

En otra ocasión era ya de noche y volvía Jesús a casa en compañía de José. De pronto se presentó un muchacho que venía corriendo en dirección contraria y dio a Jesús un golpe tan fuerte que le hizo caer. Entonces le dijo el Señor: "Así como me has tirado, de la misma manera caerás tú para no levantarte más". Y al instante se desplomó el muchacho y expiró.

## XLVIII. El Maestro confundido

**1.** Había en Jerusalén un tal Zaqueo que se dedicaba a enseñar a los niños. Un día le dijo a José: "¿Por qué no me traes a Jesús para que aprenda las letras?". Asintió José, y fue a decírselo a María, y lo llevaron a casa del maestro. Este, nada más verle, le preguntó el alfabeto y le mandó que pronunciara *Aleph* y que pronunciara *Beth*. Replicó entonces Jesús: "Dime primero tú a mí lo que significa la letra *Aleph* y entonces te pronunciaré yo a ti la *Beth*".

**2.** Al ver que el maestro le amenazaba con el látigo, Jesús expuso la significación de las letras *Aleph y Beth*. Y asimismo qué figuras de letras eran rectas, cuáles torcidas, cuáles en forma de espiral, cuáles puntuadas y cuáles no; por qué una letra precedía a otra. Y muchas cosas del mismo estilo que el maestro no había oído ni leído en su vida. Dijo finalmente Jesús al maestro: "Préstame atención mientras te voy explicando". Y empezó a recitar claramente *Aleph, Beth, Ghimel, Daleth hasta Thau*. El maestro, lleno de admiración, exclamó: "Este niño ha nacido antes que Noé, según pienso". Luego se dirigió a José en estos términos: "Me has traído este niño para que le diera instrucción, y resulta que es más docto que todos los maestros". Y dijo finalmente a María: "Tu hijo no tiene necesidad de instrucción alguna".

## XLIX. El profesor castigado

**1.** Lo llevaron después a un maestro más instruido, quien, al verlo, le mandó pronunciar *Aleph*. Cuando lo hubo hecho, le dijo: "Di ahora *Beth*". A lo que replicó Jesús: "Dime primero la significación de la letra *Aleph* y luego te pronunciaré la *Beth*". Entonces el maestro levantó la mano para castigarle pero se le quedó seca y murió al instante.

## L. Jesús Maestro

**1.** Al cumplir los doce años le llevaron a Jerusalén para la fiesta. Terminada ésta, sus padres se volvieron. Pero él se quedó entre los doctores y eruditos de Israel, a los que hacía preguntas relativas a sus respectivas especialidades, respondiendo a su vez a las cuestiones que se le proponían.

**2.** Y entre otras cosas les preguntó: "¿De quién es el hijo del Mesías?". Respondiéronle: "De David". Díjoles: "¿Y cómo, pues, éste le llama su Señor, diciendo: Dijo el Señor a mi Señor: siéntate a mi diestra hasta que ponga a tus enemigos bajo tus pies?".

**3.** Díjole de nuevo el principal entre los doctores: "¿Tú lees libros?". "Sí leo, dijo Jesús, y todo lo que en ellos se contiene". E inmediatamente se puso a explicarles los libros de la Ley (Thorá), los preceptos, los estatutos y los misterios contenidos en los profetas; cosas a que no alcanza la inteligencia de criatura alguna. Dijo, pues, el doctor aquél: "Yo por mi parte he de confesar que hasta ahora no he tenido ocasión de aprender ni oír nunca tales cosas. ¿Quién pensáis que será este niño?".

## LI. Jesús y el astrónomo

**1.** Se encontraba allí un filósofo entendido en astronomía, quien preguntó a Jesús si había estudiado esta ciencia.

**2.** La respuesta de Jesús consistió en hacer una exposición del número de esferas y de cuerpos que hay en el firmamento, de su naturaleza y propiedades, de su contraposición, de su aspecto triangular, cuadrangular y hexagonal, de su trayectoria de ida y vuelta, de sus posiciones en minutos y segundos y de otras muchas cosas a que no alcanza la razón.

## LII. Jesús y el físico

**1.** Había también entre los presentes un filósofo muy erudito en las ciencias naturales, el cual preguntó a Jesús si por ventura había estudiado medicina.

**2.** El por respuesta le explicó la física, la metafísica, la hiperfísica y la hipofísica; las fuerzas del cuerpo, sus humores y los efectos de ambos: los efectos del calor y de la sequedad, del frío y de la humedad y de todo lo que de ellos proviene; la actuación del alma en el cuerpo, su sentido y sus efectos; en qué consiste la facultad de hablar, de airar-

se, de apetecer; la articulación y desarticulación; y finalmente, otras muchas cosas a que no alcanza el entendimiento de criatura alguna.

**3.** Entonces se levantó el filósofo y se postró ante él,
diciendo: "Señor, de aquí en adelante seré tu discípulo y tu
siervo".

## LIII. Hallazgo de Jesús

**1.** Mientras hablaban entre sí estas cosas y otras por el
estilo se presentó allí María, que llevaba tres días consecutivos buscando a Jesús en compañía de José. Al verlo, finalmente, allí sentado en medio de los doctores, preguntando
unas veces y otras respondiendo, le dijo: "Hijo mío, ¿por
qué has hecho esto con nosotros? Tu padre y yo venimos en
tu busca con gran fatiga". Mas él respondió: "¿Por qué me
buscabais? ¿Es que no sabéis que me es conveniente estar
en la casa de mi Padre?". Pero ellos no comprendieron sus
palabras. Entonces los doctores preguntaron a María si
aquél era su propio hijo. Y asintiendo ella, le dijeron:
"Bienaventurada tú, María, porque has dado a luz un niño
como éste".

**2.** Y volvió con ellos a Nazaret, dándoles gusto en
todas las cosas. Y su madre, por su parte, conservaba todo
esto dentro de su corazón. Mientras tanto Jesús iba creciendo en edad, en sabiduría y en gracia ante Dios y ante los
hombres.

## LIV. Vida oculta

Desde entonces empezó a ocultar los milagros y a
dedicarse al estudio de la Ley, hasta que cumplió los trein-

ta años, que fue cuando el Padre le dio a conocer públicamente a la orilla del Jordán con esta voz bajada del cielo:
"Este es mi hijo amado, en quien reposo", estando presente el Espíritu Santo en forma de blanca paloma.

## LV. Doxología

Este es Aquél a quien adoramos suplicantes, el que nos
dio el ser y la vida, el que nos sacó del seno de nuestra
madre, el que tomó un cuerpo humano por nosotros y nos
redimió para darnos el abrazo eterno de su misericordia y
manifestarnos su clemencia por la liberalidad, la benefi-
cencia, el poder y el imperio, ahora y siempre por los siglos
de los siglos. Amén.

*Aquí termina el evangelio íntegro de la infancia con el
auxilio del Dios supremo y de acuerdo con lo que encontramos en el original.*

# Evangelio de Nicodemo

En el *Evangelio de Nicodemo* o *Hechos de Poncio Pilatos* se muestra claramente el deseo de minimizar la culpa de Pilatos, que ya se advierte en el *Evangelio según San Pedro*. Este personaje ocupó un lugar muy importante en el pensamiento de los primeros cristianos. Tertuliano manifiesta que Poncio Pilatos informó con detalle al emperador Tiberio de la injusta sentencia de muerte pronunciada por él contra un ser inocente y divino. Siempre según Tertuliano el emperador quedó tan impresionado que propuso que Cristo fuera admitido entre los dioses de Roma, pero el Senado se opuso. En los autores de los primeros siglos es muy evidente el empeño por hacer del gobernador romano un testigo de la muerte de Cristo y al mismo tiempo, de la verdad del cristianismo.

El *Evangelio de Nicodemo* se compone de tres partes claramente delimitadas: en la primera se expone con todo detalle el juicio, la crucifixión y la sepultura de Cristo, la segunda muestra los debates que tuvieron lugar en el Sanedrín acerca de la resurrección y la tercera, titulada *Descensus Christi ad inferos,* narra la bajada del Cristo al infierno, contada por dos testigos que resucitaron de entre los muertos: los hijos de Simeón.

Existen manuscritos griegos, siríacos, coptos, árabes y latinos. Como consecuencia de la gran influencia de este evangelio los cristianos de Siria y Egipto veneran a Poncio Pilatos como santo y mártir figurando todavía hoy en el calendario litúrgico de la Iglesia copta.

Posiblemente fuera redactado en la primera mitad del siglo IV, si bien durante la época medieval se le efectuaron numerosos añadidos como la *Anaphora Pilati*, la *Carta de Pilatos a Tiberio* y otros que no incluimos aquí por ser evidentemente muy posteriores a su versión o versiones iniciales.

# EVANGELIO DE NICODEMO

# Primera parte

## Hstoria de Nuestro Señor Jesucristo compuesta en tiempo de Poncio Pilatos

# Prólogo

Yo, Ananías, tuve conocimiento de Nuestro Señor Jesucristo y me acerqué a El por la fe, y se me concedió el santo bautismo. Estas memorias relativas a Nuestro Señor Jesucristo que se hicieron en aquella época, y que los judíos dejaron en depósito a Poncio Pilato, las encontré escritas como estaban en hebreo, y con el beneplácito divino las traduje al griego, para conocimiento de todos los que invocan el nombre de Nuestro Señor Jesucristo, durante el reinado de Flavio Teodosio, nuestro señor, en el año 17, y sexto de Flavio Valentino, en la indicación novena.

Todos, pues, cuantos leáis y trasladéis esto a otros libros, acordáos y pedid por mí para que el Señor sea piadoso conmigo y me perdone los pecados que he cometido contra él.

En el año decimoquinto del gobierno de Tiberio César, emperador de los romanos; en el año decimonono del gobierno de Herodes, rey de Galilea: en el día octavo de las calendas de abril, correspondiente al día 25 de marzo; durante el consulado de Rufo y Rubelión; en el año cuarto de la olimpiada 202; siendo entonces sumo sacerdote de los judíos José Caifás. Todo lo que narró Nicodemo a raíz del tormento de cruz y la pasión del Señor, lo transmitió a los príncipes de los sacerdotes y a los demás judíos, después de haberlo redactado él mismo en hebreo.

# I

**1.** Después de haberse reunido en consejo los príncipes de los sacerdotes y los escribas, Anás, Caifás, Semes, Dothaim, Gamaliel, Judas, Leví, Neftalí, Alejandro Jairo y los restantes de entre los judíos, se presentaron ante Pilatos acusando a Jesús de muchas fechorías, diciendo: "Sabemos que éste es hijo de José el carpintero y que nació de María, y se llama a sí mismo Hijo de Dios y rey; además profana el sábado y aun pretende abolir la Ley de nuestros padres". Díjoles Pilatos: "¿Y qué es lo que hace y lo que pretende abolir?" Dijeron los judíos: "Tenemos una Ley que prohibe curar a alguien en sábado; pues bien, éste, sirviéndose de malas artes, ha curado en sábado a cojos, jorobados, impedidos, ciegos, paralíticos, sordos y endemoniados". Díjoles Pilatos: "¿Por qué clase de malas artes?". Ellos dijeron: "Es un mago; por virtud de Beelzebú, príncipe de los demonios, expulsa a éstos y todos se le someten". Díjoles Pilatos: "Esto no es echar los demonios por virtud de un espíritu inmundo, sino por virtud del dios Esculapio".

**2.** Dijeron los judíos a Pilatos: "Rogamos a tu majestad que sea presentado ante tu tribunal para que pueda ser oído". Llamóles entonces Pilatos y les dijo: "Decidme vosotros a mí cómo yo, que soy un mero gobernador, voy a someter a interrogatorio a todo un rey". Ellos respondieron: "Nosotros no decimos que sea rey, sino que se da a sí mismo ese título". Pilatos llamó entonces al mensajero para decirle: "Séame presentado aquí Jesús con toda deferencia". Salió, pues, el mensajero y, nada más identificarle, le adoró; cogió después el manto que llevaba en su mano y lo extendió en el suelo, diciendo: "Señor, pasa por encima y entra, que te llama el gobernador". Viendo los judíos lo que había hecho el mensajero, levantaron el grito contra Pilato, diciendo: "¿Por qué te has servido de un mensajero para hacerle entrar, y no de un simple pregonero? Debes saber que el mensajero, nada más verle, le ha adorado y ha extendido su manto sobre el suelo, haciéndole caminar por encima como si fuera un rey".

**3.** Mas Pilatos llamó al mensajero y le dijo: "¿Por qué has hecho esto y has extendido tu manto sobre el suelo, haciendo pasar por encima a Jesús?". Respondió el mensajero: "Señor gobernador, cuando me enviaste a Jerusalén al lado de Alejandro, le vi sentado sobre un asno y los niños hebreos iban clamando con ramos en sus manos, mientras otros extendían sus vestiduras en el suelo diciendo: Sálvanos, tú que estás en las alturas; bendito el que viene en el nombre del Señor".

**4.** Los judíos entonces comenzaron a gritar y dijeron al mensajero: "Los muchachos hebreos clamaban en su lengua, ¿Cómo pues, te has enterado de su equivalencia en griego?". Díjoles Pilatos: "¿Cómo suena en hebreo lo que ellos decían a grandes voces?". Respondieron los judíos: "Hosanna membrome, baruchamma; adonai". Díjoles entonces Pilatos: "¿Y qué significa *hosanna* y lo demás?". Respondieron los judíos: "Sálva(nos), tú que estás en las alturas; bendito el que viene en el nombre del Señor". Díjoles Pilatos: "Si vosotros mismos dais testimonio de las voces que salieron de los muchachos, ¿en qué ha faltado el mensajero?". Ellos callaron. Dijo entonces el gobernador al mensajero: "Sal e introdúcele de la manera que te plazca". Salió, pues, el mensajero e hizo lo mismo que la vez anterior, diciendo a Jesús: "Señor, entra; el gobernador te llama".

**5.** Pero en el momento en que entraba Jesús, mientras los abanderados sostenían los estandartes, los bustos de éstos se inclinaron y adoraron a Jesús. Los judíos que vieron la actitud de los estandartes, cómo se habían inclinado y adorado a Jesús, comenzaron a gritar desaforadamente contra los abanderados. Mas Pilatos les dijo: "¿No os causa admiración el ver cómo se han inclinado los bustos y han adorado a Jesús?". Respondieron los judíos a Pilatos: "Nosotros mismos hemos visto cómo los abanderados los han inclinado y le han adorado". El gobernador llamó entonces a los abanderados y les dijo: "¿Por qué habéis obrado así?". Ellos respondieron a Pilatos: "Nosotros somos griegos y servidores de las divinidades. ¿Cómo, pues, íbamos a adorarle? Sábete que, mientras estábamos sosteniendo los bustos, éstos por sí mismos se inclinaron y le adoraron".

**6.** Dijo entonces Pilatos a los archisinagogos y ancianos del pueblo: "Escoged vosotros mismos unos cuantos varones forzudos y robustos; que ellos sostengan los estandartes y veamos si éstos se inclinan por sí mismos". Tomaron pues, los ancianos de los judíos doce hombres forzudos y robustos, a quienes obligaron a sostener los estandartes en grupos de seis, y quedaron en pie ante el tribunal del gobernador. Dijo entonces Pilatos al mensajero: "Sácale fuera del pretorio e introdúcele de la manera que te plazca". Y salió Jesús del pretorio acompañado del mensajero. Llamó entonces Pilatos a los que anteriormente sostenían los bustos y les dijo: "He jurado por salud del César que, si no se doblegan los estandartes a la entrada de Jesús, os cortaré las cabezas". Y ordenó de nuevo el gobernador que entrara Jesús. El mensajero observó la misma conducta que al principio y rogó encarecidamente a Jesús que pasara por encima de su manto. Y caminó sobre él y penetró dentro. Mas, en el momento de entrar, se doblegaron de nuevo los estandartes y adoraron a Jesús.

# II

**1.** Cuando vio esto Pilato, se llenó de miedo y se dispuso a dejar el tribunal. Pero, mientras estaba aún pensando en levantarse, su mujer le envió esta misiva: "No te metas para nada con este justo, pues durante la noche he sufrido mucho por su causa". Pilatos entonces llamó a todos los judíos y les dijo: "¿Sabéis que mi mujer es piadosa y que propende más bien a secundaros en vuestras costumbres judías?". Ellos dijeron: "Sí, lo sabemos". Díjoles Pilatos: "Pues bien, mi mujer acaba de enviarme este recado: No te metas para nada con este justo, pues durante la noche he sufrido mucho por su causa". Pero los judíos respondieron a Pilatos diciendo: "¿No te hemos dicho que es un mago? Sin duda ha enviado un sueño quimérico a tu mujer".

**2.** Pilatos llamó entonces a Jesús y le dijo: "¿Cómo es que éstos dan testimonio contra ti? ¿No dices nada?". Jesús respondió: "Si no tuvieran poder para ello, nada dirían, pues cada uno es dueño de su boca para hablar las cosas buenas y malas; ellos verán".

**3.** Mas los ancianos de los judíos respondieron diciendo a Jesús: "¿Qué es lo que nosotros vamos a ver? Primero, que tú has venido al mundo por fornicación; segundo, que tu nacimiento en Belén trajo como consecuencia una matanza de niños; tercero, que tu padre José y tu madre María huyeron a Egipto por encontrarse cohibidos ante el pueblo".

**4.** Dijeron entonces algunos de los allí presentes, que eran judíos piadosos: "Nosotros no estamos conformes con que ha nacido de fornicación, sino sabemos que José se desposó con María y que no ha sido engendrado de ese modo". Dijo Pilatos a los judíos que aquello afirmaban: "No es verdad esto que decís, puesto que se celebraron los

esponsales, según vuestros mismos compatriotas afirman".
Dijeron entonces Anás y Caifás a Pilatos: "Todos en masa
estamos dando voces y no se nos cree lo que decimos; éstos
son prosélitos y discípulos suyos". Llamó Pilatos a Anás y
a Caifás y les dijo: "¿Qué significa la palabra *Prosélitos*?".
Ellos respondieron: "Que nacieron de padres griegos y ahora se han hecho judíos". A lo que repusieron los que afirmaban que Jesús no había nacido de fornicación (esto es:
Lázaro, Asterio, Antonio, Santiago, Amnes, Zeras, Samuel,
Isaac, Fineas, Crispo, Agripa y Judas): "Nosotros no hemos
nacido prosélitos, sino que somos hijos de judíos, y decimos la verdad, pues nos encontrábamos presentes en los
esponsales de José y María".

**5.** Llamó Pilatos a estos doce que afirmaban no haber
nacido (Jesús) de fornicación, y les dijo: "Os conjuro por la
salud del César, decidme, ¿es verdad lo que habéis afirma-
do, que no ha nacido de fornicación?". Ellos respondieron:
"Nosotros tenemos una Ley que prohibe jurar, porque es
pecado; deja que éstos juren por la salud del César que no
es verdad lo que acabamos de decir, y somos reos de muerte". Dijo entonces Pilatos a Anás y Caifás: "¿Nada res-
pondéis a esto?". Ellos replicaron: "Tú das crédito a estos
doce que afirman el nacimiento legítimo (de Jesús); mientras tanto, todos en masa estamos diciendo a voces que es
hijo de fornicación, que es mago y que se llama a sí mismo
Hijo de Dios".

**6.** Mandó entonces Pilatos que saliera toda la multitud, exceptuados los doce que negaban su origen por fornicación, y ordenó que Jesús fuera separado. Después les
dijo: "¿Por qué razón quieren darle muerte?". Ellos respondieron: "Le tienen envidia porque cura en sábado". A lo
que replicó Pilatos: "¿Y por una obra buena quieren matarle?".

# III

**1.** Y, lleno de ira, salió fuera del pretorio y les dijo: "Pongo por testigo al sol de que no encuentro culpa alguna en este hombre". Respondieron los judíos y dijeron al gobernador: "Si no fuera malhechor, no te lo hubiéramos entregado". Y dijo Pilatos: "Tomadle vosotros y juzgadle según vuestras leyes". Dijeron entonces los judíos a Pilatos: "A nosotros no nos está permitido matar a nadie". A lo que repuso Pilatos: "A vosotros os prohibió Dios matar, pero ¿y a mí?".

**2.** Y, entrando de nuevo Pilatos en el pretorio, llamó a Jesús por separado y le dijo: "¿Tú eres el rey de los judíos?". Respondió Jesús: "¿Dices esto por cuenta propia o te lo han dicho otros acerca de mí?". Pilatos replicó: "¿Pero es que soy yo acaso también judío? Tu pueblo y los pontífices te han puesto en mis manos, ¿qué es lo que has hecho?". Respondió Jesús: "Mi reino no es de este mundo, pues de lo contrario, mis servidores hubieran luchado para que no fuera entregado a los judíos; pero mi reino no es de aquí". Dijo entonces Pilatos: "¿Luego tú eres rey?". Respondió Jesús: "Tú dices que yo soy rey; pues para esto he nacido y he venido al mundo, para que todo el que es de la verdad, oiga mi voz". Díjole Pilatos: "¿Qué es la verdad?". Respondió Jesús: "La verdad proviene del cielo". Dijo Pilatos: "¿No hay verdad sobre la tierra?". Y respondió Jesús a Pilatos: "Estás viendo cómo son juzgados los que dicen la verdad por los que ejercen el poder sobre la tierra".

# IV

**1.** Y, dejando a Jesús en el interior del pretorio, salió

Pilatos hacia los judíos y les dijo: "Yo no encuentro culpa alguna en él". Replicaron los judíos: "Este ha dicho: Yo soy capaz de destruir este templo y reedificarlo en tres días". Dijo Pilatos: "¿Qué templo?". Respondieron los judíos: "Aquél que edificó Salomón en cuarenta y seis años, éste dice que lo va a destruir y reedificar en el término de tres días". Dijo Pilatos: "Soy inocente de la sangre de este justo; vosotros veréis". Y dijeron los judíos: "Que su sangre caiga sobre nosotros y sobre nuestros hijos".

**2.** Pilatos entonces llamó a los ancianos, a los sacerdotes y a los levitas y les dijo en secreto: "No obréis así, pues ninguna de vuestras acusaciones merece la muerte, ya que éstas se refieren a las curaciones y a la profanación del sábado". Respondieron los ancianos sacerdotes y levitas: "Si uno blasfema contra el César, ¿es digno de la muerte o no?". Díjoles Pilatos: "Digno es de la muerte". Dijeron los judíos: "Pues si uno por blasfemar contra el César es digno de la muerte, debes saber que éste ha blasfemado contra Dios".

**3.** Mandó después el gobernador que salieran los judíos del pretorio, y, llamando a Jesús, le dijo: "¿Qué voy a hacer contigo?". Respondió Jesús: "Obra como te ha sido dado". Dijo Pilatos: "¿Y cómo me ha sido dado?". Respondió Jesús: "Moisés y los profetas hablaron acerca de mi muerte y de mi resurrección". Los judíos y los oyentes preguntaron entonces a Pilato, diciendo: "¿Para qué has de seguir oyendo sus blasfemias?". Respondió Pilato, diciendo: "Si estas palabras son blasfemas, prendedle vosotros por blasfemia, llevadle a vuestra sinagoga y juzgadle según vuestra Ley". Replicaron los judíos: "Está escrito en nuestra Ley que, si un hombre peca contra otro hombre, merece recibir cuarenta azotes menos uno; pero que, si uno blasfema contra Dios, debe ser lapidado".

**4.** Díjose Pilatos: "Tomadle por vuestra cuenta y castigadle como queráis". Replicaron los judíos: "Nosotros queremos que sea crucificado". Repuso Pilatos: "No merece la crucifixión".

**5.** Echó entonces el gobernador una mirada en derredor suyo sobre las turbas de judíos que estaban presentes, y, al ver que muchos lloraban, exclamó: "No toda la multitud quiere que muera". Dijeron los ancianos de los judíos: "Para esto hemos venido todos en masa, para que muera". Preguntóles Pilatos: "¿Y por qué va a morir?". Respondieron los judíos: "Porque se llamó a sí mismo Hijo de Dios y rey".

## V

**1.** Mas cierto judío por nombre Nicodemo se puso ante el gobernador y le dijo: "Te ruego, bondadoso como eres, me permitas decir unas palabras". Respondió Pilatos: "Habla". Y dijo Nicodemo: "Yo he hablado en estos términos a los ancianos, a los levitas y a la multitud entera de Israel reunida en la sinagoga: ¿Qué pretendéis hacer con este hombre? El obra muchos milagros y portentos que ningún otro fue ni será capaz de hacer. Dejadle en paz y no maquinéis nada contra él: si sus prodigios tienen origen divino, permanecerán firmes; pero, si tienen origen humano, se disiparán. Pues también Moisés, cuando fue enviado de parte de Dios a Egipto, hizo muchos prodigios, señalados previamente por Dios, en presencia del Faraón, rey de Egipto. Y estaban allí unos hombres al servicio del Faraón, Jamnes y Jambres, quienes obraron a su vez no pocos prodigios como los de Moisés, y los habitantes de Egipto tenían por dioses a Jamnes y Jambres. Mas, como sus prodigios no provenían de Dios, perecieron ellos y los que les daban crédito. Y ahora dejad libre a este hombre, pues no es digno de muerte".

**2.** Dijeron entonces los judíos a Nicodemo: "Tú te has hecho discípulo suyo y así hablas a su favor". Díjoles Nicodemo: "¿Pero es que también el gobernador se ha hecho discípulo suyo y habla en su defensa? ¿No le ha puesto el César en esta dignidad?". Estaban los judíos rabiosos y hacían rechinar sus dientes contra Nicodemo. Díjoles Pilatos: "¿Por qué hacéis crujir vuestros dientes contra él al oír la verdad?". Dijeron los judíos a Nicodemo: "Para ti su verdad y su parte". Dijo Nicodemo: "Amén, amén; sea para mí como habéis dicho".

## VI

**1.** Mas uno de los judíos se adelantó y pidió la palabra al gobernador. Este le dijo: "Si algo quieres decir, dilo". Y el judío habló así: "Yo estuve treinta y ocho años echado en una litera, lleno de dolores. Cuando vino Jesús, muchos estaban endemoniados y sujetos a diversas enfermedades y fueron curados por él. Entonces se compadecieron de mí unos jóvenes y, cogiéndome con litera y todo, me llevaron hasta él. Jesús, al verme, se compadeció de mí y me dijo. Toma tu camilla y anda. Y tomé mi camilla y me puse a andar". Dijeron entonces los judíos a Pilatos: "Pregúntale qué día era cuando fue curado". Y dijo el interesado: "Era en sábado". Dijeron los judíos: "¿No te habíamos informado ya de que curaba en sábado y echaba demonios?".

**2.** Otro judío se adelantó y dijo: "Yo era ciego de nacimiento, oía voces, pero no veía a nadie; y, al pasar Jesús, grité a grandes voces: Hijo de David, apiádate de mí. Y se compadeció de mí e impuso sus manos sobre mis ojos y recobré en seguida la vista". Y otro judío se adelantó y dijo: "Estaba encorvado y me enderezó con una palabra". Y otro dijo: "Había contraído la lepra y me curó con una palabra".

## VII

Y cierta mujer llamada Verónica empezó a gritar desde lejos diciendo: "Encontrándome enferma con flujo de sangre, toqué el borde de su manto y cesó la hemorragia, que había tenido doce años consecutivos". Dijeron los judíos: "Hay un precepto que prohibe presentar como testigo a una mujer".

## VIII

Y algunos otros, multitud de varones y de mujeres, gritaban diciendo: "Este hombre es profeta y los demonios se le someten". Dijo Pilatos a los que esto afirmaban: "¿Por qué no se les han sometido también vuestros maestros?". Ellos respondieron: "No sabemos". Otros afirmaron que había resucitado del sepulcro a Lázaro, difunto de cuatro días. Lleno entonces de miedo el gobernador, dijo a toda la multitud de judíos: "¿Por qué os empeñáis en derramar sangre inocente?".

## IX

1. Y, después de llamar a Nicodemo y a aquellos doce varones que afirmaban el origen limpio de Jesús, les dijo: "¿Qué debo hacer, pues se está fraguando un alboroto entre el pueblo?". Dijéronle: "Nosotros no sabemos; ellos verán". Convocó de nuevo Pilatos a toda la multitud de judíos y les dijo: "Sabéis que tengo la costumbre de soltar un encarcelado en la fiesta de los Azimos. Pues bien, está preso en la cárcel y condenado un asesino llamado Barrabás, y tengo además a este Jesús que está en vuestra presencia, contra el

cual no encuentro culpa alguna. ¿A quién queréis que os suelte?" Ellos gritaron: "A Barrabás". Díjoles Pilatos: "¿Qué haré pues de Jesús, el llamado Cristo?". Respondieron los judíos: "¡Sea crucificado!". Y algunos de entre ellos dijeron: "No eres amigo del César si sueltas a éste, porque se ha llamado a sí mismo Hijo de Dios y rey; según esto, quieres a éste por rey y no al César".

**2.** Pilatos entonces, encolerizado, dijo a los judíos: "Vuestra raza es revoltosa por naturaleza y hacéis frente a vuestros bienhechores". Dijeron los judíos: "¿A qué bienhechores?". Respondió Pilatos: "Vuestro Dios os sacó de Egipto, librándoos de una cruel esclavitud; os mantuvo incólumes a través del mar como a través de la tierra; os alimentó con maná en el desierto y os dio codornices; os abrevó con agua sacada de una roca y os dio una Ley y, después de todo esto, vosotros encolerizasteis a vuestro Dios, fuisteis tras un becerro fundido, exasperasteis a vuestro Dios y El se disponía a exterminaros; pero intercedió Moisés por vosotros y no fuisteis entregados a la muerte. Y ahora me denunciáis a mí por odiar al emperador".

**3.** Y levantándose del tribunal, se disponía a salir. Pero empezaron a gritar los judíos, diciendo: "Nosotros reconocemos por rey al César y no a Jesús. Pues, además, los Magos vinieron a ofrecerle dones traídos del Oriente como si fuera su rey; y, cuando Herodes se enteró por estos personajes de que había nacido un rey, intentó acabar con él. Pero supo ello su padre José y le tomó juntamente con su madre y huyeron todos a Egipto. Y, cuando se enteró de esto Herodes, exterminó a los niños de los hebreos que habían nacido en Belén".

**4.** Cuando Pilatos oyó estas palabras, temió, y después de imponer silencio a las turbas, pues estaban gritando, les dijo: "¿De manera que es éste a aquél a quien Herodes buscaba?". Respondieron los judíos: "Sí, éste es". Entonces tomó agua Pilatos y lavó sus manos cara al sol, diciendo: "Soy inocente de la sangre de este justo". Y de nuevo comenzaron a gritar los judíos: "Su sangre caiga sobre nosotros y sobre nuestros hijos".

**5.** Entonces mandó Pilatos que fuera corrido el velo del tribunal donde estaba sentado y dijo a Jesús: "Tu pueblo te ha desmentido como rey. Por eso he decretado que en primer lugar seas flagelado, de acuerdo con la antigua costumbre de los reyes piadosos, y que después seas colgado de la cruz en el huerto donde fuiste apresado. Y Dimas y Gestas, ambos malhechores, serán crucificados juntamente contigo".

# X

**1.** Salió, pues, Jesús del pretorio, acompañado de los dos malhechores. Y, llegando al lugar convenido, le despojaron de sus vestiduras, le ciñeron un lienzo y le pusieron alrededor de las sienes una corona de espinas. A los dos malhechores les colgaron de manera semejante. Mientras tanto, Jesús decía "Padre, perdónalos, pues no saben lo que hacen". Y se repartieron los soldados sus vestiduras, y todo el pueblo estaba de pie contemplándolo. Y se burlaban de Él los pontífices, lo mismo que los jefes, diciendo: "A otros salvó; sálvese, pues, a sí mismo; si éste es Hijo de Dios, que baje de la cruz". Los soldados, a su vez, se acercaban haciéndole burla y ofreciéndole vinagre mezclado con hiel, mientras decían: "Tú eres el rey de los judíos; sálvate a ti mismo". Y después de proferir la sentencia, mandó el gobernador que a manera de título se escribiera encima de la cruz su acusación en griego, latín y hebreo, de acuerdo con lo que habían dicho los judíos: "Es rey de los judíos".

**2.** Y uno de aquellos ladrones que habían sido colgados, le dijo así: "Si tú eres el Cristo, sálvate a ti mismo y a nosotros". Mas Dimas por respuesta le increpaba diciendo: "¿Tú no temes para nada a Dios, aun estando a punto de condenarte? Y a nosotros ciertamente bien nos está, pues recibimos la justa recompensa de nuestras obras; pero éste nada de malo ha hecho". Y decía: "Acuérdate de mí, Señor, en tu reino". Y le dijo Jesús: "En verdad, en verdad te digo que hoy mismo vas a estar conmigo en el paraíso".

## XI

**1.** Era como la hora sexta, cuando se cernieron las tinieblas sobre la tierra hasta la hora nona por haberse oscurecido el sol; y el velo del templo se rasgó por la mitad. Jesús entonces dio una gran voz y dijo: "Padre, maddach efkid ruel", que significa: "En tus manos encomiendo mi espíritu". Y, diciendo esto, entregó su alma. Al ver el centurión lo ocurrido, alabó a Dios diciendo: "Este hombre era justo". Y todas las turbas que asistían al espectáculo, al contemplar lo ocurrido, se volvían golpeándose el pecho.

**2.** El centurión, por su parte, refirió al gobernador lo acaecido. Este, al oírlo, se entristeció, lo mismo que su mujer, y ambos pasaron todo aquel día sin comer ni beber. Después Pilatos hizo llamar a los judíos y les dijo: "¿Habéis visto lo que ha ocurrido?". Mas ellos respondieron: "Ha sido un simple eclipse de sol, como de ordinario".

**3.** Mientras tanto, sus conocidos estaban a lo lejos; y las mujeres que le habían acompañado desde Galilea estaban contemplando todo esto. Mas había un hombre llamado José, senador, oriundo de Arimatea, el cual esperaba el reino de Dios. Este, pues, se acercó a Pilatos y le pidió el cuerpo de Jesús. Después fue a descolgar el cadáver, lo envolvió en una sábana limpia y lo depositó en un sepulcro tallado en piedra que estaba aún sin estrenar.

# XII

**1.** Cuando los judíos oyeron decir que José había pedido el cuerpo de Jesús, comenzaron a buscarle a él, así como también a aquéllos que habían declarado que Jesús no había nacido de fornicación, a Nicodemo y a muchos otros que se habían presentado ante Pilatos para dar a conocer sus buenas obras. Y, habiéndose escondido todos, sólo apareció Nicodemo, porque era varón principal entre los judíos. Díjoles, pues, Nicodemo: "¿Cómo habéis entrado en la sinagoga?". Respondieron los judíos: "¿Y tú? ¿Cómo has entrado en la sinagoga? Puesto que eres su cómplice, sea también su parte contigo en el siglo venidero". Y dijo Nicodemo: "Sea así, sea así". José, a su vez, se presentó de manera parecida y les dijo: "¿Por qué os habéis enojado contra mí por haber reclamado el cuerpo de Jesús? Pues sabed que lo he depositado en mi sepulcro nuevo, después de haberlo envuelto en una sábana blanca, y que he hecho correr la piedra sobre la entrada de la gruta. Mas vosotros no os portasteis bien con él, puesto que no contentos con crucificarle, le traspasasteis también con una lanza". Los judíos entonces detuvieron a José y mandaron que fuera puesto a buen recaudo hasta el primer día de la semana. Después le dijeron: "Bien sabes que lo avanzado de la hora no nos permite hacer nada contra ti, pues el sábado está ya amaneciendo; pero ni siquiera se te hará la gracia de darte sepultura, sino que expondremos tu cuerpo a las aves del cielo". Repuso José: "Esta manera de hablar es la del soberbio Goliat, que injurió a Dios vivo y al Santo David. Pues dijo el Señor por medio del profeta: A mí me corresponde la venganza y yo retribuiré, dice el Señor. Y poco ha, uno que es incircunciso según la carne, pero circunciso de corazón, tomó agua, se lavó las manos cara al sol y dijo: Soy inocente de la sangre de este justo. Mas vosotros respondisteis a Pilatos: Su sangre caiga sobre nosotros y sobre nuestros hijos: Ahora, pues, temo no vaya a venir la ira del Señor sobre vosotros y sobre vuestros hijos, como dijisteis". Al oír los judíos estas palabras se llenaron de rabia en su corazón, y, después de echar mano a José, lo detuvieron y encerraron en una casa donde no había ventana alguna; después sellaron la puerta tras la que estaba encerrado José y quedaron junto a ella unos guardianes.

2. Y el sábado dieron una disposición los archisinagogos, los sacerdotes y los levitas para que al día siguiente se encontraran todos en la sinagoga. Y muy de madrugada la multitud entera se puso a deliberar qué clase de muerte habían de darle. Y, estando sentado el consejo, ordenaron que se le hiciera comparecer con gran deshonor. Y abrieron la puerta, mas no lo encontraron. Quedó, pues, el pueblo fuera de sí y se llenaron de admiración al encontrar los sellos intactos (y ver) que la llave estaba en poder de Caifás. Con lo cual no se atrevieron ya a poner sus manos sobre los que habían hablado ante Pilatos en defensa de Jesús.

## XIII

1. Y mientras estaban aún sentados en la sinagoga, llenos de admiración por lo de José, vinieron algunos de los guardianes, aquéllos a quienes habían encomendado los judíos de parte de Pilatos la custodia del sepulcro de Jesús, no fuera que vinieran sus discípulos y se llevaran el cuerpo. Y fueron a dar cuenta a los archisinagogos, a los sacerdotes y a los levitas diciéndoles lo sucedido; esto es, cómo "sobrevino un terremoto y vimos un ángel que bajaba del cielo, el cual retiró la piedra de la boca de la gruta, sentándose después sobre ella. Y brilló como nieve y como relámpago. Con lo que nosotros, llenos de miedo, quedamos

como muertos. Entonces oímos la voz del ángel que hablaba a las mujeres que se encontraban junto al sepulcro: No tengáis miedo, sé que buscáis a Jesús, el que fue crucificado. No está aquí: resucitó como había dicho; venid, ved el lugar donde yacía el Señor. Y ahora id rápidamente y decid a sus discípulos que resucitó de entre los muertos y que está en Galilea".

**2.** Dijeron entonces los judíos: "¿A qué mujeres hablaba?". Respondieron los de la guardia: "No sabemos quiénes eran". Dijeron los judíos: "¿A qué hora tenía esto lugar?". Respondieron los de la guardia: "A media noche". Dijeron los judíos: "¿Y por qué no las detuvisteis?". Respondieron los de la guardia: "Quedamos como muertos por el miedo, no esperando poder ver la luz del día, ¿cómo íbamos a detenerlas?". Dijeron los de la guardia: "Tantas señales visteis en aquel hombre y no le creísteis, ¿cómo vais a darnos crédito a nosotros? Y con razón habéis jurado por la vida del Señor, pues él vive también". Y añadieron los de la guardia: "Hemos oído decir que encerrasteis a aquél que reclamó el cuerpo de Jesús, sellando la puerta, y que al abrir no le habéis encontrado. Entregad, pues, vosotros a José, y nosotros entregaremos a Jesús". Dijeron los judíos: "José marchó a su ciudad". Y replicaron los de la guardia: "También Jesús resucitó, como hemos oído al ángel, y está en Galilea".

**3.** Y, al oir los judíos estas palabras, cobraron miedo y dijeron: "No vaya a ser que esto se propague y todos se inclinen ante Jesús". Y, convocando al consejo, reunieron mucho dinero, y se lo dieron a los soldados, diciendo: "Decid: Mientras nosotros dormíamos, vinieron sus discípulos de noche y se lo llevaron. Y si esto llega a oídos del gobernador, nosotros le persuadiremos y os libraremos de toda responsabilidad". Ellos lo cogieron y hablaron de la manera que se les había indicado.

# XIV

**1.** Mas un sacerdote llamado Fineas, un médico llamado Adas, y Ageo, levita, bajaron de Galilea a Jerusalén y contaron a los archisinagogos, a los sacerdotes y a los levitas: "Hemos visto a Jesús en compañía de sus discípulos sentado en el monte llamado Mamilch, y decía a éstos: Id por todo el mundo y predicad a toda criatura; el que crea y sea bautizado, se salvará; pero el que no crea, será condenado. Y a los que hubieren creído les acompañarán estas señales: arrojarán demonios en mi nombre; hablarán en lenguas nuevas; cogerán serpientes; y, aunque bebieron alguna cosa capaz de producir la muerte, no les dañará; impondrán sus manos sobre los enfermos y éstos se sentirán bien. Y, cuando aún les estaba hablando, vimos que se iba elevando al cielo".

**2.** Dijeron los ancianos, los sacerdotes y los levitas: "Glorificad y confesad al Dios de Israel, si es que habéis oído y visto lo que acabáis de decir". Dijeron los que habían hablado: "Vive el Señor Dios en nuestros padres Abrahám, Isaac y Jacob, que oímos esto y que le vimos elevarse al cielo". Dijeron los ancianos, los sacerdotes y los levitas: "¿Habéis venido a darnos cuenta de todo esto o a cumplir algún voto hecho a Dios?". Replicaron entonces los ancianos, los pontífices y los levitas: "Si habéis venido a cumplir un voto a Dios, ¿a qué vienen esas patrañas que habéis contado ante todo el pueblo?". Dijeron Fineas, sacerdote, Adas, doctor y Ageo, levita, a los archisinagogos y levitas: "Si estas palabras que hemos dicho, y de las que hemos sido testigos oculares, constituyen un pecado, aquí nos tenéis en presencia vuestra; haced con nosotros lo que parezca bueno ante vuestros ojos". Entonces ellos tomaron el libro de la Ley y les hicieron jurar que no referirían a nadie estas cosas. Después les dieron de comer y de beber y les sacaron de la ciudad, no sin antes haberles provisto de dinero y haberles dado tres hombres que les acompañaran, quienes los acompañaron hasta los confines de Galilea. Y se marcharon en paz.

**3.** Y, después de que se marcharon aquellos hombres a Galilea, se reunieron los pontífices, los archisinagogos y los ancianos en la sinagoga, cerrando tras de sí la puerta; y daban grandes muestras de dolor, diciendo: "¿Es posible que haya tenido lugar este portento en Israel?". Entonces Anás y Caifás dijeron: "¿Por qué estáis alborotados? ¿Por qué lloráis? ¿O es que no sabéis que a sus discípulos les han comprado con una buena cantidad de oro y les han dado instrucciones para que digan que un ángel del Señor ha bajado y ha quitado la piedra de la entrada del sepulcro?". Mas los sacerdotes y ancianos dijeron: "Puede ser que los discípulos robaran su cuerpo: pero ¿cómo entró su alma en el cuerpo y está viviendo en Galilea?". Y ellos, en la imposibilidad de dar respuesta a estas cosas, dijeron por fin a duras penas: "No nos está permitido a nosotros dar crédito a unos incircuncisos".

## XV

**1.** Mas se levantó Nicodemo y se puso de pie ante el consejo, diciendo: "Rectamente habláis. No desconocéis, ¡oh, pueblo del Señor!, a los varones que han bajado de Galilea, hombres de recursos, temerosos de Dios, enemigos de la avaricia, amigos de la paz. Pues bien, ellos han dicho bajo juramento que han visto a Jesús en el monte Mamilch en compañía de sus discípulos, que estaban enseñando cuantas cosas habéis podido oir de su boca y que le han visto en el momento de elevarse al cielo. Y nadie les preguntó en qué forma lo hizo. Pues, como nos enseñaba a nosotros, estaba contenido en el libro de las Sagradas Escrituras que Elías ascendió al cielo y que Eliseo gritó con fuerza, con lo que Elías arrojó su capa sobre el Jordán, y así Eliseo pudo atravesar el río y llegar hasta Jericó. Salieron entonces a su encuentro los hijos de los profetas y le dijeron: Eliseo, ¿dónde está Elías, tu señor? El respondió que había ascendido al cielo. Y ellos dijeron a Eliseo: "¿No le habrá arrebatado el espíritu y lo habrá arrojado sobre alguno de los montes? Tomemos nuestros criados con nosotros y vayamos en su busca. Y convencieron a Eliseo, quien se marchó con ellos. Y anduvieron buscándole tres días enteros, sin encontrarle, por lo que dedujeron que había sido arrebatado por un espíritu y había sido arrojado después en uno de estos montes". Agradó a todos esta proposición y enviaron una expedición por todos los confines de Israel en busca de Jesús y no dieron con él. A quien encontraron fue a José de Arimatea, pero nadie se atrevió a detenerle.

**2.** Y fueron a dar cuenta a los ancianos y a los sacerdotes y a los levitas, diciendo: "Hemos dado la vuelta por todos los confines de Israel y no hemos hallado a Jesús, pero sí que hemos encontrado a José en Arimatea". En oyendo hablar de José, los archisinagogos, los sacerdotes y los levitas se llenaron de alegría, dieron gloria a Dios y se pusieron a deliberar de qué manera podrían entrevistarse con José. Y tomaron un rollo de papel, en el que escribieron así a José: "La paz sea contigo; sabemos que hemos pecado contra Dios y contra ti. Y hemos rogado al Dios de Israel que te permita venir al encuentro de tus padres y de tus hijos. Pues debes saber que todos nos hemos llenado de aflicción por no encontrarte al abrir la puerta. Y ahora nos damos cuenta de que habíamos tomado una perversa determinación contra ti; pero el Señor ha venido en tu ayuda y él mismo se ha encargado de disipar nuestro mal propósito, honorable padre José".

**3.** Y escogieron de entre todo Israel siete varones amigos de José, a quienes éste mismo conocía, y les dijeron los archisinagogos, sacerdotes y levitas: "Mirad, si al recibir nuestra carta, la leyere, sabed que vendrá en vuestra compañía hacia nosotros; pero, si no la leyere, entended que está molestado con nosotros, y, después de darle un ósculo de paz, volveos acá". Luego bendijeron a los emisarios y les despidieron. Llegaron, pues, éstos al lugar donde estaba José, y, haciéndole una reverencia, le dijeron: "La paz sea contigo". Y él dijo a su vez: "Paz a vosotros y a todo el pueblo de Israel". Ellos entonces le entregaron el volumen de la carta. José lo aceptó, lo leyó, besó la carta y bendijo a Dios, diciendo: "Bendito el Señor Dios, que ha librado a Israel de derramar sangre inocente, y bendito el Señor, que envió a su ángel y me cubrió bajo sus alas". Después preparó la mesa y ellos comieron, bebieron y durmieron allí.

**4.** Al día siguiente se levantaron muy temprano e hicieron oración. Después aparejó su asna José y se puso en camino acompañado de aquellos hombres, y vinieron a la ciudad santa de Jerusalén. Y el pueblo en masa salió al encuentro de José, gritando: "Entra en paz". El dijo, dirigiéndose a todo el pueblo: "Paz a vosotros". Y ellos le dieron un ósculo, poniéndose después en oración juntamente con José. Y quedaron todos fuera de sí al poder contemplar a éste. Nicodemo le hospedó en su casa e hizo en su honor una gran recepción, invitando a Anás, a Caifás, a los ancianos, a los sacerdotes y a los levitas. Y se alegraron comiendo y bebiendo en compañía de José; y, después de entonar himnos, cada cual se fue a su casa. Mas José permaneció con Nicodemo.

**5.** Pero al día siguiente, que era viernes, madrugaron los archisinagogos, sacerdotes y levitas para ir a casa de Nicodemo. Este les salió al encuentro y les dijo: "Paz a vosotros". Y ellos dijeron a su vez: "Paz a ti y a José, a toda tu casa y a toda la casa de José". Entonces él les introdujo en su domicilio. Estaba reunido el consejo en pleno, y José vino a sentarse en medio de Anás y de Caifás. Y nadie se atrevió a decirle una palabra. Entonces José dijo: "¿A qué obedece el que me hayáis convocado?". Ellos hicieron señas a Nicodemo para que hablara con José. El entonces abrió su boca y le habló así: "Sabes que los venerables doctores, así como los sacerdotes y levitas, desean saber de ti una cosa". Y José dijo: "Preguntad". Entonces Anás y Caifás tomaron el libro de la Ley y conjuraron a José, diciéndole: "Glorifica y confiesa al Dios de Israel. Sábete que Achar, al ser conjurado por el profeta Jesús, no perjuró, sino que le anunció todo y no le ocultó ni una sola palabra. Tú, pues, tampoco nos ocultes a nosotros ni una sola palabra". Y dijo José: "No os ocultaré una sola palabra". Entonces ellos le dijeron: "Experimentamos una gran contrariedad cuando pediste el cuerpo de Jesús y lo envolviste en una sábana limpia y lo pusiste en el sepulcro. Por eso te pusimos a buen recaudo en un recinto donde no había ventana alguna. Dejamos, además, selladas las puertas y cerradas con llave y quedaron unos guardianes custodiando la prisión donde estabas encerrado. Pero, cuando fuimos a abrir, el primer día de la semana, no te encontramos y nos afligimos en extremo y ha ido cundiendo el espanto sobre todo el pueblo de Dios hasta ayer. Ahora, pues, cuéntanos qué ha sido de ti".

**6.** Y dijo José: "El viernes, sobre la hora décima, me encerrasteis, y permanecí allí el sábado entero. Pero a medianoche, mientras estaba yo de pie en oración, la casa donde me dejasteis encerrado quedó suspendida de los cuatro ángulos y vi como un relámpago de luz ante mis ojos. Atemorizado entonces, caí en tierra. Pero alguien me tomó de la mano y me levantó del sitio donde había caído. Después sentí que se derramaba agua sobre mí desde la cabeza hasta los pies y vino a mis narices una fragancia de ungüento. Y aquel personaje desconocido me enjugó la cara, me dio un ósculo y me dijo: No temas, José; abre tus ojos y mira quién es el que te está hablando. Levantándose entonces mis ojos, vi a Jesús; pero, en mi estremecimiento, supuse que era un fantasma y me puse a recitar los mandamientos. Y él se puso a recitarlos juntamente conmigo. Como sabéis muy bien, si un fantasma os sale al encuentro y oye los mandamientos huye rápidamente. Viendo, pues, que los recitaba juntamente conmigo, le dije: Maestro Elías. Mas él me dijo: No soy Elías. Dije yo entonces: ¿Quién eres, pues, Señor? El me dijo: Yo soy Jesús, aquél cuyo cuerpo tú pediste a Pilato; y me envolviste en una sábana limpia, y pusiste un sudario sobre mi cabeza, y me colocaste en una gruta nueva, y corriste una gran piedra a la boca de ésta. Y dije al que me hablaba: Muéstrame el lugar donde te coloqué. Y él me llevó y me enseñó el lugar donde yo le había colocado, en el que estaba tendida la sábana y el sudario que había servido para su rostro. Entonces reconocí que era Jesús. El después tomó mi mano y me dejó a puertas cerradas en medio de mi casa; luego me llevó a mi lecho y me dijo: La paz sea contigo. A continuación me dio un ósculo, diciéndome: Hasta dentro de cuarenta días no salgas de tu casa; pues he aquí que me voy a Galilea al encuentro de mis hermanos".

## XVI

**1.** Cuando oyeron los archisinagogos, sacerdotes y levitas estas palabras de labios de José, quedaron como muertos y cayeron en tierra. Y ayunaron hasta la hora nona. Entonces Nicodemo, en compañía de José, se puso a animar a Anás, a Caifás, a los sacerdotes y a los levitas, diciendo: "Levantaos, poneos sobre vuestros pies y robusteced vuestras almas, pues mañana es el sábado del Señor". Y con esto se levantaron, hicieron oración a Dios, comieron, bebieron y cada cual se marchó a su casa.

**2.** El sábado siguiente se reunieron en consejo nuestros doctores, así como los sacerdotes y levitas, discutiendo entre sí y diciendo: "¿Qué es esta cólera que se ha cernido sobre nosotros? Porque por nuestra parte conocemos bien a su padre y a su madre". Dijo entonces Leví, doctor: "Conozco a sus padres y sé que son temerosos de Dios, que no descuidan sus votos y que dan tres veces al año sus diezmos. Cuando nació Jesús, le trajeron a este lugar y ofrecieron a Dios sacrificios y holocaustos. Y el gran doctor Simeón, al tomarle en sus brazos, dijo: Ahora despides en paz a tu siervo, Señor, según tu palabra, pues mis ojos han visto tu salvación, que has preparado a la faz de todos los pueblos; luz para la revelación de los gentiles y gloria de tu pueblo de Israel. Y les bendijo Simeón y dijo a María, su madre: Te doy buenas nuevas con relación a este niño. Dijo María: ¿Buenas, señor? Y respondió Simeón: Buenas; mira, éste está puesto para la caída y resurrección de muchos en Israel y para ser digno de contradicción. Tu misma alma será traspasada por una espada, de manera que queden al descubierto los pensamientos de muchos".

**3.** Dijeron entonces a Leví, doctor: "¿Cómo sabes tú esto?". El respondió: "¿No sabéis que aprendí de sus labios la Ley?". Dijeron los del consejo: "Queremos ver a tu padre". E hicieron llamar a su padre. Y, cuando le hubieron interrogado, él respondió: "¿Por qué no habéis dado crédito a mi hijo? El bienaventurado y justo Simeón en persona le enseñó la Ley". Y dijo el consejo: "Maestro Leví, ¿es verdad lo que has dicho?". El respondió: "Verdad es". Y dijeron entre sí los archisinagogos, sacerdotes y levitas: "Enviemos a Galilea por los tres varones que vinieron a darnos cuenta de su doctrina y de su ascensión, y que nos digan de qué manera le vieron elevarse". Y fue del agrado de todos esta proposición. Enviaron, pues a los tres varones que les habían acompañado anteriormente a Galilea, con este encargo: "Decid al maestro Adas, al maestro Fineas y al maestro Ageo: Paz a vosotros y a los que están en vuestra compañía. Habiéndose tenido una gran discusión en el consejo, hemos sido enviados a vosotros para citaros a este lugar santo de Jerusalén".

**4.** Pusiéronse, pues, los hombres camino de Galilea y los encontraron sentados y sumidos en el estudio de la Ley. Y les dieron un abrazo de paz. Dijeron entonces los varones galileos a los que habían ido en su busca: "Paz sobre todo Israel". Y dijeron los enviados: "Paz a vosotros". Y dijeron aquéllos de nuevo. "¿Cómo es que habéis venido?". Respondieron los enviados: "Os llama el consejo a la santa ciudad de Jerusalén". Cuando oyeron aquellos hombres que eran buscados por el consejo, hicieron oración a Dios, se sentaron a la mesa con los enviados, comieron, bebieron, se levantaron y se pusieron tranquilamente en marcha hacia Jerusalén.

**5.** Al día siguiente se reunió el consejo en la sinagoga, y les interrogaron diciendo: "¿Es verdad que visteis a Jesús sentado en el monte Mamilch dando instrucciones a sus once discípulos, y que presenciasteis su ascensión?". Y los hombres respondieron así: "De la misma manera que le vimos al elevarse, así hemos hablado".

**6.** Dijo entonces Anás: "Ponedlos aparte uno de otro y veamos si coinciden sus declaraciones". Y los separaron. Después llamaron a Adas en primer lugar y le dijeron: "Maestro, ¿cómo contemplaste la ascensión de Jesús?". Respondió Adas: "Mientras estaba todavía sentado en el monte Mamilch y daba instrucciones a sus discípulos, vimos una nube que cubrió a todos con su sombra; después la misma nube elevó a Jesús al cielo, mientras los discípulos yacían con su faz en la tierra". Luego llamaron a Fineas, sacerdote, y le preguntaron asimismo: "¿Cómo contemplaste la ascensión de Jesús?". Y él habló de manera semejante. Entonces dijo el consejo: "Está contenido en la Ley de Moisés: Sobre la boca de dos o tres estará firme toda palabra". Y añadió el maestro Buthem: "Está escrito en la Ley: Y paseaba Henoc con Dios, y ya no existe, porque Dios lo tomó consigo". Dijo asimismo el maestro Jairo: "También oímos hablar de la muerte de Moisés, mas a él no le vimos, pues está escrito en la Ley del Señor: Y murió Moisés por la palabra del Señor y nadie ha conocido jamás, hasta el día de hoy, su sepulcro". Y el maestro Leví dijo: "¿Y qué significa el testimonio que dio el maestro Simeón cuando vio a Jesús: He aquí que éste está puesto para caída y resurrección de muchos en Israel y como signo de contradicción?". Y el maestro Isaac dijo: "Está escrito en la Ley: He aquí que yo envío mi mensajero ante ti, el cual te irá precediendo para guardarte en todo camino bueno, pues mi nombre es invocado en él".

**7.** Entonces dijeron Anás y Caifás: "Justamente habéis citado lo escrito en la Ley de Moisés, que nadie vio la muerte de Henoc y que nadie mencionó la muerte de Moisés. Mas Jesús habló a Pilato, y nosotros sabemos que le hemos visto recibir golpes y esputos en su cara; que los soldados le ciñeron una corona de espinas; que fue flagelado; que recibió sentencia de parte de Pilato; que fue crucificado en el Calvario en compañía de dos ladrones; que se le dio a beber hiel y vinagre; que el soldado Longinos abrió su costado con una lanza; que José, nuestro honorable padre, pidió su cuerpo y que, como dice, resucitó; que, como dicen los tres maestros, le vimos ascender al cielo; y finalmente, que el maestro Leví ha dado testimonio de lo que dijo el maestro Simeón, que dijo: "He aquí que éste está puesto para la caída y resurrección de muchos en Israel

y como signo de contradicción". Y dijeron todos los doctores en bloque al pueblo entero de Israel: "Si esta ira proviene del Señor y es admirable a nuestros ojos, conoced sin
lugar a dudas, ¡oh casa de Israel!, que está escrito: Maldito
todo el que pende de un madero". Y otro lugar de la escritura dice: "Dioses que no hicieron el cielo y la tierra perecerán". Y dijeron los sacerdotes y levitas entre sí: "Si dura
su memoria hasta Sommos (por otro nombre Jobel), sabed
que su dominio será eterno y que suscitará para sí un pueblo nuevo". Entonces los archisinagogos, sacerdotes y levitas exhortaron a todo el pueblo de Israel, diciendo:
"Maldito aquél que adore las criaturas al lado del Creador".
Y el pueblo en masa contestó: "Amén, amén".

**8.** Después la multitud entonó un himno al Señor en
esta forma: "Bendito el Señor, que proporcionó descanso al
pueblo de Israel en conformidad con lo que tenía prometido; no cayó en el vacío ni una sola de todas las cosas buenas que dijo a su siervo Moisés. Siga a nuestro lado el
Señor, nuestro Dios, de la misma manera que estaba al lado
de nuestros padres. No nos entregue a la perdición para que
podamos inclinar nuestro corazón hacia él, para que podamos seguir todos sus caminos y para que podamos practicar
los preceptos y criterios que inculcó a nuestros padres. En
aquel día el Señor será rey sobre toda la tierra; no habrá
otro a su lado; su nombre será únicamente Señor, rey nuestro. El nos salvará. No hay semejante a ti, Señor; grande
eres, Señor, y grande tu nombre. Cúranos por tu virtud y
seremos curados; sálvanos, Señor, y seremos salvos, pues
somos tu parte y tu heredad. No abandonará jamás el Señor
a su pueblo por la magnitud de su nombre, pues ha comenzado a hacer de nosotros su pueblo".

Y, después de cantar el himno todos a coro, se marchó
cada cual a su casa alabando a Dios, porque su gloria permanece por los siglos de los siglos. Amén.

# Segunda parte

## Bajada de Cristo a los infiernos

### I

**1.** Dijo entonces José: "¿Y por qué os admiráis de que Jesús haya resucitado? Lo admirable no es esto; lo admirable es que no ha resucitado él sólo, sino que ha devuelto a la vida a gran número de muertos, los cuales se han dejado ver en Jerusalén. Y si no conocéis a los otros, sí que conocéis por lo menos a Simeón, aquél que tomó a Jesús en sus brazos, así como también a sus dos hijos, que han sido igualmente resucitados. Pues a éstos les dimos nosotros sepultura hace poco, y ahora se pueden contemplar sus sepulcros abiertos y vacíos, mientras ellos están vivos y habitan en Arimatea". Enviaron, pues, a unos cuantos y comprobaron que los sepulcros estaban abiertos y vacíos. Dijo entonces José: "Vayamos a Arimatea a ver si los encontramos".

**2.** Y levantándose los pontífices, Anás, Caifás, José, Nicodemo, Gamaliel y otros en su compañía, marcharon a Arimatea, donde encontraron a aquéllos a quienes se refería José. Hicieron, pues, oración y se abrazaron mutuamente. Después regresaron a Jerusalén en compañía de ellos y los llevaron a la sinagoga. Y, puestos allí, se aseguraron las puertas, se colocó el Antiguo Testamento de los judíos en el centro y les dijeron los pontífices: "Queremos que juréis por el Dios de Israel y por Adonai, para que así digáis la verdad, de cómo habéis resucitado y quién es el que os ha sacado de entre los muertos".

**3.** Cuando esto oyeron los resucitados, hicieron sobre sus rostros la señal de la cruz y dijeron a los pontífices:

"Dadnos papel, tinta y pluma". Trajéronselo, pues, y, sentándose, escribieron de esta manera.

## II

**1.** ¡Oh Señor Jesucristo, resurrección y vida del mundo!, danos gracia para hacer el relato de tu resurrección y de las maravillas que obraste en el infierno. Estábamos, pues, nosotros en el infierno en compañía de todos los que habían muerto desde el principio. Y a la hora de medianoche amaneció en aquellas oscuridades algo así como la luz del sol, y con su brillo fuimos todos iluminados y pudimos vernos unos a otros. Y al instante nuestro padre Abraham, los patriarcas y profetas y todos a una se llenaron de regocijo y dijeron entre sí: Esta luz proviene de un gran resplandor. Entonces el profeta Isaías, presente allí, dijo: Esta luz procede del Padre, del Hijo y del Espíritu Santo; sobre ella profeticé yo, cuando aún estaba en la tierra, de esta manera: Tierra de Zabulón y tierra de Neftalí, el pueblo que estaba sumido en las tinieblas vio una gran luz.

**2.** Después salió un asceta del desierto, y le preguntaron los patriarcas: "¿Quién eres?". El respondió: "Yo soy Juan, el último de los profetas, el que enderecé los caminos del Hijo de Dios y prediqué penitencia al pueblo para remisión de los pecados. El Hijo de Dios vino a mi encuentro y, al verle desde lejos, dije al pueblo: He aquí el cordero de Dios, el que borra el pecado del mundo. Y con mi propia mano le bauticé en el río Jordán y vi al Espíritu Santo en forma de paloma que descendía sobre él. Y oí asimismo la voz de Dios Padre, que decía así: Este es mi Hijo, el amado, en quien me he complacido. Y por esto mismo me envió también a vosotros, para anunciaros la llegada del Hijo de Dios unigénito en este lugar, a fin de que quien crea en El será salvo; y quien no crea, será condenado. Por esto os recomiendo a todos vosotros que, en cuanto le veáis, le adoréis, porque ésta es la única oportunidad de que disponéis para hacer penitencia por el culto que rendisteis a los ídolos mientras vivíais en el mundo vano de antes y por los pecados que cometisteis; esto no podrá hacerse ya en otra ocasión".

## III

Al oír el primero de los creados y padre de todos, Adán, la instrucción que estaba dando Juan a los que se encontraban en el infierno, dijo a su hijo Set: "Hijo mío, quiero que digas a los progenitores del género humano y a los profetas a dónde te envié yo cuando caí en trance de muerte". Set dijo: "Profetas y patriarcas, escuchad: Mi padre Adán, el primero de los creados, cayó una vez en peligro de muerte y me envió a hacer oración a Dios muy cerca de la puerta del paraíso, para que se dignara a hacerme llegar por medio de un ángel hasta el árbol de la misericordia, de donde había de tomar óleo para ungir con él a mi padre y así pudiera éste reponerse de su enfermedad". Así lo hice. Y, después de hacer mi oración, vino un ángel del Señor y me dijo: "¿Qué es lo que pides, Set? ¿Buscas el óleo que cura a los enfermos o bien el árbol que lo destila, para la enfermedad de tu padre? Esto no se puede encontrar ahora. Vete, pues, y di a tu padre que después de cinco mil quinientos años, a partir de la creación del mundo, ha de bajar el Hijo de Dios humanizado: El se encargará de ungirle con ese óleo, y tu padre se levantará; y además le purificará, tanto a él como a sus descendientes, con agua y con el Espíritu Santo; entonces sí que se verá curado de toda enfermedad, pero por ahora esto es imposible".

Los patriarcas y profetas que oyeron esto, se alegraron mucho.

## IV

**1.** Y, mientras estaban todos regocijándose de esta manera vino Satán, el heredero de las tinieblas, y dijo al infierno: "¡Oh tú, devorador insaciable de todos!, oye mis palabras: Anda por ahí cierto judío, por nombre Jesús, que se llama a sí mismo Hijo de Dios; mas, como es un puro hombre, los judíos le dieron muerte en la cruz, gracias a nuestra cooperación. Ahora, pues, que acaba de morir, estáte preparado para que podamos ponerle aquí a buen recaudo; pues yo sé que no es más que un hombre, y hasta le oí decir: Mi alma está muy triste hasta la muerte. Además, a mí me causó muchos daños en el mundo mientras vivía con los mortales; pues dondequiera que encontrase a mis siervos, los perseguía; y a todos los hombres que dejaba yo mutilados, ciegos, cojos, leprosos o cosa parecida, él les curaba con su sola palabra; e incluso a muchos, a los que yo tenía ya dispuestos para la sepultura, les hacía revivir con su sola palabra".

**2.** Dijo entonces el infierno: "¿Y tan poderoso es éste como para hacer tales cosas con sólo su palabra? ¿Y, siendo él así, tú te atreves por ventura a hacerle frente? Yo creo que a uno como éste nadie podrá oponérsele. Y eso que dices haberle oído exclamar expresando su temor ante la muerte, lo dijo, sin duda, para reírse y burlarse de ti, con el fin de poderte echar el guante con mano poderosa. Y entonces, ¡ay!, ¡ay de ti por toda la eternidad!". A lo que replicó Satán: "¡Oh Infierno, devorador insaciable de todo!, ¿tanto miedo has cobrado al oír hablar de nuestro común enemigo? Yo no le tuve nunca miedo, sino que azucé a los judíos, y éstos le crucificaron y le dieron a beber hiel con vinagre. Prepárate, pues, para que, cuando venga, le sujetes fuertemente".

**3.** Respondió el infierno: "Heredero de las tinieblas, hijo de la perdición, calumniador, acabas de decirme que él hacía revivir con una sola palabra a muchos de los que tú tenías preparados para la sepultura; si pues, él ha librado a otros del sepulcro, ¿cómo y con qué fuerzas seremos capaces de sujetarle nosotros? Hace poco devoré yo a un difunto llamado Lázaro; pero, poco después, uno de los vivos con su sola palabra lo arrancó a viva fuerza de mis entrañas. Y pienso que éste es a quien tú te refieres. Si, pues, lo recibimos aquí, tengo miedo de que peligremos también, porque has de saber que veo agitados a todos los que tengo devorados desde el principio y siento dolores en mi vientre. Y Lázaro, el que me ha sido anteriormente arrebatado, no es un buen presagio, pues voló lejos de mí, no como muerto, sino como un águila: tan rápidamente le arrojó fuera de la tierra. Así, pues, te conjuro, por tus artes y por las mías, no le traigas aquí. Para mí que al haberse presentado en nuestra mansión obedece a que todos los muertos pecaron. Y ten esto en cuenta, por las tinieblas que poseemos, que, si le traes aquí, no me quedará ni uno solo de los muertos".


## V

**1.** Mientras se decían entre sí tales cosas Satanás y el infierno, se produjo una voz grande como el trueno, que decía: "Elevad, ¡oh príncipe!, vuestras puertas: elevaos, ¡oh puertas eternales!, y entrará el Rey de la gloria". Cuando esto oyó el Infierno, dijo a Satanás: "Sal, si eres capaz y hazle frente". Y salió fuera Satanás. Después dijo el Infierno a sus demonios: "Asegurad bien y fuertemente las puertas de bronce y los cerrojos de hierro; guardad mis cerraduras y examinad todo de pie; pues, si entra él aquí, ¡ay!, se apoderará de nosotros".

**2.** Los que oyeron esto, empezaron a hacerle burla, diciendo: "Tragón insaciable, abre para que entre el Rey de la gloria". Y dijo el profeta David: "¿No sabes, ciego, que estando yo aún en el mundo, hice esta profecía: Elevad, ¡oh, príncipes!, vuestras puertas". Isaías dijo a su vez: "Yo previendo esto por virtud del Espíritu Santo, escribí: Resucitarán los muertos y se levantarán los que están en los sepulcros y se alegrarán los que viven en la tierra; y, ¿dónde está, ¡oh muerte!, tu aguijón? ¿Dónde, Infierno, tu victoria?".

**3.** Vino, pues, de nuevo una voz que decía: Levantad las puertas. El Infierno, que oyó repetir esta voz, dijo como si no cayera en la cuenta: "¿Quién es este Rey de la gloria?". Y respondieron los ángeles del Señor: "El Señor fuerte y poderoso, el Señor poderoso en la batalla". Y al instante, al conjuro de esta voz, las puertas de bronce se hicieron añicos, y los cerrojos de hierro quedaron reducidos a pedazos, y todos los difuntos encadenados se vieron libres de sus ligaduras, y nosotros entre ellos. Y penetró dentro el Rey de la gloria en figura humana, y todos los antros oscuros del Infierno fueron iluminados.

# VI

**1.** En seguida se puso a gritar el infierno: "Hemos sido vencidos, ¡ay de nosotros! Pero ¿quién eres tú, que tienes tal poder y tal fuerza? ¿Quién eres tú, que vienes aquí sin pecado? ¿El que es pequeño en apariencia y puede cosas grandes, el humilde y el excelso, el siervo y el señor, el soldado y el rey, y el que tiene poder sobre vivos y muertos?

Fuiste pegado a la cruz y depositado en el sepulcro, y ahora has quedado libre y has deshecho nuestra fuerza. ¿Luego entonces eres tú Jesús, de quien nos decía el gran sátrapa Satanás que por la cruz y la muerte ibas a hacerte dueño de todo el mundo?".

**2.** Luego el Rey de la gloria agarró por la coronilla al gran sátrapa Satanás y se lo entregó a los ángeles, diciendo: "Atadle con cadenas de hierro sus manos y sus pies, su cuello y su boca". Después lo puso en manos del infierno con este encargo: "Tómalo y tenlo a buen recaudo hasta mi segunda venida".

## VII

**1.** Entonces el infierno se hizo cargo de Satanás y le dijo a Beelzebú: "Heredero del fuego y del tormento, enemigo de los santos, ¿qué necesidad tenías tú de proveer que el Rey de la gloria fuera crucificado para que viniera luego aquí y nos despojara? Date la vuelta y mira que no ha quedado en mí muerto alguno, sino que todo lo que ganaste por el árbol de la ciencia, lo has echado a perder por la cruz. Todo tu gozo se ha convertido en tristeza, y la pretensión de matar al Rey de la gloria te ha acarreado a ti mismo la muerte. Y, puesto que te he recibido con el encargo de sujetarte fuertemente, vas a aprender por propia experiencia cuántos males soy capaz de infligirte. ¡Oh jefe de los diablos, principio de la muerte, raíz del pecado, fin de toda maldad!, ¿qué habías encontrado de malo en Jesús para buscar su perdición? ¿Cómo tuviste valor para perpetrar un crimen tan grande? ¿Por qué se te ocurrió hacer bajar a estas tinieblas a un varón como éste, por quien te has visto despojado de todos los que habían muerto desde el principio?".

# VIII

**1.** Mientras así apostrofaba el infierno a Satanás, extendió su diestra el Rey de la gloria y con ella tomó y levantó al primer padre Adán. Después se volvió hacia los demás y les dijo: "Venid aquí conmigo todos los que fuisteis heridos de muerte por el madero que éste tocó, pues he aquí que yo os resucito a todos por el madero de la cruz". Y con esto sacó a todos fuera. Y el primer padre Adán apareció rebosante de gozo y decía: "Agradezco, Señor, a tu magnanimidad el que me hayas sacado de lo más profundo del infierno". Y asimismo todos los profetas y santos dijeron: "Te damos gracias, ¡oh, Cristo Salvador del mundo!, porque has sacado nuestra vida de la corrupción".

**2.** Después que ellos hubieron hablado así, bendijo el Salvador a Adán en la frente con la señal de la cruz. Luego hizo lo mismo con los patriarcas, profetas y mártires. Y a continuación les tomó a todos y dio un salto desde el Infierno. Y mientras él caminaba, le seguían los santos padres cantando y diciendo: "Bendito el que viene en el nombre del Señor. Aleluya. Para él sea la alabanza de todos los santos".

# IX

Iba, pues, camino del paraíso teniendo asido de la mano al primer padre, a Adán. Y al llegar hizo entrega de él, así como también de los demás justos, al arcángel Miguel. Y, cuando entraron por la puerta del paraíso, les salieron al paso dos ancianos, a los que los santos padres preguntaron: "¿Quiénes sois vosotros, que no habéis visto la muerte ni habéis bajado al infierno, sino que vivís en cuerpo y alma en el paraíso?". Uno de ellos respondió y dijo: "Yo soy Henoc, el que agradó al Señor y a quien El trasladó aquí; éste es Elías el Tesbita; ambos vamos a seguir por Dios para hacer frente al Anticristo, y ser muertos por él, y resucitar a los tres días, y ser arrebatados en las nubes al encuentro del Señor".

## X

Mientras éstos se expresaban así, vino otro hombre de apariencia humilde, que llevaba además sobre sus hombros una cruz. Dijéronle los santos padres: "¿Quién eres tú, que tienes aspecto de ladrón, y qué es esa cruz que llevas sobre tus hombros?". El respondió: "Yo, según decís, era ladrón y salteador en el mundo, y por eso me detuvieron los judíos y me entregaron a la muerte de la cruz juntamente con Nuestro Señor Jesucristo. Y mientras estaba él pendiente de la cruz, al ver los prodigios que se realizaban, creí en él y le rogué, diciendo: Señor, cuando reinares, no te olvides de mí. Y él me dijo enseguida: De verdad, de verdad te digo hoy estarás conmigo en el paraíso. He venido, pues con mi cruz a cuestas hasta el paraíso, y, encontrando al arcángel Miguel, le he dicho: Nuestro Señor Jesús, el que fue crucificado, me ha enviado aquí; llévame, pues, a la puerta del Edén. Y, cuando la espada de fuego vio la señal de la cruz, me abrió y entré. Después me dijo el arcángel: Espera un momento, pues viene también el primer padre de la raza humana, Adán, en compañía de los justos, para que entren también ellos dentro. Y ahora, al veros a vosotros, he salido a vuestro encuentro".

Cuando esto oyeron los santos, clamaron con gran voz de esta manera: "Grande es el Señor nuestro y grande es su poder".

# XI

Todo esto vimos y oímos nosotros, los dos hermanos gemelos, quienes fuimos asimismo enviados por el arcángel Miguel y designados para predicar la resurrección del Señor antes de marchar al Jordán y ser bautizados. Allí nos fuimos y hemos sido bautizados junto con otros difuntos también resucitados; después vinimos a Jerusalén y celebramos la pascua de la resurrección. Mas ahora, en la imposibilidad de permanecer aquí, nos vamos. Que la caridad, pues, de Dios Padre y la gracia de Nuestro Señor Jesucristo y la comunicación del Espíritu Santo sea con todos vosotros.

Y, una vez escrito esto y cerrados los libros, dieron la mitad a los pontífices y la otra mitad a José y a Nicodemo. Ellos por su parte, desaparecieron al momento para gloria de Nuestro Señor Jesucristo. Amén.

# Bajada de Cristo a los infiernos

## I

**1.** Entonces los maestros Adas, Finees y Egias, tres varones que habían venido de Galilea para testificar que habían visto a Jesús ser arrebatado al cielo, se levantaron en medio de la multitud de jefes de los judíos y dijeron en presencia de los sacerdotes y levitas reunidos en consejo: "Señores, cuando íbamos nosotros desde Galilea al Jordán, nos salió al encuentro una gran muchedumbre de hombres vestidos de blanco que habían muerto hacía algún tiempo. Entre ellos reconocimos a Karino y a Leucio; y cuando ellos se hubieron acercado a nosotros y nos dimos un ósculo mutuo, pues habían sido amigos nuestros, les preguntamos: Decidnos hermanos y amigos, ¿qué son este alma y este cuerpo, y quiénes son ésos con quienes vais de camino, y cómo vivís en el cuerpo, siendo así que moristeis hace tiempo?".

**2.** Ellos respondieron de esta manera: "Hemos resucitado con Cristo desde los infiernos y él nos ha sacado de entre los muertos. Y sabed que han quedado desde ahora destruidas las puertas de la muerte y de las tinieblas, y las almas de los santos han sido sacadas de allí y han subido al cielo con Cristo Nuestro Señor. E incluso a nosotros nos ha mandado el Señor en persona que durante cierto tiempo merodeemos por las riberas del Jordán y por los montes, sin que, no obstante, no nos dejemos ver de todos ni hablemos con todos, sino sólo con aquéllos a quienes a él pluguiere. Ahora mismo no nos hubiera sido posible ni hablar ni dejarnos ver de vosotros si no nos hubiera sido permitido por el Espíritu Santo".

**3.** Ante estas palabras, la multitud entera que asistía al consejo quedó sobrecogida, presa de temor y de temblor, y decían: "¿Será verdad por ventura lo que estos galileos testifican?". Entonces Anás y Caifás se dirigieron al consejo en estos términos: "Enseguida se descubrirá lo relacionado con todas estas cosas de que éstos han dado testimonio antes y después: si se comprueba ser cierto que Karino y Leucio permanecen vivos unidos a sus cuerpos, y si nos es dado contemplarlos con nuestros propios ojos, entonces es que es verdad lo que éstos testifican en todos sus detalles, y, cuando los encontremos, ellos nos informarán con certeza de todo. Pero, si no, sabed que todo es pura farsa"

**4.** Entonces se pusieron en seguida a deliberar, y convinieron en elegir unos cuantos varones idóneos y temerosos de Dios, que conocían además cuándo habían muerto y la sepultura en que habían sido puestos, para que hicieran diligentes pesquisas y comprobaran si era en verdad tal como habían oído. Así, pues, fueron allí quince varones que habían presenciado su muerte, y habían estado con su propio pie en el lugar de su sepultura, y habían visto sus sepulcros. Llegaron pues, y encontraron éstos abiertos, así como también otros muchos, sin que pudieran ver señales de sus huesos o de sus cenizas. Y, tornando con gran prisa, refirieron lo que habían visto.

**5.** Entonces la sinagoga entera se turbó, presa de terrible angustia, y se dijeron entre sí: "¿Qué vamos a hacer?". Anás y Caifás dijeron: "Enviemos al lugar donde hemos oído que están, una comisión formada por los personajes más nobles en plan de súplica y de ruego; quizá se dignen venir hacia nosotros". Les enviaron, pues, a Nicodemo, a José y a los tres maestros galileos que los habían visto, con la petición de que tuvieran a bien venir hacia ellos. Se pusieron, pues en marcha y anduvieron por todos los alrededores del Jordán y de los montes. Pero, no habiéndolos encontrado, se volvían ya de camino.

**6.** Cuando, de pronto, se divisó una gran muchedumbre, como de unos doce mil hombres, que habían resucitado con el Señor y bajaban del monte Amalech. Ellos reconocieron allí a muchísimos, pero no fueron capaces de dirigirles una sola palabra, cohibidos como estaban por el miedo y la visión del ángel, contentándose con verles a lo lejos y oírles cómo marchaban cantando himnos y diciendo: "Ha resucitado el Señor de entre los muertos, como había dicho; alegrémonos y regocijémonos todos, porque él reina eternamente". Entonces los comisionados quedaron mudos de admiración y recibieron de ellos el consejo de buscar a Karino y a Leucio en sus propias casas.

**7.** Se levantaron, pues, y se fueron a sus casas, donde los encontraron entregados a la oración. Y, entrando hasta el sitio donde estaban, cayeron con sus rostros en tierra; y, luego que les saludaron, se levantaron y dijeron: "Amigos de Dios, al oír que habíais resucitado de entre los muertos, la asamblea entera de los judíos nos ha enviado a vosotros para rogaros encarecidamente que vayáis hasta ellos, de manera que podamos todos conocer las maravillas divinas que han tenido lugar a nuestro alrededor en estos tiempos". Ellos entonces se levantaron al momento, movidos por inspiración divina, y vinieron en su compañía y entraron en la sinagoga. Y la asamblea de los judíos, juntamente con los sacerdotes, pusieron en sus manos los libros de la Ley y les conjuraron por Dios Heloi y Dios Adonai y por la Ley y los profetas de esta manera: "Decidnos cómo habéis resucitado de entre los muertos y qué son estas maravillas que han tenido lugar en nuestros tiempos, tales como nunca hemos oído decir que hayan sucedido en ningún otro tiempo. Pues habéis de saber que nuestros huesos se han quedado secos y entumecidos por el miedo y que la tierra se mueve a nuestros pies, por haber puesto de acuerdo todos nuestros pechos para derramar sangre justa y santa".

**8.** Entonces Karino y Leucio les hicieron señas con las manos para que les dieran un rollo de papel y tinta. Y lo hicieron así porque el Espíritu Santo no les permitió hablar con ellos. Estos les dieron el papel a cada uno y les separaron entre sí en distintos compartimentos. Y ellos entonces, después de hacer con sus dedos la señal de la cruz, empezaron a escribir cada uno su propio rollo. Y, cuando hubieron terminado, exclamaron a una voz desde sus propios compartimentos: "Amén". Luego se levantó Karino y dio su papel a Anás, mientras que Leucio hizo lo mismo con Caifás. Y, después de despedirse mutuamente, salieron y se volvieron a sus sepulcros.

**9.** Entonces Anás y Caifás abrieron un volumen y empezó cada uno a leer en secreto. Pero, llevándolo a mal todo el pueblo, exclamaron todos a una: "Leednos estos escritos en alta voz, y, después de que hayan sido leídos, nosotros los conservaremos, no sea quizá que la verdad divina sea adulterada por individuos inmundos y falaces, llevados de su obcecación". Entonces Anás y Caifás, temblando, entregaron el volumen de papel al maestro Adas, al maestro Finees y al maestro Egias, que habían venido de Galilea con la noticia de que Jesús había sido arrebatado al cielo; y todo el pueblo se fió de ellos para que leyeran este escrito. Y leyeron el papel, que contenía lo siguiente:

## II

**1.** "¡Oh Señor Jesucristo!, permíteme a mí, Karino, que exponga las maravillas que obraste en los infiernos. Mientras nos encontrábamos nosotros allí, sumidos en las tinieblas y en las sombras de la muerte, nos sentimos iluminados de repente por una gran luz y se estremeció el infierno y las puertas de la muerte. Entonces se dejó oír la voz del Hijo del Padre Altísimo, como si fuera la voz de un gran trueno, el cual, dando un fuerte grito, dijo: Dejad de correr, ¡oh príncipes!, elevad las puertas de la eternidad, pues sabed que Cristo Señor, Rey de la Gloria, va a venir para entrar".

**2.** Entonces acudió Satanás, el príncipe de la muerte, huyendo aterrorizado, para decir a sus sirvientes y a los infiernos: "Ministros míos e infiernos todos, venid todos aquí, cerrad vuestras puertas, echad los cerrojos de hierro, luchad con fuerza y resistid, no sea que, siendo dueños de las cadenas, vayamos a quedar presos de ellas. Entonces se pusieron en conmoción todos y se dieron prisa a cerrar las puertas de la muerte, y a ir asegurando las cerraduras y los cerrojos de hierro, y a empuñar con entereza sus armas todas, y a lanzar alaridos con voz dura y terrible en extremo".

## III

**1.** Entonces Satanás dijo al infierno: "Prepárate para recibir a uno que voy a traerte". Mas el Infierno respondió así a Satanás: "Esta voz no ha sido otra cosa sino el grito del Hijo del Padre Altísimo, pues a su conjuro la tierra y los lugares del infierno se han puesto en conmoción; por lo cual yo pienso que tanto yo como mis ligaduras han quedado ahora patentes y al descubierto. Mas te conjuro, ¡Oh Satanás!, cabeza de todos los males, por tu fuerza y por la mía, que no le traigas a mí, no sea que, queriendo atraparle, seamos nosotros atrapados por él. Pues si con sola su voz mi fortaleza ha quedado de tal manera deshecha, ¿qué piensas ha de hacer cuando venga su presencia?".

**2.** Satanás, por su parte, el príncipe de la muerte, le respondió así: "¿Por qué gritas? No tengas miedo, perversísimo amigo de antaño, porque yo he sido quien ha levantado contra él al pueblo de los judíos y gracias a mí ha sido herido con golpes, y yo he perpretado su traición por medio de un discípulo suyo. Además, es un hombre muy temeroso ante la muerte, puesto que, dejándose oprimir por la fuerza del temor, ha dicho: Triste está mi alma hasta la muerte. Y yo mismo le he traído hasta ella, pues ahora está colgado, pendiente de la cruz".

**3.** Entonces le dijo el infierno: "Si es él quien con sólo la voz de su imperio ha hecho volar de mis entrañas como un águila a Lázaro, muerto ya de cuatro días, ése no es un hombre en su humanidad, sino Dios en su majestad. Te suplico, pues que no me lo traigas aquí. Repuso Satanás: Prepárate, no obstante; no tengas miedo. Ahora que ya está pendiente de la cruz, no puedo hacer otra cosa". Entonces el infierno respondió de esta manera a Satanás: "Si, pues, no eres capaz de hacer otra cosa, está ya cercana tu perdición. En último término, yo quedaré, sí, derribado y sin honor, pero tú estarás entre tormentos sujeto a mi dominio".

# IV

**1.** Mientras tanto, los santos de Dios estaban escuchando la disputa entre Satanás y el infierno. Ellos no se reconocían aún entre sí, pero estaban sin embargo, a punto de empezar a conocerse. Y nuestro padre Adán respondió así, por su parte, a Satanás: "¡Oh príncipe de la muerte!, ¿por qué estás lleno de miedo y de temblor? Mira, va a venir el Señor y va a destruir ahora mismo a todas tus criaturas y tú vas a ser atado por él y quedarás cautivo por toda la eternidad".

**2.** Entonces todos los santos, al oír la voz de nuestro padre Adán y ver con qué entereza respondía a Satanás, se alegraron y se sintieron confortados: luego echaron a correr en masa al lado de Adán y se reunieron junto a él. Y nuestro padre Adán, al mirar con más atención toda aquella multitud, se admiraba de que todos hubieran sido engendrados por él en este mundo. Y luego, después de abrazar a todos los que estaban a su alrededor, dijo, derramando lágrimas amarguísimas, a su hijo Set: "Cuenta, hijo mío Set, a los santos patriarcas y profetas lo que te dijo el guardián del paraíso cuando caí enfermo y te envié para que me trajeras un poco de óleo mismo de la misericordia y me ungieras con él".

**3.** Y Set dijo: "Cuando me enviaste a la puerta del paraíso, oré y rogué al Señor con lágrimas y llamé al guardián del paraíso para que me diera algo de ese óleo. Entonces salió el arcángel Miguel y me dijo: Set, ¿por qué lloras? Debes saber de antemano que tu padre Adán no recibirá de este óleo la misericordia sino después de muchas generaciones del mundo. Pues descenderá a éste desde el cielo el Hijo de Dios y será bautizado por Juan en el río Jordán; entonces participará de este óleo de misericordia tu padre Adán, al igual que todos los que crean en él; y el reino de estos últimos permanecerá por los siglos de los siglos".

# V

**1.** Cuando esto oyeron todos los santos, se llenaron nuevamente de gozo. Y uno de ellos allí presente, llamado Isaías, exclamó a grandes voces: "Padre Adán y todos los que estáis presentes, escuchad mis palabras: Mientras vivía en la tierra, inspirado por el Espíritu Santo, compuse un cántico profético acerca de esta luz, diciendo: El pueblo que estaba sentado en las tinieblas vio una gran luz; a los que habitaban en la región de las sombras de la muerte les amaneció un resplandor". Al oír esto, se volvió Adán, así como todos los presentes, y le preguntó: "¿Tú quién eres? Porque es verdad lo que estás diciendo". Y él respondió: "Yo me llamo Isaías".

**2.** Entonces apareció a su lado otro personaje con aspecto de anacoreta. Y le preguntaron diciendo: "¿Quién eres tú, que llevas tales señales en tu cuerpo?". Y él respondió con entereza: "Yo soy Juan el Bautista, la voz del profeta del Altísimo. Yo caminé ante la faz del mismo Señor para convertir los desiertos y los caminos ásperos en sendas llanas. Yo señalé con mi dedo a los jerosolimitanos y glorifiqué al cordero del Señor y al Hijo de Dios. Yo le bauticé en el río Jordán y pude oír la voz del Padre Amado. Yo mismo recibí también promesa suya de que ha de bajar a los infiernos".

El padre Adán, que oyó esto, exclamó con fuerte voz, repitiéndolo una y otra vez: "Aleluya", que significa: El Señor está llegando.

## VI

**1.** Después, otro de los presentes, que se distinguía por una especie de insignia imperial, llamado David, se puso a dar voces, diciendo: "Yo, viviendo aún en la tierra, revelé al pueblo los arcanos de la misericordia de Dios y su visitación por parte de éste, profetizando los gozos futuros que habían de venir pasando los siglos, de esta manera: Den gloria a Dios sus misericordias y sus maravillas a los hijos de los hombres, porque ha despedazado las puertas de bronce y ha roto los cerrojos de hierro. Entonces los santos patriarcas y profetas empezaron a reconocerse entre sí y a hablar cada uno de sus profecías. El santo profeta Jeremías, examinando las suyas, decía a los patriarcas y profetas: Viviendo en la tierra, profeticé acerca del Hijo de Dios, que apareció en la tierra y conversó con los hombres".

**2.** Entonces los santos todos, llenos de alegría por la luz del Señor, por la vista del padre Adán y por la respuesta de todos los patriarcas y profetas, exclamaron diciendo: "Aleluya, bendito el que viene en el nombre del Señor"; de manera que, ante su exclamación, se llenó de pavor Satanás y buscó camino para huir. Mas no le era esto posible, porque el infierno y sus satélites le tenían sujeto en el infierno y sitiado por todos lados; y le decían: "¿Por qué tiemblas? Nosotros en manera alguna te permitimos salir de aquí, sino que has de recibir esto, como bien merecido lo tienes, de manos de Aquél a quien atacabas sin cesar; y debes saber que vas a ser encadenado por él y sometido a nuestra vigilancia".

## VII

**1.** Y de nuevo resonó la voz del Hijo del Padre Altísimo, como el fragor de un gran trueno, que decía: "Levantad, ¡oh, príncipes!, vuestras puertas y elevaos, ¡oh puertas eternales!, que va a entrar el Rey de la gloria". Entonces Satanás y el infierno se pusieron a gritar de esta manera: "¿Quién es ese Rey de la gloria?". Y les respondió la voz del Señor: "El Señor fuerte y poderoso, el Señor fuerte en la batalla".

**2.** Después de oírse esta voz, vino un hombre, cuyo aspecto era como de ladrón, con una cruz a cuestas, y gritaba desde fuera diciendo: "Abridme para que entre". Satanás entonces entreabrió y le introdujo en el interior del recinto, cerrando de nuevo tras él la puerta. Y le vieron todos los santos deslumbrante y le dijeron al momento: "Tu aspecto exterior es de ladrón; dinos qué es eso que llevas en tus espaldas. El respondió humildemente y dijo: En verdad que he sido todo un ladrón, y los judíos me han colgado en la cruz juntamente con mi Señor Jesucristo, Hijo del Padre Altísimo. Ultimamente yo me he adelantado, pero él viene inmediatamente tras de mí".

**3.** Entonces el santo David montó en cólera contra Satanás y clamó fuertemente: "Abre tus puertas para que entre el Rey de la gloria". Y asimismo todos los santos de Dios se levantaban de igual manera contra Satanás y querían echarle mano y dividírselo entre sí. Y de nuevo se oyó gritar desde dentro: "Alzad, ¡oh, príncipes!, vuestras puertas, y elevaos, ¡oh puertas eternales!, que va a entrar el Rey de la gloria". Y preguntaron de nuevo al Infierno y Satanás a aquella voz clara, diciendo: "¿Quién es este Rey de la gloria?". Y respondió aquella voz admirable: "El Señor de las virtudes, él es el Rey de la gloria".

## VIII

Y al momento el infierno se puso a temblar, y las puertas de la muerte, así como las cerraduras, quedaron desmenuzadas, y los cerrojos del infierno se rompieron y cayeron al suelo, quedando todas las cosas al descubierto. Satanás quedó en medio y estaba de pie confuso y desfallecido, amarrados sus pies con grillos. Y he aquí que el Señor Jesucristo vino rodeado de claridad excelsa, manso, grande y humilde, llevando en sus manos una cadena; con ella ató el cuello de Satanás y, después de ligar de nuevo sus manos por detrás, le arrojó de espaldas al suelo y le puso su santo pie en la garganta, diciendo: "Muchas cosas malas hiciste en el transcurso de los siglos; no te diste reposo alguno; hoy te entrego al fuego eterno". Y, llamando de nuevo al infier-

no, le dijo con voz de mando: "Toma a este pésimo y perverso en grado extremo y tenle bajo tu vigilancia hasta el
día en que yo te mande". Y, haciéndose cargo de él, se hundió bajo los pies del Señor en lo profundo del abismo.

## IX

**1.** Entonces Nuestro Señor Jesucristo, Salvador de
todos, piadosísimo y amabilísimo, saludando de nuevo a
Adán, le decía benignamente: "La paz sea contigo, Adán,
en compañía de tus hijos por los siglos sempiternos.
Amén". Y el padre Adán se echó entonces a los pies del
Señor y, levantándose de nuevo, besó sus manos y derramó
abundantes lágrimas, diciendo: "Ved las manos que me
hicieron, dando testimonio a todos". Luego se dirigió al
Señor, diciendo: "Viniste, ¡oh Rey de la gloria!, para librar
a los hombres y agregarlos a tu reino eterno". Y nuestra
madre Eva cayó de manera semejante a los pies del Señor
y, levantándose de nuevo, besó sus manos y derramó abundantes lágrimas, mientras decía: "Ved las manos que me
formaron, dando testimonio a todos".

**2.** Entonces todos los santos le adoraron y clamaron
diciendo: "Bendito el que viene en el nombre del Señor; el
Señor Dios nos ha iluminado. Así sea por todos los siglos.
Aleluya por todos los siglos; alabanza, honor, virtud, gloria,
porque viniste de lo alto para visitarnos". Y, cantando aleluya y regocijándose mutuamente de su gloria, acudían bajo
las manos del Señor.

## X

Entonces todos los santos de Dios rogaron al Señor

que dejase en los infiernos el signo de la santa cruz, señal de la victoria, para que sus perversos ministros no consiguieran retener a ningún inculpado a quien hubiere absuelto el Señor. Y así se hizo; y puso el Señor su cruz en medio del infierno, que es señal de victoria, y permanecerá por toda la eternidad.

Después salimos todos de allí en compañía del Señor, dejando a Satanás y al infierno en el tártaro. Y se nos mandó a nosotros y a otros muchos que resucitáramos con nuestro cuerpo para dar testimonio en el mundo de la resurrección de nuestro Señor Jesucristo y de lo que tuvo lugar en los infiernos.

Esto, es, hermanos carísimos, lo que hemos visto y de lo que damos testimonio, después de ser conjurados por vosotros, y lo que atestigua Aquél que murió y resucitó por nosotros; porque las cosas tuvieron lugar en todos sus detalles según queda descrito.

# XI

Y en cuanto terminó de leerse el escrito, todos los que escuchaban dieron con su faz en tierra y se pusieron a llorar amargamente, mientras golpeaban duramente sus pechos y decían a voz en grito: "¡ay de nosotros! ¿con qué fin, miserables, nos ha ocurrido esto? Huye Pilato, huyen Anás y Caifás, huyen los sacerdotes y levitas, huye también el pueblo de los judíos diciendo entre sollozos: ¡ay de nosotros! Hemos derramado en tierra sangre inocente".

Así, pues, durante tres días y tres noches no probaron pan ni agua y ninguno de ellos volvió a la sinagoga. Mas el tercer día, reunido de nuevo el consejo, se leyó íntegramente el otro escrito (el volumen de Leucio) y no se encontró en él ni más ni menos, ni siquiera con relación a una sola letra, que lo que contenía el escrito de Karino. Entonces se conmovió la sinagoga y lloraron todos durante cuarenta días y cuarenta noches, esperando de la mano de Dios la muerte y la divina venganza. Pero el Altísimo, que es todo piedad y misericordia, no los aniquiló inmediatamente para ofrecerles generosamente ocasión de arrepentirse, pero no fueron dignos de convertirse al Señor.

Estos son, queridos hermanos, los testimonios de Karino y de Leucio acerca de Cristo, Hijo de Dios, y de sus santas gestas en los infiernos. Al cual demos todos alabanza y gloria por los siglos infinitos. Amén.

# El libro de San Juan Evangelista

Los apócrifos relativos a la Asunción de María son muy numerosos, aunque todos ellos siguen invariablemente un mismo patrón. Los manuscritos más antiguos hallados hasta ahora no se remontan más allá del siglo IV, por lo que posiblemente existiera un original anterior, del que todos ellos serían versiones más o menos alteradas. El obispo Melitón cita al llamado *Transitus Sanctae Mariae*, original de Leucio, discípulo de los apóstoles que por lo tanto debió escribirlo a principios del siglo II, si bien el original de este documento no ha llegado hasta nosotros.

Un examen comparativo de estos apócrifos ascensionistas muestra la recurrencia en todos ellos de tres elementos básicos: la reunión de todos los apóstoles, su compañía a la Virgen en los últimos momentos y la Ascensión de ésta a los cielos.

El *Libro de San Juan Evangelista* es uno de los apócrifos ascensionistas de mayor difusión, especialmente en el Oriente bizantino. Por tratarse de uno de los más característicos lo hemos elegido para que represente al género "ascensionista" en esta colección de evangelios no canónicos, si bien presenta una variante curiosa: en él la ascensión de la Virgen no ocurre, como en otros, en vida de la madre de Jesús, sino que ella fallece normalmente y sólo luego, en la visión final, se dice que su cuerpo fue trasladado al cielo.

# LIBRO DE
# SAN JUAN EVANGELISTA

# Tratado de San Juan el teólogo sobre la traslación de la Santa Madre de Dios

## I

Cuando la santísima y gloriosa Madre de Dios y siempre Virgen María iba, según su costumbre, al sepulcro del Señor para quemar inciensos, solía suplicar a Cristo, hijo suyo y Dios nuestro, que se dignara llevarla con El.

## II

Al ver los judíos la asiduidad con que se acercaba a la sagrada tumba, se fueron a los príncipes de los sacerdotes para decirles: "María viene todos los días al sepulcro". Estos llamaron a los guardias que habían puesto allí con objeto de impedir que alguien se acercara a orar junto al sagrado monumento y empezaron a hacer averiguaciones sobre si era verdad lo que con relación a ella se decía. Los guardias encargados de la vigilancia respondieron que nada semejante habían notado, pues, de hecho, Dios no les permitía percatarse de su presencia.

## III

Un día -que era viernes- fue, como de costumbre, la santa Virgen María al sepulcro. Y mientras estaba en oración, se abrieron los cielos y descendió hasta ella el arcángel Gabriel, el cual le dijo así: "Dios te salve, ¡oh madre de Cristo nuestro Dios!, tu oración después de atravesar los cielos, ha llegado hasta la presencia de tu Hijo y ha sido escuchada. Por lo cual abandonarás el mundo de aquí a poco tiempo y partirás, según tu petición, hacia las mansiones celestiales, al lado de tu Hijo, para vivir la vida auténtica y perenne".

## IV

Y, oído esto de labios del santo arcángel, se volvió a la ciudad santa de Belén, teniendo junto a sí las tres doncellas que la atendían. Cuando hubo, pues, reposado un poco, se incorporó y dijo a éstas: "Traedme un incensario, que voy a ponerme en oración". Y ellas lo trajeron, según se les había mandado.

## V

Después se puso a orar de esta manera: "Señor mío Jesucristo, que por tu extrema bondad tuviste a bien ser engendrado por mí, oye mi voz y envíame a tu apóstol Juan para que su visita me proporcione las primicias de la dicha. Mándame también a tus restantes apóstoles, a los que han volado ya hacia ti y a aquéllos que todavía se encuentran en esta vida, de cualquier sitio donde estén, a fin de que, al verlos de nuevo, pueda bendecir tu nombre, siempre loable. Me siento animada porque tú atiendes a tu sierva en todas las cosas".

## VI

Y, mientras ella estaba en oración, me presenté yo, Juan, a quien el Espíritu Santo arrebató y trajo en una nube desde Efeso, dejándome después en un lugar donde yacía la madre de mi Señor. Entré, pues, hasta donde ella se encontraba y alabé a su Hijo; después dije: "Salve, ¡oh madre de mi Señor, la que engendraste a Cristo nuestro Dios!; alégrate, porque vas a salir de este mundo muy gloriosamente".

## VII

Y la santa madre de Dios loó a Dios porque yo, Juan, había llegado junto a sí, acordándose de aquella voz del Señor que dijo: "He aquí a tu madre" y "he aquí a tu hijo". En esto vinieron las tres jóvenes y se postraron ante ella.

## VIII

Entonces se dirigió a mí la santa madre de Dios, diciéndome: "Ponte en oración y echa incienso". Yo oré de esta manera: "¡Oh Señor Jesucristo, que has obrado (tantas) maravillas!, obra alguna también en este momento, a vista de aquélla que te engendró: salga tu madre de esta vida y sean abatidos los que te crucificaron y los que no creyeron en ti".

## IX

Después que hube dado por terminada mi oración, me dijo la santa (Virgen) María: "Tráeme el incensario". Y, tomándolo ella, exclamó: "Gloria a ti, Dios y Señor mío, porque ha tenido cumplimiento en mí todo aquello que prometiste antes de subir a los cielos, que cuando fuera yo a salir de este mundo, vendrías tú a mi encuentro, lleno de gloria y rodeado de multitud de ángeles".

## X

Entonces yo, Juan, le dije a mi vez: "Ya está para venir Jesucristo, Señor y Dios nuestro; y tú vas a verle, según te lo prometió". A lo que repuso la santa madre de Dios: "Los judíos han hecho juramento de quemar mi cuerpo cuando yo muera". Yo respondí: "Tu santo y precioso cuerpo no ha de ver la corrupción". Ella entonces replicó: "Anda, toma el incensario, echa incienso y ponte en oración". Y vino una voz desde el cielo diciendo: *Amén.*

## XI

Yo, por mi parte, oí esta voz, y el Espíritu Santo me dijo: "Juan, ¿has oído esa voz que ha sido emitida en el cielo después de terminada la oración?". Yo le respondí: "Efectivamente; sí que la he oído". Entonces añadió el Espíritu Santo: "Esta voz que has escuchado es señal inminente de tus hermanos los apóstoles y de las santas jerarquías, pues hoy se van a dar cita aquí".

## XII

Yo, Juan, me puse entonces a orar. Y el Espíritu Santo dijo a los apóstoles: "Venid todos en alas de las nubes desde los (últimos) confines de la tierra y reuníos en la santa ciudad de Belén para asistir a la madre de Nuestro Señor Jesucristo, que está en conmoción: Pedro desde Roma,

Pablo desde Tiberia, Tomás desde el centro de las Indias, Santiago desde Jerusalén".

## XIII

Andrés, el hermano de Pedro, y Felipe, Lucas y Simón Cananeo, juntamente con Tadeo, los cuales habían muerto ya, fueron despertados de sus sepulcros por el Espíritu Santo. Este se dirigió a ellos y les dijo: "No creáis que ha llegado la hora de la resurrección. La causa por la que surgís en este momento de vuestras tumbas es que habéis de ir a rendir pleitesía a la madre de vuestro Salvador y Señor Jesucristo, tributándole un homenaje maravilloso; pues ha llegado la hora de su salida (de este mundo) y de su partida para los cielos".

## XIV

También Marcos, vivo aún, llegó de Alejandría juntamente con los otros llegados, como se ha dicho, de todos los países. Pedro, arrebatado por una nube, estuvo en medio del cielo y de la tierra sostenido por el Espíritu Santo, mientras los demás apóstoles eran a su vez arrebatados también sobre las nubes para encontrarse juntamente con Pedro. Y así, de esta manera, como queda dicho, fueron llegando todos a la vez por obra del Espíritu Santo.

## XV

Después entramos en el lugar donde estaba la madre de nuestro Dios, y, postrados en actitud de adoración, le dijimos: "No tengas miedo ni aflicción. El Señor Dios, a quien tu alumbraste, te sacará de este mundo gloriosamente". Y ella, regocijándose en Dios su salvador, se incorporó en el lecho y dijo a los apóstoles: "Ahora sí que creo que viene ya desde el cielo nuestro Dios y maestro, a quien voy a contemplar, y que he de salir de esta vida de la misma manera con la que os he visto presentaros a vosotros aquí. Quiero ahora que me digáis cómo ha sido para venir en conocimiento de mi partida y presentaros a mí y de qué países y latitudes habéis venido, ya que tanta prisa os habéis dado en visitarme. Aunque habéis de saber que no ha querido ocultármelo mi Hijo, nuestro Señor Jesucristo y Dios Universal, pues estoy firmemente persuadida, incluso en el momento presente, de que él es el Hijo del Altísimo".

## XVI

Pedro entonces se dirigió a los apóstoles en estos términos: "Cada uno de nosotros, de acuerdo con lo que nos ha anunciado y ordenado el Espíritu Santo, dé información a la madre de Nuestro Señor".

## XVII

Yo, Juan, por mi parte, respondí y dije: "Me encontraba en Efeso; y, mientras me acercaba al santo altar para celebrar los oficios, el Espíritu Santo me dijo: "Ha llegado a la madre de tu Señor la hora de partir; ponte pues en camino de Belén para ir a despedirla. Y en esto una nube luminosa me arrebató y me puso en la puerta de la casa donde tú yaces".

## XVIII

Pedro respondió: "También yo, cuando me encontraba en Roma, oí una voz de parte del Espíritu Santo, la cual me dijo: La madre de tu Señor, habiendo ya llegado su hora, está para partir; ponte (pues) en camino de Belén para despedirla. Y he aquí que una nube luminosa me arrebató, y pude ver también a los demás apóstoles que venían hacia mí sobre las nubes y percibí una voz que decía: Marchaos todos a Belén".

## XIX

Pablo, a su vez, respondió: "También yo, cuando me encontraba en una ciudad a poca distancia de Roma, llamada tierra de los Tiberios, oí al Espíritu Santo que me decía: "La madre de tu Señor está para abandonar este mundo y emprender por medio de la muerte su marcha a los cielos; ponte (pues) tú también en camino de Belén para despedirla. Y en esto una nube luminosa me arrebató y me puso en el mismo sitio que a vosotros".

## XX

Tomás, por su parte, respondió y dijo: "También yo me encontraba recorriendo el país de los indios, y la predicación iba afianzándose con la gracia de Cristo hasta el punto de que el hijo de la hermana del rey, por nombre Lavdán, iba a ser sellado con el bautismo por mí en el palacio, cuando de repente el Espíritu Santo me dijo: Tú, Tomás, preséntate también en Belén para despedir a la madre de tu Señor, pues va a efectuar su tránsito a los cielos. Y en esto una nube luminosa me arrebató y me trajo a vuestra presencia".

## XXI

Marcos a su vez, respondió y dijo: "Yo me encontraba en la ciudad de Alejandría celebrando el oficio de tercia; y, mientras oraba, el Espíritu Santo me arrebató y me trajo a vuestra presencia".

## XXII

Santiago respondió y dijo: "Mientras me encontraba yo en Jerusalén, el Espíritu Santo me dio esta orden: "Márchate a Belén, pues la madre de tu Señor va a partir. Y una nube luminosa me arrebató y me puso en vuestra presencia".

## XXIII

Mateo, por su parte, respondió y dijo: "Yo alabé y continúo alabando a Dios porque, estando lleno de turbación al encontrarme dentro de una nave y ver la mar alborotada por las olas, de repente vino una nube luminosa e hizo sombra sobre la furia del temporal, poniéndolo en calma; después me tomó a mí y me puso junto a vosotros".

## XXIV

Respondieron a su vez los que habían marchado anteriormente y narraron de qué manera se habían presentado. Bartolomé dijo: "Yo me encontraba en la Tebaida predicando la palabra, y entonces el Espíritu Santo se dirigió a mí en estos términos: La madre de tu Señor va a partir; ponte, pues, en camino de Belén para despedirla. Y he aquí que una nube luminosa me arrebató y me trajo hasta vosotros".

## XXV

Todo esto dijeron los apóstoles a la santa madre de Dios: cómo y de qué manera habían efectuado el viaje. Y luego ella extendió sus manos hacia el cielo y oró diciendo: "Adoro, ensalzo y glorifico tu celebradísimo nombre, pues pusiste tus ojos en la humildad de tu esclava e hiciste en mí cosas grandes, tú que eres poderoso. Y todas las generaciones me llamarán bienaventurada".

## XXVI

Y, cuando hubo acabado su oración, dijo a los apóstoles: "Echad incienso y ponéos en oración". Y, mientras ellos oraban, se produjo un trueno en el cielo y se dejó oír una voz terrible, como el fragor de los carros. Y en esto apareció un nutrido ejército de ángeles y de potestades y se oyó una voz como la del Hijo de hombre. Al mismo tiempo, los serafines circundaron la casa donde yacía la santa e inmaculada Virgen y madre de Dios. De manera que cuantos estaban en Belén vieron todas estas maravillas y fueron a Jerusalén anunciando todos los portentos que habían tenido lugar.

## XXVII

Y sucedió que, después que se produjo aquella voz, apareció de repente el sol y, asimismo la luna alrededor de la casa. Y un grupo de primogénitos de los santos se presentó en la casa donde yacía la madre del Señor para honra y gloria de ella. Y vi también que tuvieron lugar muchos milagros: ciegos que volvían a ver, sordos que oían, cojos que andaban, leprosos que quedaban limpios y posesos de espíritus inmundos que eran curados. Y todo el que se sentía aquejado de alguna enfermedad o dolencia, tocaba por afuera el muro de la casa donde yacía y gritaba: "Santa María, madre de Cristo, nuestro Dios, ten compasión de nosotros". E inmediatamente se sentían curados.

## XXVIII

Y grandes multitudes procedentes de diversos países, que se encontraban en Jerusalén por motivo de oración, oyeron hablar de los portentos que se obraban en Belén por mediación de la madre del Señor y se presentaron en aquel lugar, suplicando la curación de diversas enfermedades: cosa que obtuvieron. Y aquel día se produjo una alegría inenarrable, mientras la multitud de los curados y de los espectadores alababan a Cristo nuestro Señor y a su madre. Y Jerusalén entera, de vuelta en Belén, festejaba cantando salmos e himnos espirituales.

## XXIX

Los sacerdotes de los judíos y todo su pueblo estaban extasiados de admiración por lo ocurrido. Pero, dominados por una violentísima pasión y después de haberse reunido en consejo, llevados por su necio raciocinio, decidieron enviar contra la santa madre de Dios y contra los santos apóstoles que se encontraban en Belén, habiéndose puesto en camino de Belén la turba de judíos y a distancia como de una milla, acaeció que se les presentó a éstos una visión terrible y quedaron con los pies como atados y marcharon de vuelta y narraron a los príncipes de los sacerdotes la terrible visión que habían tenido.

Mas aquéllos, requemados aún por la ira, se fueron a presencia del gobernador, gritando y diciendo: "La nación judía se ha venido abajo por causa de esta mujer; échala fuera de Belén y de la comarca de Jerusalén". Mas el gobernador, sorprendido por los milagros, replicó: "Yo, por mi parte, no la expulsaré ni de Jerusalén ni de ningún otro lugar". Pero los judíos insistían dando voces conjurándole por el césar Tiberio a que arrojase a los apóstoles fuera de Belén diciendo: "Y, si no haces esto, daremos cuenta de ello al emperador". Entonces él se vio obligado a enviar un ejército a Belén contra los apóstoles.

## XXXI

Mas el Espíritu Santo dijo entonces a los apóstoles y a la madre del Señor: "He aquí que el gobernador ha enviado un ejército contra vosotros a causa de los judíos que se han amotinado. Salid, pues, de Belén y no temáis, porque yo os voy a trasladar en una nube a Jerusalén, la fuerza del Padre, del Hijo y del Espíritu Santo está con vosotros".

## XXXII

Levantáronse pues, en seguida los apóstoles y salieron de la casa, llevando la litera de su Señora, la madre de Dios, dirigiendo sus pasos camino de Jerusalén, mas al momento, de acuerdo con lo que había dicho el Espíritu Santo, fueron arrebatados por una nube y se encontraron en Jerusalén en casa de la Señora. Una vez allí, nos levantamos y estuvimos cantando himnos durante cinco días ininterrumpidamente.

## XXXIII

Y cuando llegó el jefe del ejército a Belén, al no encontrar allí a la madre del Señor ni a los apóstoles detuvo a los betlemitas, diciéndoles: "¿No sois vosotros los que habéis venido contando al gobernador y a los sacerdotes todos los milagros y portentos que se acababan de obrar y le habéis dicho que los apóstoles habían venido de todos los países? ¿Dónde están, pues? Ahora poneos todos en camino a Jerusalén para presentaros ante el gobernador". Es de notar que el jefe de los soldados no estaba enterado de la retirada de los apóstoles y de la madre del Señor a Jerusalén. Prendió, pues, a los betlemitas y se presentó al gobernador para decirle que no había encontrado a nadie.

## XXXIV

Cinco días después llegó a conocimiento del gobernador, de los sacerdotes y de toda la ciudad que la madre del Señor, en compañía de los apóstoles, se encontraba en su propia casa de Jerusalén, a causa de los portentos y maravillas que allí se obraban. Y una multitud de hombres, mujeres y vírgenes se reunieron gritando: "Santa Virgen, madre de Cristo, nuestro Dios, no te olvides, del género humano".

## XXV

Ante estos acontecimientos, tanto el pueblo judío como los sacerdotes fueron aún más juguete de la pasión; y, tomando leña y fuego, la emprendieron contra la casa donde estaba la madre del Señor en compañía de los apóstoles, con intención de hacerla pasto de las llamas. El gobernador contemplaba desde lejos el espectáculo. Mas, en el momento mismo en que llegaba el pueblo judío a la puerta de la casa, he aquí que salió súbitamente del interior una llamarada por obra de un ángel y abrasó a gran número de judíos. Con esto la ciudad entera quedó sobrecogida del temor y alababan al Dios que fue engendrado por ella.

## XXXVI

Y, cuando el gobernador vio lo ocurrido, se dirigió a todo el pueblo, diciendo: "En verdad aquél que nació de la Virgen, a la que vosotros maquinabais perseguir, es Hijo de Dios, pues estas señales son propias del verdadero Dios". Así, pues, se produjo escisión entre los judíos y muchos creyeron en el nombre de nuestro Señor Jesucristo a causa de los portentos realizados.

## XXVII

Y después de que se obraron estas maravillas por mediación de la madre de Dios y siempre Virgen María, madre del Señor, mientras nosotros los apóstoles nos encontrábamos con ella en Jerusalén, nos dijo el Espíritu Santo: "Ya sabéis que en domingo tuvo lugar la anunciación del arcángel Gabriel a la Virgen María, y que en domingo nació el Salvador en Belén, y que en domingo salieron los hijos de Jerusalén con palmas diciendo: *¡Hosanna en las alturas!* Bendito el que viene en nombre del Señor, y que en domingo resucitó de entre los muertos, y que en domingo ha de venir a juzgar a vivos y muertos, y que en domingo finalmente ha de bajar de los cielos para honrar y glorificar con su presencia la partida de la santa y gloriosa Virgen que le dio a luz".

## XXXVIII

En este mismo domingo dijo la madre del Señor a los apóstoles: "Echad incienso, pues Cristo está ya viniendo con un ejército de ángeles". Y en el mismo momento se presentó Cristo sentado sobre un trono de querubines. Y, mientras todos nosotros estábamos en oración, aparecieron, multitudes incontables de ángeles, y el Señor estaba lleno de majestad sobre los querubines. Y he aquí que se irradió un efluvio resplandeciente sobre la santa Virgen por virtud de la presencia de su Hijo unigénito, y todas las potestades celestiales cayeron en tierra y la adoraron.

## XXXIX

El Señor se dirigió entonces a su madre y le dijo: "María". Ella respondió: "Aquí me tienes, Señor". El le dijo: "No te aflijas, alégrese más bien y gócese tu corazón, pues has encontrado gracia para poder contemplar la gloria que me ha sido dada por mi Padre". La santa madre de Dios elevó entonces sus ojos y vio en él una gloria, y tal, que es inefable a la boca del hombre e incomprensible. El Señor permaneció a su lado y continuó diciendo: "Desde este momento tu cuerpo va a ser trasladado al paraíso, mientras que tu santa alma va a estar en los cielos, entre los tesoros de mi Padre, coronada de un extraordinario resplandor, donde hay la paz y la alegría de los santos ángeles y más aún".

## XL

La madre del Señor respondió y le dijo: "Impónme, Señor, tu diestra y bendíceme". El Señor extendió su santa diestra y la bendijo. Ella la estrechó y la colmó de besos mientras decía: "Adoro esta diestra que ha creado el cielo y la tierra. Y ruego a tu nombre siempre bendecido ¡Oh Cristo Dios, Rey de los siglos, Unigénito del Padre!: recibe a tu sierva, tú que te has dignado encarnarte por medio de mí, la pobrecita, para salvar al género humano según tus inefables designios. Otorga tu ayuda a todo el que invoque o que ruegue o que simplemente haga mención del nombre de tu sierva".

## XLI

Mientras ella decía esto, se acercaron los apóstoles a sus pies y, adorándola le dijeron: "Deja, ¡oh madre del Señor!, una bendición al mundo, puesto que lo vas a abandonar. Pues ya lo bendijiste y lo resucitaste, perdido como estaba, al engendrar tú la luz del mundo". Y la madre del Señor, habiéndose puesto en oración, hizo esta súplica: "¡Oh Dios que por tu mucha bondad enviaste a tu unigénito Hijo para que habitara en mi humilde cuerpo y te dignaste ser engendrado de mí, la pobrecita!, ten compasión del mundo y de toda alma que invoca tu nombre".

## XLII

Y oró de nuevo de esta manera: "¡Oh Señor, Rey de los cielos, Hijo del Dios vivo!, recibe a todo hombre que invoque tu nombre para que tu nacimiento sea glorificado". Después se puso a orar nuevamente, diciendo: "¡Oh Señor Jesucristo, que todo lo puedes en el cielo y en la tierra!, ésta es la súplica que dirijo a tu santo nombre: santifica en todo tiempo el lugar en que se celebre la memoria de mi nombre y da gloria a los que te alaban por mí, recibiendo de ellos toda ofrenda, toda súplica y toda oración".

## XLIII

Después que hubo orado de esta manera, el Señor dijo a su propia madre: "Alégrese y regocíjese tu corazón, pues toda clase de gracias y de dones te han sido dados por mi Padre celestial, por mí y por el Espíritu Santo. Toda alma que invoque tu nombre se verá libre de la confusión y encontrará misericordia, consuelo, ayuda y sostén en este siglo y en el futuro ante mi Padre celestial".

## XLIV

Volvióse entonces el Señor y dijo a Pedro: "Ha llegado la hora de dar comienzo a la salmodia". Y, entonando Pedro, todas las potencias celestiales respondieron el *Aleluya*. Entonces un resplandor más potente que la luz nimbó la faz de la madre del Señor, y ella se levantó y fue bendiciendo con su propia mano a cada uno de los apóstoles. Y todos dieron gloria a Dios. Y el Señor, después de extender sus manos puras, recibió su alma santa e inmaculada.

## XLV

Y en el momento de salir su alma inmaculada el lugar se inundó de perfume y de una luz inefable. Y se oyó una voz del cielo que decía: "Dichosa tú entre las mujeres". Pedro entonces, lo mismo que yo, Juan, y Pablo, y Tomás, abrazamos a toda prisa sus santos pies para ser santificados. Y los doce apóstoles, después de depositar su santo cuerpo en el ataúd, se lo llevaron.

## XLVI

En esto, he aquí que, durante la marcha cierto judío llamado Jefonías; robusto de cuerpo, la emprendió impetuosamente contra el féretro que llevaban los apóstoles. Mas de pronto un ángel del Señor, con fuerza invisible, separó, sirviéndose de una espada de fuego, las dos manos de sus respectivos hombros y las dejó colgadas en el aire a los lados del féretro.

## XLVII

Al obrarse este milagro, exclamó a grandes voces todo el pueblo de los judíos, que lo había visto: "Realmente es Dios el hijo que diste a luz ¡oh madre de Dios y siempre Virgen María!". Y Jefonías mismo, intimado por Pedro para que declarara las maravillas del Señor, se levantó atrás del féretro y se puso a gritar: "Santa María, tú que engendraste a Cristo Dios, ten compasión de mí". Pedro entonces se dirigió a él y le dijo: "En nombre de su Hijo, júntense las manos que han sido separadas de ti". Y, nada más decir esto, las manos que estaban colgadas del féretro donde yacía la Señora, se separaron y se unieron de nuevo a Jefonías. Y con esto creyó él mismo y alabó a Cristo Dios, que fue engendrado por ella.

## XLVIII

Obrado este milagro, llevaron los apóstoles el féretro y depositaron su casto y venerado cuerpo en Getsemaní, en un sepulcro sin estrenar. Y he aquí que se desprendía de aquel santo sepulcro de nuestra Señora la madre de Dios, un exquisito perfume. Y por tres días consecutivos se oyeron voces de ángeles invisibles que alababan a su hijo Cristo, nuestro Dios. Mas cuando concluyó el tercer día, dejaron de oírse las voces; por lo que todos cayeron en la cuenta de que su venerable e inmaculado cuerpo había sido trasladado al paraíso.

## XLIX

Verificado el traslado de éste, vimos de pronto a Isabel, la madre de San Juan Bautista, y a Ana, la madre de nuestra Señora, y a Abraham, a Isaac, a Jacob y a David que cantaban el *Aleluya*. Y vimos también a todos los coros de los santos que adoraban la venerable reliquia de la madre del Señor. Se nos presentó también un lugar radiante de luz, con cuyo resplandor no hay nada comparable. Y el sitio donde tuvo lugar la traslación de su santo y venerable cuerpo al paraíso estaba saturado de perfume. Se dejó oír la melodía de los que cantaban himnos a su Hijo, y era tan dulce como solamente les es dado escuchar a las vírgenes; y era tal, que nunca llega a producir cansancio.

# L

Nosotros, pues, los apóstoles, después de contemplar súbitamente la augusta traslación de su santo cuerpo, nos pusimos a alabar a Dios por habernos dado a conocer sus maravillas en el tránsito de la madre de Nuestro Señor Jesucristo.

Por cuyas oraciones e intercesión seamos dignos de alcanzar el vivir bajo su cobijo, amparo y protección en este siglo y en el futuro, alabando en todo lugar y tiempo a su Hijo unigénito, juntamente con el Padre y el Espíritu Santo, por los siglos de los siglos. Amén.

# Historia de José el carpintero

Se trata de una narración en forma de diálogo entre Jesús y sus apóstoles, que expone la vida y muerte de José. Existen dos originales de este apócrifo, uno copto y otro árabe. La versión aquí presentada es una traducción del manuscrito copto. El resumen de la vida de José parece confeccionado en base a los datos proporcionados por el *Protoevangelio de Santiago* y los evangelios canónicos, sin embargo la narración de su muerte presenta ideas originales como la del viaje que debe emprender el alma una vez separada del cuerpo, guiada por el arcángel Miguel. A ruegos de Jesús, Miguel y Gabriel acuden a tomar el alma de José. El cuerpo de José debería permanecer incorrupto hasta el fin del milenio.

Se cree que ambas versiones, copta y árabe proceden de un original griego, hasta ahora nunca encontrado. No existe certeza sobre la fecha de su composición si bien algunos detalles como el milenarismo ingenuo y el hecho de que la asunción de la Virgen no estuviera todavía establecida son evidencias de su gran antigüedad. Posiblemente fue redactado durante el siglo III o tal vez a principios del cuarto, muy posiblemente por un cristiano egipcio.

# HISTORIA DE JOSE EL CARPINTERO

*Este es el relato del modo como abandonó esta vida nuestro santo padre José, el carpintero, padre de Cristo según la carne, que vivió ciento once años. Nuestro Salvador contó a sus apóstoles su vida, reunidos en el Monte de los Olivos. Los apóstoles escribieron estas palabras y las depositaron en la biblioteca de Jerusalén. El anciano abandonó su cuerpo el día 26 del mes de Epep\*. Descanse en la paz del Señor. Amén.*

---

\* Epep: del 25 de Junio al 24 de Julio.

# I

Acaeció un día que nuestro buen Salvador estaba sentado en la colina de Los Olivos con sus discípulos reunidos en torno a él, y les habló en estos términos: "Queridos hermanos, hijos de mi buen Padre, vosotros a quien El ha elegido en el mundo entero, os he advertido que seré crucificado, que probaré la muerte, que resucitaré de entre los muertos y os daré la misión de predicar el evangelio para que sea anunciado por todo el mundo, os investiré con una fuerza venida de lo alto y os llenaré del Espíritu Santo para que prediquéis a todas las naciones diciéndoles: "Haced penitencia, pues vale más que el hombre encuentre un vaso de agua en el siglo venidero, que poseer los bienes del mundo entero"; y añadió: "La huella de un pie en la casa de mi padre vale más que todas las riquezas de este mundo"; y continuó: "Una hora de los justos que se regocijan, vale más que cien años de pecadores que lloran y se lamentan sin que se enjuguen sus lágrimas y sin que nadie se interese por ellos. Así pues, miembros gloriosos, cuando estéis en medio de los pueblos dirigidles esta enseñanza: "Mi Padre saldará vuestra cuenta con una balanza justa y con un peso justo"; y continuó: "Una simple palabra agradable que hayáis dicho, será examinada. Del mismo modo que no hay medio de escapar a la muerte, nadie puede escapar de sus actos buenos o malos. De todo lo que os he dicho resulta esto: el fuerte no puede salvarse por su fuerza, ni el hombre puede salvarse por sus riquezas. Ahora, escuchad, os contaré la historia de mi padre José, el viejo carpintero, bendecido por Dios".

## II

Había un hombre llamado José que era de la cuidad llamada Belén, la de los Judíos, la ciudad del rey David. Estaba bien instruido en la sabiduría y en el arte de la carpintería. Este hombre, llamado José, desposó a una mujer por la unión de un santo matrimonio. Le dio hijos e hijas: cuatro hijos y dos hijas. Estos son sus nombres: Judá y Josetos, Santiago y Simón. Los nombres de las hijas eran Lisia y Lidia. La mujer de José murió tal como está impuesto para todo hombre, y dejó a Santiago aún muy pequeño. José era un justo que rendía gloria a Dios en todas sus obras. Salía fuera a ejercer el oficio de carpintero, él y sus dos hijos, ya que vivían del trabajo de sus manos según la Ley de Moisés. Este hombre justo del que os hablo era José, mi padre según la carne, a quien mi madre María se unió como esposa.

## III

Así, mientras mi padre José vivía su viudedad, María, mi madre, buena y bendita, se hallaba en el templo cumpliendo su servicio de santidad. Había alcanzado la edad de doce años, y había pasado tres años en la casa de sus padres y nueve en el templo del Señor. Entonces, los sacerdotes, viendo que la Virgen practicaba el ascetismo y que permanecía en el temor de Dios, deliberaron entre ellos y se dijeron: "Busquemos un hombre de bien para comprometerla, y esperemos la ceremonia de la boda, y no dejemos que suceda el caso ordinario de las mujeres en el templo y seamos culpables de un gran pecado".

# IV

Por aquel tiempo, convocaron a la tribu de Judá, que habían elegido entre las doce tribus del pueblo tirando a suerte los nombres de las doce tribus de Israel. La suerte recayó en el buen anciano José, mi padre según la carne. Entonces los sacerdotes dijeron a mi madre la Virgen bendita: "Vete con José y obedécele hasta que llegue el tiempo de realizar la boda". Mi padre José llevó a María a su casa. Ella encontró al pequeño Santiago con la tristeza del huérfano. Comenzó a cuidarlo con ternura; por esta razón fue llamada, María, madre de Santiago. Después de que José llevara a María a su casa, se puso en camino hacia el lugar donde ejercía el oficio de carpintero. María, mi madre, pasó dos años en su casa, hasta el momento oportuno.

# V

En el catorceavo año de su vida, vine por mi propia voluntad, y entré en ella, yo, Jesús, vuestra vida. Cuando estaba encinta de tres meses, el cándido José volvió de un lugar lejano, donde ejercía el oficio de carpintero. Se encontró con que mi madre la Virgen estaba encinta. Se turbó, le entró miedo y pensó repudiarla en secreto. Por causa de su pesar, no comió ni bebió.

# VI

En medio de la noche, he aquí que Gabriel, el arcángel de la alegría, vino a él en una visión, por orden del Buen Padre y le dijo: "José, hijo de David, no tengas miedo de admitir a tu lado a María, tu esposa, pues aquél al que dé a luz, ha nacido del Espíritu Santo y se llamará Jesús. Es él, el que apacentará a todos los pueblos con cetro de hierro". Y el ángel se alejó de él. José se levantó de su camastro e hizo lo que el ángel del Señor le había ordenado, y recibió a María a su lado.

## VII

Después llegó una orden del rey Augusto, para hacer empadronar la población del mundo entero, cada uno en su ciudad respectiva. El anciano condujo a María, la Virgen, mi madre, a su ciudad natal, Belén. Como estaba a punto de dar a luz, había inscrito su nombre en casa del escriba: "José, hijo de David, con María su esposa, y Jesús su hijo, de la tribu de Judá". Y mi madre me trajo al mundo, en el camino de vuelta a Belén, en la tumba de Raquel, mujer de Jacob el patriarca, que fue la madre de José y de Benjamín.

## VIII

Satán dio un consejo a Herodes el Grande, el padre de Archelao, el que hizo decapitar a Juan, mi amigo y pariente. Después de esto, me buscó para matarme imaginándose que mi reino era de este mundo. José fue avisado en una visión de parte de mi Padre. Se levantó me cogió con mi madre María, y yo iba en brazos de mi madre, y Salomé nos seguía. Nos fuimos hacia Egipto. Allí permanecimos durante un año, hasta el día en que los gusanos entraron en el cuerpo de Herodes y murió a causa de la sangre de los niños inocentes que había derramado.

# IX

Después de la muerte del impío Herodes, volvimos a una ciudad de Galilea que se llama Nazaret. Mi padre, José, el bendito anciano, trabajaba en el oficio de carpintero, y vivíamos del trabajo de sus manos. Cumpliendo la Ley de Moisés, jamás comió el pan gratuitamente.

# X

Después de tanto tiempo, su cuerpo no se había debilitado, sus ojos no habían perdido la luz y ni un solo diente le faltaba en la boca. Nunca, en ningún momento perdió el juicio ni su sabiduría; era como un hombre joven, aunque había alcanzado, feliz en su vejez, la edad de ciento once años.

# XI

Sus dos hijos más jóvenes, Josetos y Simeón, tomaron esposa y se establecieron en sus propias casas. Sus dos hijas también se casaron tal como se le permite a cualquier hombre. José permaneció con Santiago, su hijo pequeño. Desde que la Virgen me había traído al mundo, yo estaba con ellos, en completa sumisión como corresponde a todo hijo. En verdad, hice todas las acciones de la humanidad a excepción del pecado. Yo llamaba a María "mi madre" y a José "mi padre". Y les obedecía en todo lo que ellos me decían, y les quería mucho.

## XII

Después, ocurrió que la muerte de José se vio próxima, tal como le corresponde a todo hombre. En cuanto su cuerpo se resintió de la enfermedad, su ángel le advirtió: "Este año morirás". Y como su alma se turbaba se fue a Jerusalén, al templo del Señor, se posternó ante el altar, y rezó diciendo:

## XIII

"Oh, Dios, padre de toda misericordia, Dios de mi alma, de mi cuerpo y de mi espíritu, ya que los días de la vida que vos me habéis concedido en este mundo se han cumplido, os ruego Señor Dios, que mandéis a mi lado al arcángel Miguel, para que permanezca junto a mí hasta que mi pobre alma salga de mi cuerpo sin dolor y sin turbación. Porque para todo hombre, la muerte supone un gran dolor: para el hombre, para el animal doméstico, para la bestia salvaje, para el reptil, para el pájaro, en una palabra, para todo lo que existe bajo el cielo, para todas las criaturas que poseen un alma viviente, supone un gran dolor y una aflicción llegar al punto de que el alma se separe del cuerpo. Ahora, mi Señor, que vuestro ángel permanezca a mi lado hasta que se separen uno del otro sin dolor. No permitáis que el ángel que me fue asignado desde el día que vos me formasteis hasta hoy, vuelva contra mí su rostro encolerizado, a lo largo del camino, cuando yo me dirija hacia vos, sino todo lo contrario, que me trate pacíficamente. No permitáis que aquéllos que poseen un rostro cambiante me atormenten a lo largo del camino cuando vaya hacia vos. No hagáis que los encargados de la puerta detengan mi alma, y no me confundáis ante vuestro tribunal. No desencadenéis contra mí la ola del río de fuego, en donde todas las almas se purifican antes de ver la gloria de vuestra divinidad, oh Dios, que juzgáis a cada uno en verdad y en justicia. Ahora, Señor, que vuestra misericordia me reconforte vos sois la fuente del bien. A vos sea dada la gloria por la eternidad de las eternidades. Amén".

## XIV

Y sucedió después, que volvió a Nazaret, la ciudad donde vivía. Y se metió en cama a causa de la enfermedad por la que iba a morir, según el destino de todo hombre. Y estaba más grave que las otras veces que había estado enfermo desde que fuera traído al mundo. He aquí la etapa de la vida de mi buen amado padre José. Iba a cumplir cuarenta años cuando tomó esposa. Vivió otros cuarenta y nueve años casado con su esposa. Después ella murió y pasó un año solo. Después, mi madre pasó otros dos años en su casa, cuando los sacerdotes se la confiaron, dándole estas instrucciones: "Velad por ella, hasta que llegue el momento de vuestra boda". Al comienzo del tercer año que ella vivía en su casa -tenía quince años- me trajo al mundo debido a un misterio, que nadie en el universo entero comprende, excepto yo, mi Padre y el Espíritu Santo, siendo los tres uno.

## XV

El total de los días de la vida de mi padre José, el bendito anciano, fue de ciento doce años, según la orden que había dado mi buen Padre. El día que abandonó su cuerpo fue el 26 del mes de Epep. Entonces, la carne de mi padre

José, que era de oro fino, comenzó a transmutarse, y la plata que eran su razón y su juicio, se alteraron. Se olvidó de beber y de comer, y su habilidad en su arte se tornó errónea. Llegó, pues, ese día, es decir, el 26 de Epep, cuando la luz comenzó a esparcirse, mi padre José se agitó en su cama. Sintió un vivo temor, y gimió profundamente, gritando con gran agitación y expresándose así:

## XVI

"¡Maldito sea!, ¡maldito el día en que mi madre me trajo al mundo! ¡Maldito sea el seno donde recibí el germen de la vida! ¡Malditos los pechos de los que succioné la leche! ¡Malditos sean los pies sobre los que me senté! ¡Malditas las manos que me sostuvieron hasta que crecí, para convertirme en un pecador! ¡Malditas sean mi lengua y mis labios porque participaron frecuentemente en la injuria, en la detracción, en la calumnia, en vanas palabras en las que abunda el engaño! ¡Malditos mis ojos porque miraron el escándalo! ¡Malditos sean mis oídos porque amaron escuchar discursos frívolos! ¡Malditas mis manos porque tomaron lo que no les pertenece! ¡Malditos sean mi estómago y mis entrañas, porque han codiciado los alimentos que no les pertenecían! ¡Malditos sean mis pies que han servido a mi cuerpo llevándolo a propósito por vías que no eran las buenas! ¡Maldito sea mi cuerpo, que ha hecho de mi alma algo desierto y extranjero para el Dios que la creó! ¿Qué haré ahora? Estoy rodeado por todas partes. En verdad, maldito sea todo hombre que cometa pecado. En verdad, la gran turbación que vi abatirse sobre mi padre Jacob, cuando dejó su cuerpo, es la que hoy se cierne sobre mí, desgraciado. Pero sea Jesús mi Dios, el árbitro de mi alma y de mi cuerpo, quien cumpla su voluntad en mí.

# XVII

Como José, mi padre querido, hablaba de esta manera, me levanté y fui hacia él, que estaba acostado. Lo encontré con el alma y el espíritu turbados. Y le dije: "Yo te saludo, José, padre querido, para quien la vejez es buena y bendita a la vez". Y me respondió, con un gran miedo por la muerte, diciendo: "Yo te saludo muchas veces, querido hijo. Mi alma se sosiega un poco al oír tu voz. Jesús, mi Señor, mi verdadero rey, mi buen y misericordioso salvador, Jesús el liberador, Jesús el guía, Jesús el defensor, Jesús todo bondad, Jesús, cuyo nombre es dulce para cualquier boca y untuoso, Jesús, ojo escrutador, Jesús oído atento. En verdad, escuchadme, hoy, yo vuestro siervo, os imploro y vierto las lágrimas en vuestra presencia. En verdad, sois Dios. En verdad, sois el Señor, según lo que el ángel me dijo tantas veces, principalmente el día en que mi corazón estaba lleno de sospechas, por causa de un pensamiento humano contra la Virgen bendita porque estaba encinta, y yo pensaba: la rechazaré en secreto. Cuando estaba con estas reflexiones, el ángel se me apareció y me habló en estos términos: "José, hijo de David, no temas recibir a tu lado a María, tu esposa, ya que aquél al que ella dará a luz está lleno del Espíritu Santo. No dudes de su embarazo, ella dará a luz un hijo al que llamarás Jesús". Vos, sois, Jesús el Cristo, el salvador de mi alma, de mi cuerpo, y de mi espíritu. No me condenéis, yo vuestro esclavo, la obra de tus manos. Yo no sabía, Señor, no comprendo el misterio de vuestra concepción desconcertante. Nunca oí decir que una mujer concibiera sin un hombre, ni que una virgen diera a luz conservando el sello de su virginidad. Mi Señor, si no fuera por la orden de este misterio, no creería en vos ni en vuestra santa concepción, ni rendiría gloria a la que os dio a luz, a María, la Virgen bendita. Me acuerdo del día en que la serpiente mordió al niño y murió. Su familia os buscaba para llevaros a Herodes. Vuestra misericordia le alcanzó. Resucitasteis a aquél por el que os calumniaban diciendo: Eres tú quien lo ha matado. Y hubo una gran alegría en casa del que estaba muerto. Entonces os cogí de la oreja, diciendo: "Sé prudente, hijo mío". Vos me hicisteis un reproche diciendo: "Si no fuerais mi padre según la carne, no haría falta que os enseñara lo que acabáis de hacer". Ahora, pues, Señor mío y Dios mío, si es para pedirme cuentas de aquel día para lo que me enviáis estos signos terroríficos os pido por vuestra bondad que no os enfrentéis a mí. Soy vuestro esclavo. Si rompéis mis ataduras os ofreceré un sacrificio de alabanza, es decir, la confesión de la gloria de vuestra divinidad. Pues vos sois Jesús el Cristo, el Hijo de Dios y el hijo del hombre al mismo tiempo".

## XVIII

Al decir mi padre José estas cosas, no pude permanecer sin derramar mis lágrimas y lloraba viendo que la muerte lo dominaba y escuchando las palabras de angustia que pronunciaba. Después, oh hermanos, me acordé de mi muerte en la cruz para la salvación del mundo entero. Y aquélla cuyo nombre está a salvo en la boca de todos los que la aman, María, mi madre querida, se levantó. Me dijo con gran tristeza: "¡Qué desgraciada soy, querido hijo! ¿Así, pues, va a morir aquél cuya vejez es buena y bendita, José, vuestro padre según la carne?". Yo le dije: "Querida madre, ¿quién es, al fin, entre todos los hombres, el que habiéndose revestido de carne, no probará la muerte? Pues la muerte es la soberana de la humanidad, querida madre bendita. Vos, incluso, es necesario que muráis como todo hombre. Pero tanto como para mi padre José, como para vos, madre bendita, vuestra muerte no será una muerte, sino una vida eterna y sin fin. Yo mismo debo también morir, por causa de la carne mortal. Ahora querida madre, levantaos e id junto a José, el bendito anciano, para que conozcáis el destino que vendrá de lo alto".

## XIX

Y ella se levantó. Fue al lugar donde él estaba acostado y vio cómo los signos de la muerte acababan de manifestarse en él. Yo, amigos, me senté en la cabecera y María, mi madre, se sentó a los pies. El levantó los ojos hacia mí. No pudo hablar porque el momento de la muerte lo dominaba. Levantó sus ojos a lo alto y dio un gran suspiro. Yo sujeté sus manos y sus pies durante mucho rato, mientras él me miraba y me imploraba diciendo: "No permitáis que se me lleven". Y hundí mi mano en su corazón y supe que su alma había pasado a su garganta para ser transportada de su cuerpo. Pero el último momento no había aún acabado, en que la muerte debía llegar, sino no hubiera esperado más pues en realidad la turbación la sigue, al igual que las lágrimas y el desconcierto la preceden.

## XX

Cuando mi querida madre vio que le palpaba el cuerpo, ella también le palpó los pies. Se dio cuenta que la respiración y el calor habían alzado el vuelo y habían abandonado. Me dijo ingenuamente: "¡Gracias a vos, querido Hijo! En el momento en que posasteis vuestra mano en su cuerpo, el calor le abandonó. Sus pies pantorrillas están fríos como el hielo". Yo fui y les dije a sus hijos e hijas:

"Venid para hablar a vuestro padre porque es ahora el momento de hablarle, antes que la boca cese de hablar y que la carne esté fría". Entonces los hijos e hijas de José conversaron con él. Estaba en peligro por los dolores de la muerte y preparado para dejar este mundo. Lisia, la hija de José, respondió y dijo a sus hermanos: "Maldita sea, hermanos; si no es el mismo mal que tuvo nuestra querida madre y que no hemos vuelto a ver hasta ahora. Será igual para José, nuestro padre, al que no veremos nunca jamás". Entonces, los hijos de José, levantando la voz, lloraron. Yo mismo, y María la Virgen, mi madre, lloramos con ellos, porque el momento de la muerte había llegado.

## XXI

Entonces miré en dirección al sur y vi a la muerte. Entró en la casa, seguida de Amenti, que es su instrumento, con el diablo seguido de una multitud de satélites vestidos de fuego, innombrables, y lanzando humo y azufre por la boca. Mi padre José miró y vio que lo buscaban, llenos de cólera contra él, de la cólera con la que tienen costumbre de encender su rostro contra toda alma que deja su cuerpo, especialmente contra los pecadores en quienes advierten la mínima resistencia. En cuanto el buen anciano los vio en compañía de la muerte, sus ojos vertieron lágrimas. En ese momento el alma de mi padre José se separó dando un gran suspiro, al mismo tiempo que buscaba una manera de esconderse, para ser salvada. Cuando vi, por el gemido de mi padre José, que había visto la fuerza que jamás había percibido, me levanté rápidamente y amenacé al diablo y a todos los que estaban con él. Estos se fueron con vergüenza y en gran desorden. Y de todos los que estaban sentados al lado de mi padre José, nadie ni tan siquiera mi madre

María, supieron nada de todos los terribles ejércitos que siguen a las almas de los hombres.

En cuanto a la muerte, cuando vio que yo había amenazado a las fuerzas de las tinieblas y que las había echado fuera, porque no tenían poder sobre él, tuvo miedo. Yo me levanté al instante y elevé una plegaria al Padre misericordioso, diciéndole:

## XXII

"¡Oh, Padre, Padre misericordioso, Padre de la verdad!, ¡Ojo que ve!, ¡Oído que escucha! Escuchadme, soy vuestro querido hijo, y os imploro por la obra de vuestras manos, por mi padre José, me enviéis un gran coro de ángeles, con Miguel, el dispensador de la bondad, con Gabriel, el mensajero de la luz. Que acompañen el alma de mi padre José, hasta que haya sobrepasado los eones de las tinieblas. Que no pase por las vías estrechas, por las que es tan difícil caminar, y donde se pueden ver las espantosas fuerzas que las ocupan, y el río de fuego que fluye allí, hace deslizar su caudal como las olas del mar. Y sed misericordioso con el alma de mi padre José, que va hacía vuestras santas manos, ya que es éste el momento en que necesita vuestra misericordia".

Os digo, mis venerables hermanos y apóstoles benditos: todo hombre nacido en este mundo que ha conocido el bien y el mal, tras pasar su tiempo suspendido en la concupiscencia, necesita la piedad de mi buen Padre, cuando llega el momento de morir, de franquear la puerta, de presentarse ante el tribunal terrible y presentar la defensa. Pero volvamos al relato de la muerte de mi padre José, el justo anciano.

## XXIII

Una vez que entregó su espíritu, lo abracé. Los ángeles cogieron su alma y la pusieron sobre una tela de seda. Y acercándome, me senté cerca de él mientras que nadie de los que estaban sentados a su lado sabían que había muerto. Hice que Miguel y Gabriel vigilaran su alma debido a las fuerzas que había en el camino, y los ángeles cantaron ante ella hasta que se la entregaron a mi buen Padre.

## XXIV

Volví junto al cuerpo de mi padre José que yacía. Me senté y le bajé los ojos, se los cerré, y le cerré la boca y me quedé contemplándolo. Le dije a la Virgen: "Oh, María ¿dónde están ahora todos los trabajos del oficio que él hizo desde su infancia hasta hoy? Se han ido en un momento. Es como si nunca hubiera nacido en este mundo". Cuando los hijos y las hijas me oyeron decir esto a María, mi madre, me dijeron con lágrimas: "¡Qué desgracia, oh Señor nuestro! ¿Nuestro padre ha muerto? ¡Y no lo sabíamos!".

Les dije: "Realmente ha muerto. Sin embargo, la muerte de mi padre no es una muerte, sino una vida eterna. Grandes son los bienes que mi padre José va a recibir. Desde el momento en que su alma ha dejado su cuerpo el dolor ha cesado para él. Se ha ido al reino de los cielos eternamente. Ha dejado tras de sí el peso de su cuerpo, ha dejado este mundo que está lleno de todo tipo de dolor y de vanas preocupaciones. Se ha ido al hogar del reposo de mi Padre que está en el cielo, ese hogar que jamás será destruido". En cuanto les dije a mis hermanos: "Vuestro padre José, el bendito anciano ha muerto", se levantaron, rasgaron sus vestiduras y lloraron durante largo tiempo.

## XXV

Entonces todos los de la ciudad de Nazaret y de Galilea cuando se enteraron del fallecimiento, se reunieron en el lugar en que nosotros estábamos, según la costumbre de los judíos. Y pasaron el día entero llorándole hasta la hora novena. A la hora novena del día, les hice salir a todos. Extendí agua sobre el cuerpo de mi buen amado padre José, le ungí con aceite perfumado; recé a mi buen Padre que está en los cielos plegarias celestes que yo mismo había escrito con mis dedos, en las tablas de los cielos, cuando aún no había tomado este cuerpo por medio de la Virgen María. Y en el momento de decir amén una multitud de ángeles vino. Di la orden a dos de entre ellos de que desplegaran un vestido. Les hice levantar el cuerpo bendito de mi padre José y depositarlo sobre sus vestidos y amortajarlo.

## XXVI

Y coloqué la mano en su cordón diciendo: "Que nunca el olor fétido de la muerte se apodere de ti. Que tus oídos no huelan mal. Que la corrupción no fluya de tu cuerpo. Que el sudario de tu carne, con el que te he vestido, no se caiga nunca al suelo, que permanezca en tu cuerpo hasta el momento del banquete de los mil años. Que el cabello de la cabeza no se marchite, estos cabellos que tantas veces he cogido con mis manos. Oh, mi querido padre José. Y llegará para ti la dicha. A aquéllos que reserven una ofrenda para tu santuario el día de tu conmemoración, que es el 26 del mes de epifi, los bendeciré yo mismo con un don celeste, que les será hecho en los cielos. Aquél que en tu nombre ponga un pan en la mano de un pobre, no le faltará nunca ningún bien de este mundo, durante todos los días de su vida. Te presentaré a todos los que pongan una copa de vino en la mano de un extranjero, una viuda o huérfano, el día de tu conmemoración, para que los lleves al banquete de los mil años. A los que escriban el libro de tu muerte, con todas las palabras que hoy han salido de mi boca, te juro, oh buen amado padre José, cuando dejen su cuerpo, romperé la cédula de sus pecados, para que no sufran ningún tormento salvo la angustia de la muerte y el río de fuego, que se halla ante mi Padre y que purifica a todas las almas. Y en cuanto a un pobre hombre que no pueda, que no tenga el medio de hacer lo que he dicho, si cuando engendre un hijo lo llama José para glorificar tu nombre, ni el hambre ni el contagio tocarán su casa, porque tu nombre estará presente.

## XXVII

Después, los grandes de la ciudad se dieron cita en el lugar donde estaba el cuerpo de mi padre, acompañados de los encargados de los funerales, con el designio de amortajar su cuerpo según los ritos funerarios de los judíos. Y lo encontraron ya amortajado. El vestido había sido sujetado a su cuerpo como si lo hubieran sujetado con agrafes de hierro. Y al moverlo no encontraron la abertura del vestido. Después, lo llevaron a la tumba. Y después de excavar la entrada de la caverna para abrir la puerta y dejarlo con sus padres, me acordé del día que se fue conmigo a Egipto y de todas las tribulaciones que por mí había sufrido, y me extendí sobre su cuerpo y lloré encima de él durante largo rato diciendo:

# XXVIII

"¡Oh, muerte, causante de tantas lágrimas y lamentaciones, sin embargo, aquél que domina todas las cosas es quien te ha dado este poder sorprendente! La muerte no hace nada sin la orden de mi Padre. Ha habido hombres que han vivido novecientos años antes de morir, y muchos otros han vivido aún más; nadie de entre ellos ha dicho: "He visto a la muerte", ni viene ella a intervalos a atormentar a alguien. Sólo atormenta a la gente una vez, y esta vez es mi Padre quien la envía al hombre. En el momento en que viene hacia él, oye la sentencia del cielo. Si la sentencia está cargada de agitación y cólera, la muerte también llega con turbación y cólera a cumplir la orden de mi buen Padre, a coger el alma del hombre y entregársela a su Señor. La muerte no tiene el poder de conducir el alma al fuego o al reino de los cielos. La muerte cumple la orden de Dios. Adán no cumplió la voluntad de mi Padre, sino que cometió una transgresión. La cometió hasta el punto de irritar a mi Padre en contra de él, obedeciendo a su mujer y desobedeciendo a mi buen Padre de tal manera que atrajo la muerte para toda alma viviente. Si Adán no hubiera desobedecido a mi buen Padre, no hubiera dirigido a la muerte sobre él. ¿Qué es lo que me impide rezar a mi buen Padre, para que envíe un gran carro de luz donde colocar a mi padre José, para que no saboree de ninguna manera la muerte, para conducirlo, con la carne en la que fue engendrado, a un lugar de descanso, donde estaría con los ángeles incorpóreos. Mas por causa de la transgresión de Adán, este gran dolor sobrevino a la humanidad entera, con esta gran angustia de la muerte. Y yo, incluso, revestido con esta carne perecedera, debo morir por la criatura que yo modelé para poder ser misericordioso".

## XXIX

"Mientras hablaba de esta manera y abrazaba a mi padre José, llorando, abrieron la puerta de la tumba y depositaron su cuerpo al lado del cuerpo de Jacob, su padre. Su fin llegó cuando tenía ciento once años. Ni un solo diente se desprendió de su boca, y sus ojos no se oscurecieron; su vida fue la de un niño. Jamás perdió su fuerza y se ocupó de su oficio de carpintero, hasta el día que guardó cama por la enfermedad por la que murió".

## XXX

Nosotros, los apóstoles, tras escuchar estas cosas de boca de nuestro Salvador, nos regocijamos. Nos levantamos, adoramos sus pies y sus manos, regocijándonos y diciendo: "Os damos gracias, oh, Salvador nuestro de que nos hayáis hecho dignos de escuchar de Dios Señor nuestro, estas palabras de vida. Sin embargo nos sorprendéis, oh, Salvador nuestro: porque le concedisteis la inmortalidad a Enoch, y a Elías, y porque hasta ahora se encuentran bien, conservando la carne en la que nacieron hasta ahora, porque su carne no ha conocido la corrupción, mientras que este bendito anciano, José el carpintero, aquél al que le concedísteis un gran honor, aquél al que llamasteis padre y al que obedecisteis en todo, y con respecto a quien nos habéis dado estas órdenes diciendo: "Cuando os haya investido con la fuerza, y cuando haya enviado sobre vosotros a Paráclito, al Espíritu Santo, prometido por mi Padre para enviaros a predicar el santo evangelio, predicaréis también a mi santo padre José", y también: "Decid estas palabras de vida en el testamento de su muerte"; y "Leed estas palabras del testamento en los días de fiesta y en los días sagrados", y además: "A cualquier hombre que no haya aprendido bien las letras, leedle este testamento en los días de fiesta"; y "A aquél que suprima alguna cosa de estas palabras o que añada algo, considerándome un mentiroso, arrojaré sobre él una pronta venganza"; estamos sorprendidos de que desde el día en que nacisteis en Belén, le hayáis llamado padre según la carne y que sin embargo, no le hayáis prometido la inmortalidad para que viva eternamente".

## XXXI

Nuestro Salvador respondió y nos dijo: "La sentencia que mi Padre dictó contra Adán no se volverá vana, dado que desobedeció a sus mandatos. Cuando mi Padre decreta sobre el hombre que sea justo, éste se convierte en su elegido. Cuando el hombre ama las obras del diablo por su voluntad de hacer el mal, si Dios le deja vivir durante mucho tiempo, ¿acaso no sabe que caerá en las manos de Dios si no hace penitencia? Pero cuando alguien alcanza una edad avanzada en medio de buenas acciones, son sus obras las que hacen de él un anciano. Cada vez que Dios ve que alguien corrompe su camino, acorta su vida. Los hay a los que se lleva en mitad de sus días. Sin embargo, toda profecía pronunciada por mi Padre debe cumplirse sobre el género humano y realizarse por entero. Me habéis hablado también de Enoch y de Elías, diciendo: "Viven en la carne en la que nacieron", y con respecto a José, mi padre según la carne, diciendo: "¿por qué no lo habéis dejado en su carne hasta ahora?". Pero si hubiera vivido dos mil años, habría tenido que morir igualmente. Yo os digo, miembros santos, cada vez que Enoch y Elías piensan en la muerte, querrían haber terminado con la muerte, para ser liberados de la gran angustia en la que se encuentran. Porque ellos, sobre todo, deben morir un día de terror, de agitación, de clamor, de amenaza y de aflicción. De hecho, el Anticristo matará a estos dos hombres derramando su sangre por la tierra, como un vaso de agua, a causa de las afrentas que le hicieron sufrir".

## XXXII

Le contestamos diciendo: "Oh, Señor Nuestro y Dios Nuestro, ¿quiénes son esos dos hombres de los que habéis dicho que el hijo de la perdición los matará para derramar su sangre como un vaso de agua?". Jesús, nuestro Salvador y nuestra vida nos dijo: "Son Enoch y Elías". Entonces, mientras que nuestro Salvador nos decía estas cosas nos regocijamos y nos llenamos de alegría. Le dimos las gracias y lo alabamos a El, a nuestro Señor Jesucristo, aquél por el que toda gloria y toda alabanza se le reconocen al Padre, a El mismo y al Espíritu Vivificador, ahora y siempre, hasta la eternidad de las eternidades. Amén.

# Primera epístola de Clemente

Clemente fue discípulo de Pedro, y posteriormente obispo de Roma. Clemente Alejandrino lo consideró como apóstol. San Jerónimo lo llamó hombre apostólico y Rufino dijo de él que era casi un apóstol. Eusebio denominó a esta epístola la "Maravillosa Epístola de San Clemente" que según él era leída públicamente en las asambleas de la Iglesia de los primeros tiempos. En una de las primitivas colecciones de la Iglesia figura entre los textos canónicos, sin embargo más adelante fue muy cuestionada, argumentando que no resaltaba suficientemente la divinidad de Cristo ni citaba para nada a la Santísima Trinidad como tal. Todo ello parece cierto, viniendo a confirmar lo ya dicho en otros lugares: que la figura de Jesús fue paulatinamente adornada con características divinas sólo con el paso del tiempo. Pese a ello es posible que el principal motivo por el que fuera eliminada de los libros canónicos haya sido la inclusión por Clemente de la fábula del ave fénix, a fin de explicar la resurrección. Sus defensores manifiestan que Clemente no creía en la existencia real del ave fénix, pero que éste era un ejemplo muy utilizado en aquél entonces por los predicadores de la nueva fe.

Sea como fuere, el hecho es que la epístola de Clemente a los corintios, pasó a engrosar el número de los textos apócrifos y afortunadamente ha llegado hasta nuestros días, sin embargo figura en el Nuevo Testamento presentado por Cirilo patriarca de Alejandría, al Rey Carlos I, que se conserva en el Museo Británico.

# PRIMERA EPISTOLA
# DE CLEMENTE

# I

*Reconoce su excelente orden y piedad, antes
de que estallara la herejía (o el cisma).*

**1.** De la Iglesia de Dios que está en Roma a la Iglesia
de Dios que está en Corinto, elegida, santificada por la
voluntad de Dios a través de Jesucristo nuestro Señor. Que
la paz y la gracia del Todopoderoso sean multiplicadas
entre vosotros por Jesucristo.

**2.** Tememos que los repentinos e inesperados peligros
y calamidades que han caído sobre nosotros, hayan retrasa-
do nuestra respuesta a los asuntos que sometisteis a nuestra
consideración:

**3.** Como esa ofensiva y detestable herejía fomentada
por algunos hombres egoístas hasta un grado de locura tal
que vuestro venerable y famoso nombre llega a ser hoy
motivo de blasfemia.

**4.** ¿Quién que haya estado entre vosotros ha dejado de
experimentar la firmeza de vuestra fe y el fruto de vuestras
buenas obras? ¿Quién no ha admirado la templanza y la
moderación de vuestra religión en Cristo al igual que la
magnificencia de vuestra hospitalidad? ¿Quién no se ha
sentido feliz ante vuestro perfecto y cierto conocimiento del
Evangelio?

**5.** Pues hacíais todas estas cosas sin preocuparos de las
personas sino solamente de la Ley de Dios, obedeciendo a
vuestros superiores y rindiendo los debidos honores a los
ancianos entre vosotros.

**6.** Mandábais que los jóvenes fueran serios y modes-
tos.

**7.** Hacíais que las mujeres cumplieran sus obligaciones
con una consciencia pura, amando a sus maridos y dentro

de los límites de la obediencia, manteniendo sus casas en orden y discreción.

**8.** Siendo todos vosotros humildes, sin presumir de nada, prefiriendo obedecer que mandar, dar que recibir y estando satisfechos con lo que Dios os ha concedido.

**9.** Socorriendo diligentemente al mundo, cuyo sufrimiento está siempre ante vuestros ojos.

**10.** Así se os dio la paz bendita y un deseo insaciable de hacer el bien y la plena seguridad de que el Espíritu Santo se halla sobre vosotros.

**11.** Según los designios de Dios habíais extendido con diligencia y religiosa confianza vuestras manos hacia Dios Todopoderoso pidiéndole que sea misericordioso con vosotros si en algo habíais pecado.

**12.** Rogabais día y noche con compasión por toda la hermandad y por la salvación de los elegidos.

**13.** Erais sinceros sin ofender a nadie, sin hacer caso de las injurias y rechazando a la herejía y al cisma como algo abominable.

**14.** Lamentabais los pecados de vuestros vecinos, considerando sus defectos como vuestros.

**15.** Erais amables con todos, y siempre dispuestos a las buenas obras. Adornados con la virtud de la religión, hacíais todo por temor de Dios, cuyos mandamientos llevabais grabados en vuestros corazones.

## II

*Cómo se iniciaron las divisiones.*

**1.** Se os confirieron todos los honores y así se cumplió lo que estaba escrito. Mi amado comió y bebió, y creció y engordó hasta estallar.

**2.** De ahí nació la emulación y la envidia, la rivalidad y la sedición, la persecución y el desorden, la guerra y el cautiverio.

**3.** Así, los que carecían de todo renombre, se levantaron contra el honorable. Los que no tenían reputación alguna, contra quienes merecían todo respeto. Los locos contra los sabios. Los jóvenes contra los de edad avanzada.

**4.** Así la justicia y la paz os abandonaron pues todos se han olvidado del temor de Dios y su fe se ha vuelto ciega, no viven según los mandamientos de Dios ni ven según el ejemplo de Cristo.

**5.** Cada uno sigue sus locos deseos, dejándose llevar por la injusta envidia, por quien la muerte entró por primera vez a este mundo.

## III

*La envidia y la emulación como causa de toda contienda y desorden. Ejemplos de los males por ellas ocasionados.*

**1.** Pues está escrito que con el transcurso del tiempo Caín cultivaba la tierra y ofrecía sus frutos al Señor y Abel ofrecía al Señor lo mejor de sus ganados.

**2.** Y el Señor aceptaba las ofrendas de Abel pero no las de Caín y éste estaba por ello apesadumbrado.

**3.** Y el Señor le dijo a Caín ¿Por qué estás así apesadumbrado y por qué tu rostro sólo mira hacia el suelo? Si hubieras hecho tus ofrendas correctamente, en lugar de dividirlas no habrías pecado. Manténte en paz y domina tus deseos.

**4.** Y Caín dijo a su hermano Abel: Vamos al campo. Y cuando estaban en el campo Caín se arrojó sobre su hermano Abel y lo mató.

**5.** De este modo veis cómo la envidia y la emulación causaron la muerte del hermano y por esto mismo nuestro padre Jacob tuvo que huir de su hermano Hesau.

**6.** Fue la envidia lo que hizo que José fuera perseguido hasta la muerte y lo que lo hizo caer en la esclavitud. Fue la envidia lo que forzó a Moisés a huir de la corte del faraón, rey de Egipto, cuando la gente le preguntó: ¿Quién te ha hecho nuestro juez y nuestro gobernante? ¿Nos matarás también a nosotros como ayer hiciste con un egipcio?

**7.** Por causa de la envidia, Aarón y Miriam fueron expulsados del campamento durante siete días.

**8.** La envidia fue lo que precipitó la muerte de Datham y Abirám pues alentaron la separación de Moisés, el servidor de dios.

**9.** Por ella David fue no sólo odiado por los extraños sino también perseguido por Saúl, rey de Israel.

**10.** Pero no insistamos más en los ejemplos de la antigüedad, y veamos en cambio otros no menos valiosos y más cercanos a nosotros, a fin de que podamos tomar de ellos su enseñanza.

**11.** A causa de los celos y la envidia, los más justos pilares de la Iglesia han sido perseguidos incluso hasta la muerte más horrible.

**12.** Si tenemos en cuenta a los apóstoles vemos que Pedro, a causa de la envidia tuvo que pasar, no por uno, sino por muchos sufrimientos, hasta que al final fue martirizado, pasando a ocupar el lugar en la gloria que le estaba destinado.

**13.** Por la misma causa recibió Pablo finalmente el premio a su paciencia. Siete veces fue hecho prisionero, fue maltratado y apedreado. Predicó tanto en Oriente como en Occidente dejando siempre tras de él el glorioso testimonio de su fe.

**14.** Y tras haber enseñado lo correcto a todo el mundo y habiendo viajado por este motivo casi hasta los confines de Occidente, finalmente fue martirizado por orden de los gobernantes.

**15.** Así dejó este mundo, yendo a su lugar glorioso, convirtiéndose en ejemplo de paciencia para todas las épocas.

**16.** A estos santos apóstoles habría que añadir un gran número de otros que por causa de la envidia tuvieron que sufrir muchas penas y tormentos y que hoy son un ejemplo para nosotros.

**17.** Pues por su causa no sólo fueron perseguidos hombres y mujeres quienes tras sufrir crueles castigos terminaron su vida con un cuerpo débil pero con una fe firme, recibiendo por ello el premio glorioso.

**18.** Incluso ha llegado a trastornar las mentes de algunas mujeres, separándolas de sus maridos, alterando así lo dicho por nuestro padre Adán: "Esto es ahora hueso de mis huesos y carne de mi carne".

**19.** Resumiendo, la envidia y la rivalidad han destruido ciudades y han sacado de la tierra los cimientos de grandes y poderosas naciones.

## IV

*Los exhorta a vivir de acuerdo a las normas y a olvidar sus divisiones, y así serán perdonados.*

**1.** Os escribimos todo esto, queridos, no sólo para instruiros, sino también para que lo recordéis.

**2.** Pues todos estamos en la misma lista y todos tendremos que librar el mismo combate.

**3.** Por ello debemos dejar de lado nuestras preocupaciones vanas y vacías, y debemos unirnos bajo la norma venerable y gloriosa de nuestra santa vocación.

**4.** Debemos considerar lo que es bueno, aceptable y agradable ante los ojos de aquél que nos hizo.

**5.** Debemos tener presente la sangre de Cristo y debemos considerar lo preciosa que esa sangre es a los ojos de Dios. Sangre que fue vertida por nuestra salvación y que obtuvo la gracia del arrepentimiento del mundo entero.

**6.** Examinemos las épocas pasadas y en todas ellas veremos que nuestro Señor siempre acoge el arrepentimiento de todos aquéllos que de nuevo vuelven a El.

**7.** Noé predicó el arrepentimiento y todos los que se acogieron a él fueron salvados.

**8.** Jonás denunció la destrucción de Nínive, sin embargo los ruegos de quienes se arrepintieron de sus pecados llegaron al Señor y fueron salvados pese a no pertenecer a la alianza de Dios.

**9.** Todos aquéllos por cuya boca se manifestó la gracia de Dios, hablaron del arrepentimiento e incluso el Señor lo declaró él mismo mediante juramento.

**10.** Dijo el Señor: "Por mi vida que no deseo la muerte de un solo pecador, sino su arrepentimiento", a lo que añadió: "dejad ya la iniquidad, oh casa de Israel.

**11.** Y decid a los hijos de mi pueblo: aunque vuestros pecados lleguen desde la tierra hasta el cielo y aunque sean más rojos que el escarlata y más negros que el betún, si volvéis vuestro rostro hacia mí y me llamáis Padre, yo haré de vosotros mi pueblo santo".

**12.** Y en otra ocasión dijo: "Lavaos y limpiaos, arrojad el mal de todas vuestras acciones, dejad de hacer lo malo y dedicáos a hacer el bien, procurad el juicio justo, liberad a los oprimidos, cuidad del huérfano y ayudad a la viuda".

**13.** Y dijo el Señor: "Aunque vuestros pecados sean como el escarlata, se convertirán en más blancos que la nieve, aunque sean como el carmesí, se volverán como la lana".

**14.** Si sois bondadosos y obedientes disfrutaréis de lo mejor de la tierra pero si por el contrario, sois rebeldes y desobedientes seréis eliminados por la espada, pues éstas fueron las palabras del Señor.

**15.** Esto fue establecido por Dios Todopoderoso a fin de que sus amadas criaturas se cobijaran en el arrepentimiento.

## V

*Les muestra ejemplos de santos cuya piedad figura registrada en las escrituras.*

**1.** Por lo tanto, obedezcamos su magnífica y gloriosa voluntad, imploremos su bondad y su gracia, postrémonos ante él y dejemos que su luz nos ilumine, abandonando toda vanidad y toda envidia, que sólo nos llevarán a la muerte.

**2.** Contemplemos a aquéllos que de la manera más ejemplar se sometieron a su gloria. Tomemos a Enoch, por ejemplo, quien por cuya obediencia fue trasladado sin conocer la muerte.

**3.** A Noé, gracias a su fe, se le concedió ser artífice de la regeneración del mundo, salvando Dios, junto con él, a todas las criaturas vivas.

**4.** Abraham, quien fuera llamado el Amigo de Dios, tuvo igualmente una fe poderosa, obedeciendo ciegamente las órdenes de Dios.

**5.** Por obediencia a Dios salió de su país, se alejó de su propia gente y de la casa de su padre, heredando así las promesas del Señor.

**6.** Pues el Señor le dijo: "Salte de tu país, de tu familia y de la casa de tu padre, y ve hacia una tierra que yo te mostraré.

**7.** Yo haré de ti una gran nación y tu nombre será grande y bendecido. Y bendeciré a tu descendencia y la cuidaré como te bendigo y te cuido a ti y en ti serán benditas todas las familias de la tierra".

**8.** Y de nuevo, cuando se separaba de Lot Dios le dijo: "Levanta tus ojos y mira desde el lugar donde estás hacia el norte, hacia el sur, hacia el este y hacia el oeste, pues toda la tierra que ves te la daré y será tuya para siempre.

**9.** Y haré que tu descendencia sea como el polvo de la tierra, y al igual que no es posible contar los granos del polvo, tampoco será posible contar el número de tus descendientes".

**10.** Y de nuevo le dijo Dios a Abraham: "Levanta los ojos hacia el cielo y mira las estrellas, al igual que no serás capaz de contarlas, tampoco nadie será capaz de contar a tus descendientes".

**11.** Y Abraham creyó en Dios y Dios confió en él.

**12.** Gracias a su fe y a su hospitalidad le fue concedido un hijo a una edad muy avanzada. Su obediencia fue tan grande, que no dudó en ofrecerlo a Dios, sobre una de las montañas que Dios previamente le había mostrado.

# VI

*Y especialmente aquéllos que se distinguieron por su amabilidad y su caridad para con sus vecinos.*

**1.** Por su hospitalidad y por su bondad fue Lot salvado de Sodoma, cuando toda la ciudad llegó a ser destruida por fuego bajado del cielo.

**2.** Allí quedó muy claro que el Señor nunca abandona

a quienes confían en El, mientras que sólo el castigo espera a los desobedientes.

**3.** Pues su esposa que lo acompañaba, pensando de modo diferente que él no obedeció al Señor, siendo por ello convertida en una estatua de sal, como ejemplo hasta el día de hoy.

**4.** Para que todos sepan que aquéllos que engañan y no confían en el poder de Dios, deberán estar preparados para su condena, y para que sirva de ejemplo a las generaciones futuras.

**5.** Por su fe y su hospitalidad fue salvada la prostituta Rahab. Pues cuando Joshua el hijo de Nun mandó espías a Jericó y cuando el rey de Jericó supo que venían a espiar su ciudad, mandó hombres para que los detuvieran a fin de seguidamente matarlos.

**6.** Entonces Rahab les ofreció su hospitalidad, los recibió y los escondió bajo unos montones de lino que había en la azotea de su casa.

**7.** Y cuando los mensajeros del rey vinieron diciendo: "El rey te ordena que nos entregues a los hombres que han llegado a tu casa para espiar nuestro reino", ella respondió: "Los dos hombres de que habláis llegaron a mi casa, pero ya se han ido" y así no los descubrió.

**8.** Entonces dijo ella a los espías: "Sé que el Señor, vuestro Dios, os ha entregado esta ciudad y que todo va a caer en vuestras manos, cuando ello ocurra, quiero que salvéis mi casa y la casa de mi padre".

**9.** Y ellos le respondieron: "Se hará como tu dices. Cuando sepas que ya estamos cerca, reúne a toda tu familia sobre la azotea y se salvarán. Todos los que no estén contigo en la azotea de tu casa serán destruidos".

**10.** Y le dieron otra señal: debería colgar fuera de su casa un trapo rojo, significando que a través de la sangre de nuestro Señor, todos aquéllos que crean y confíen en Dios serán redimidos. Como veis, queridos, no sólo hay aquí una gran fe, sino también profecía.

## VII

*Qué normas han sido dadas a este respecto.*

**1.** Así, humillémonos y abandonemos todo orgullo, toda presunción, toda locura y todo miedo, y cumplamos lo que está escrito.

**2.** Pues el Espíritu Santo dijo: "Que el sabio no presuma de su sabiduría ni el fuerte de su fuerza ni el rico de sus riquezas. Que todos ellos glorifiquen al Señor, que lo busquen y que observen su justicia".

**3.** Sobre todo debemos recordar las palabras de nuestro Señor Jesús, sobre la justicia y el sufrimiento:

**4.** "Sed misericordiosos y obtendréis misericordia, perdonad y seréis perdonados, como hagáis, así se hará con vosotros, lo que deis, se os dará, como juzguéis, así seréis juzgados, como tratéis a los demás, del mismo modo seréis tratados por Dios. Con la misma medida que midáis, seréis vosotros medidos".

**5.** Obedezcamos siempre estas santas palabras y seamos humildes.

**6.** Pues dice la Sagrada Escritura: "Yo cuidaré de él, del que es pobre y está arrepentido, del que tiembla ante mi palabra".

**7.** Por ello es justo y correcto que los hombres obedezcamos a Dios, en lugar de seguir las tendencias de nuestro orgullo que nos inclinan a separarnos de El y a convertirnos en líderes de una detestable herejía.

**8.** Pues en caso de seguir a quienes promueven separaciones y sediciones, el daño que nos hacemos a nosotros mismos no es pequeño, sino que en realidad nos exponemos a grandes peligros.

**9.** Seamos amables unos con los otros, siguiendo la compasión y la dulzura de aquél que nos creó.

**10.** Pues está escrito que los "bondadosos heredarán la tierra" y que en ellos no hay ningún mal y nunca lo habrá, sin embargo los transgresores perecerán.

**11.** Y también está escrito: "Vi el mal, que se extendía como el cedro del Líbano, di un paso y ya no estaba, quise hallar su lugar pero ya no fui capaz".

**12.** Mantengámonos inocentes y hagamos lo que es correcto, pues el hombre pacífico recibirá su premio.

**13.** Permanezcamos unidos con aquéllos que buscan religiosamente la paz y no con los que solamente lo dicen de palabra.

**14.** Pues él dijo en cierta ocasión: "Estas gentes me honran con sus labios, pero su corazón está alejado de mí".

**15.** Y en otra ocasión: "Bendicen con sus bocas, mas maldicen en sus corazones".

**16.** Y también dijo: "lo amaban con sus bocas pero con sus lenguas le mentían pues no le eran fieles en sus corazones".

**17.** Que todos los labios mentirosos se vuelvan mudos y también toda boca que difunda el orgullo.

**18.** Pues dijo el Señor: "He venido para liberar a los oprimidos y para socorrer a los necesitados. Yo los haré vivir en paz y seguridad y los trataré con confianza".

# VIII

*Les aconseja la humildad, tomando el ejemplo
de Jesús y de hombres santos de todas las épocas.*

**1.** Cristo está con los humildes, y no con los que se exaltan a sí mismos ante los demás. El cetro de la majestad de Dios: nuestro señor Jesucristo, no vino con orgullo y arrogancia, como podía haberlo hecho, sino con humildad, tal como el Espíritu Santo había predicho de él.

**2.** Pues según dijo vendría como una tierna planta y como una raíz salida de un suelo seco.

**3.** Sin forma, sin pretensiones y sin mostrar belleza a los ojos de quien lo viese.

**4.** Fue despreciado y rechazado por los hombres. Padeció sufrimientos y se acostumbró a los pesares.

**5.** Y ocultamos nuestros rostros de él. Fue despreciado y desestimado.

**6.** El cargó nuestras penas y nuestros sufrimientos, sin embargo lo abandonamos en su aflicción.

**7.** Fue herido por nuestras culpas, sufrió nuestras iniquidades. El generó nuestra paz y sus penas nos curaron.

**8.** Fuimos como ovejas perdidas hasta que volvimos nuestros rostros hacia él. Y el Señor le hizo soportar todas nuestras iniquidades.

**9.** Fue oprimido y afligido, pero no abrió su boca. Fue llevado como un cordero ante el sacrificio y al igual que una oveja permanece muda ante quien la va a matar, tampoco él abrió sus labios.

**10.** Fue encarcelado y juzgado y finalmente fue separado del mundo de los vivos por culpa de nuestros pecados.

**11.** Nunca causó violencia ni jamás salió mentira alguna de su boca.

**12.** Sin embargo el Señor lo hizo sufrir. Ofreció sus sufrimientos por nuestros pecados.

**13.** Sus penas nos limpiaron a nosotros. El cargó con nuestras iniquidades.

**14.** Fue situado entre los criminales y desde allí intercedió por ellos.

**15.** Y sufrió las burlas de todos con los labios cerrados, sin proferir una queja.

**16.** Este es, queridos, el ejemplo que debemos seguir. Este es el ejemplo que nos fue dado. Pues si el Señor fue humilde entre los humildes, ¿cómo podemos nosotros ser orgullosos?

**17.** Sigamos más bien el ejemplo de aquéllos que, vestidos con pieles de cabras y ovejas, predicaron su venida al mundo.

**18.** Como los profetas Elías, Eliseo y Ezequiel. A los que podemos añadir muchos otros, de cuyas vidas recibimos testimonio.

**19.** Abraham fue llamado el Amigo de Dios, sin embargo en lugar de presumir de su gloria dijo con humildad: "Sólo soy polvo y cenizas".

**20.** También Job, según está escrito, fue justo y sin mancha, sirvió a Dios y se abstuvo de todo lo malo, sin embargo decía: "Ningún hombre está libre del pecado, ni siquiera aquél que tan sólo ha vivido un día".

**21.** Moisés fue llamado "Fiel en la casa de Dios" y a través de él castigó Dios a Israel con sufrimientos y plagas.

**22.** Y tampoco él, pese a los muchos honores que recibió, se engrandeció a sí mismo ni se mostró orgulloso ante los demás.

**23.** "Soy como humo" dijo.

**24.** Y ¿qué podemos decir de David? tan alabado en las sagradas escrituras, de quien el mismo Dios dijo: "He hallado a un hombre querido para mi corazón: David, el hijo de Jesse, a quien he ungido con mi propio óleo".

**25.** Sin embargo éstas son las humildes palabras de David: "Ten misericordia de mí, señor, borra mis pecados.

**26.** Límpiame de mi iniquidad y lava mis faltas. Reconozco mis transgresiones y tengo siempre presentes mis pecados.

**27.** He pecado contra ti y he cometido el mal ante tus ojos.

**28.** He vivido en la iniquidad y mi madre me concibió en pecado.

**29.** Enséñame la verdad y concédeme la sabiduría.

**30.** Límpiame con el hisopo y seré limpio. Lávame y seré más blanco que la nieve.

**31.** Hazme oír con alegría y felicidad, que los huesos que tú rompiste han vuelto a unirse.

**32.** Oculta tu rostro a mis pecados y borra todas mis iniquidades.

**33.** Haz que mi corazón sea limpio, ¡Oh Señor!, y renueva mi espíritu.

**34.** No me eches de tu presencia y no separes de mi tu Santo Espíritu.

**35.** Dame la alegría de la salvación y levanta mi ánimo.

**36.** Entonces podré enseñar a los transgresores y podré convertir a los pecadores.

**37.** Libérame de culpa, ¡Oh Dios!, y mi lengua cantará en voz alta tu justicia.

**38.** Abre mis labios y mi boca cantará tus alabanzas.

**39.** Pues no desearás otros sacrificios y otras ofrendas que los míos.

**40.** Pues el mejor sacrificio al Señor es un corazón contrito. No me abandones Señor".

# IX

*Los insta a que dejen a un lado sus divisiones.*

**1.** Que la obediencia, la humildad y el temor de Dios de estos santos, registrado en las sagradas escrituras, nos sirva de ejemplo y no solamente a nosotros, sino también a las generaciones venideras.

**2.** Disponiendo de tantos y tan gloriosos ejemplos, volvamos a la paz, que desde un principio fue la señal que el Señor puso ante nosotros.

**3.** Levantemos nuestros ojos hacia el Padre y Creador de todo el mundo y aprovechémonos de los enormes y gloriosos dones y beneficios de la paz.

**4.** Observemos con los ojos de nuestro entendimiento y veremos lo amable y paciente que él es con su creación.

**5.** Los cielos se mueven según sus indicaciones y están sujetos a él en paz.

**6.** El día y la noche siguen el curso que él les ha indicado sin que ninguno de ellos moleste al otro.

**7.** El sol, la luna, las constelaciones y las estrellas que los acompañan siguen el curso que él les ha indicado, en concordia y sin separarse lo más mínimo de él.

**8.** La tierra trae sus frutos en abundancia en la estación adecuada, tanto para el hombre como para los animales, que de ella dependen, sin disputar ni alterar en nada lo ordenado por Dios.

**9.** Igualmente las aguas de las profundidades se mantienen en su lugar siguiendo su mandato.

**10.** Del mismo modo el vasto mar se mantiene en su lugar siguiendo su mandato sin traspasar los límites que le han sido asignados.

**11.** Pues allí donde se le ordenó permanecer, allí mantiene sus aguas.

**12.** Tanto el gran océano infranqueable para la humanidad como los mundos que sobre él están, son gobernados por las mismas órdenes de su único dueño.

**13.** La primavera y el verano, el otoño y el invierno se dejan paso uno a otro en orden y paz.

**14.** Los diferentes vientos ejercen su acción en sus respectivas estaciones, sin ofenderse uno al otro.

**15.** Las fuentes perpetuas, ya sean para salud o diversión, nunca dejan de fluir en el mismo lugar, a fin de servir al hombre.

**16.** Incluso las criaturas más pequeñas viven unas con otras en paz y concordia.

**17.** Todo esto lo ordenó el Señor y Creador a fin de que reinara la paz y la concordia, favorable a todos.

**18.** Especialmente entre nosotros, que disfrutamos de su misericordia gracias a nuestro Señor Jesucristo, cuya majestad y gloria sean por siempre. Amén.

## X

*Los exhorta en la obediencia, teniendo en consideración la bondad de Dios, y su presencia en todo lugar.*

**1.** Tened cuidado, queridos, para que todas sus bendiciones no sean para nuestra condenación, pues debemos caminar de acuerdo con él, haciendo cuanto sea placentero y bueno a sus ojos.

**2.** El espíritu del Señor es una vela, que ilumina nuestras partes más recónditas.

**3.** Tengamos en cuenta lo cerca que está de nosotros y que ninguno de nuestros pensamientos o razonamientos permanece oculto para él.

**4.** Por ello no debemos comportarnos con injusticia ni actuar contra su voluntad.

**5.** Antes que ofender a Dios prefiramos hacerlo a hombres alocados e inconscientes, ebrios de su propio orgullo.

**6.** Reverenciemos a nuestro Señor Jesucristo, cuya sangre fue vertida por nosotros.

**7.** Rindamos honores a quienes están sobre nosotros, respetemos a los ancianos e instruyamos a los jóvenes en la disciplina y el temor de Dios.

**8.** Enseñemos a nuestras mujeres a hacer el bien.

**9.** Enseñémosles a fortificar el hábito de la pureza en sus conversaciones y la docilidad en su comportamiento.

**10.** Que su dominio sobre sus lenguas se manifieste mediante su silencio.

**11.** Que su caridad sea hacia todas las personas por igual.

**12.** Que vuestros hijos crezcan en la enseñanza de Cristo.

**13.** Y especialmente enseñadles el gran poder que ha sido conferido por Dios a la humildad.

**14.** Pues él es el dueño de nuestras vidas y puede retirárnoslas en el momento en que le plazca.

## XI

*Sobre la fe y especialmente sobre lo que debemos
creer con respecto a la resurrección.*

**1.** Todo esto debe ser confirmado por la fe en Cristo, pues él mismo lo dijo con sus palabras:

**2.** Venid a mí y abridme vuestro corazón. Yo os enseñaré el temor de Dios.

**3.** Mantened vuestra lengua lejos del mal y que de vuestros labios no salga mentira alguna.

**4.** Alejáos del mal y haced el bien, buscad la paz y fortificadla.

**5.** Los ojos del Señor están posados en el justo y sus oídos están abiertos a sus súplicas.

**6.** Pero el rostro del Señor está contra quienes hacen el mal y él segará su recuerdo de la faz de la tierra.

**7.** Cuando el justo clama, el Señor oye su llamada y lo libera de sus miserias.

**8.** Muchas son las penas de los humanos, pero aquéllos que confían en el Señor, hallarán misericordia.

**9.** Nuestro misericordioso Padre está lleno de compasión hacia quienes le temen, y benevolentemente desparrama sus gracias sobre aquéllos que se le acercan con una mente simple.

**10.** Por ello no debemos albergar ninguna duda en nuestros corazones sobre sus excelentes y gloriosos dones.

**11.** Alejémonos de lo que está escrito: "Miserables son quienes tienen una mente doble y quienes cobijan la duda en sus corazones".

**12.** Y también quienes dicen que tales cosas les fueron enseñadas por sus padres pero que, una vez crecieron nunca las hallaron en la vida.

**13.** ¡Qué locos son! Si consideramos los árboles, tomemos la viña como ejemplo. Primero es una semilla, luego de ella nacen ramas y retoños, luego salen la hojas, posteriormente las flores, luego las uvas ácidas y sólo después aparece el fruto maduro. Así, después de un breve tiempo el fruto está ya maduro.

**14.** Su voluntad se manifiesta oportunamente.

**15.** La Sagrada Escritura nos da testimonio de que todo ocurrirá de un modo rápido y de que el señor vendrá a su templo.

**16.** Tened en cuenta, mis queridos, que el Señor nos ha mostrado en muchas ocasiones que existe una resurrección futura, siendo nuestro Señor Jesucristo uno de sus primeros frutos al surgir de entre los muertos.

**17.** Contemplemos la resurrección que continuamente tiene lugar ante nuestros ojos.

**18.** El día y la noche resucitan ante nosotros. La noche cae y el día se levanta. Luego el día se va y llega la noche.

**19.** Contemplemos los frutos de la tierra. Vemos cómo se siembra la semilla, cómo el sembrador la esparce sobre la tierra. Y esa semilla que cae en la tierra desnuda se disuelve en el tiempo.

**20.** Y de su disolución, el gran poder de la providencia de Dios la hace nacer de nuevo, y traer copioso fruto.

## XII

*Más pruebas sobre la resurrección.*

**1.** Vamos a considerar un maravilloso tipo de resurrección que se da en los países orientales, es decir, en Arabia.

**2.** Existe allí un pájaro llamado fénix, de cuya especie sólo existe uno a la vez y que vive quinientos años. Cuando le llega el tiempo de la disolución, cuando ya debe prepararse para la muerte, se construye un nido con franquincienso, con mirra y otras especias y cuando le llega el tiempo se introduce en su interior y muere.

**3.** Al pudrirse su carne nace de ella un cierto gusano, que al alimentarse con los jugos del pájaro muerto le crecen plumas. Cuando ha llegado al estado adulto, toma el nido en el cual están depositados los huesos de su padre y lo lleva desde Arabia hasta Egipto, a una ciudad llamada Heliópolis.

**4.** Volando durante el día, a la vista de todos los hombres, deja al nido sobre el altar del sol volviendo luego por donde vino.

**5.** Los sacerdotes buscan entonces en sus registros y archivos y descubren que ello ocurre precisamente cada quinientos años.

**6.** ¿No es maravilloso que incluso un pájaro nos muestre la grandeza y el poder del Señor que siempre cumple sus promesas?

**7.** Pues dice la escritura: "Hazme crecer y yo me confesaré a ti".

**8.** Y en otro lugar: "Me acuesto, me duermo y me despierto porque tú estás conmigo".

**9.** Y dijo Job: "Llévate estas carnes que tanto han sufrido".

**10.** Así, confiemos en él, que cumple sus promesas, que es justo en todos sus juicios y que nos ordenó no mentir jamás.

**11.** Pues nada es imposible para Dios, salvo mentir.

**12.** Que la fe nos ilumine y que lleguemos a considerar que todas las cosas son como la noche a su lado.

**13.** Con el poder de su palabra, creó él todas las cosas y con el mismo poder las puede destruir.

**14.** ¿Quién podría pedirle cuentas? y ¿Quién podría resistir su poder?

**15.** El puede realizar cualquier cosa y nada que haya sido determinado por él dejará de cumplirse.

**16.** Todas las cosas están abiertas ante él y nada puede ocultarse de su vista.

**17.** Los cielos declaran la gloria del Señor y el firmamento muestra su grandeza. Día a día y noche a noche nos muestran su poder y su lenguaje. No existe discurso ni lenguaje en el que no se oiga su voz.

# XIII

*Es imposible escapar a la venganza de Dios,*
*si continuamos pecando.*

**1.** Todo es visto y oído por Dios.

**2.** ¿Cómo podríamos escapar de su mano? ¿Qué mundo recibirá a quienes pretenden huir de él?

**3.** Por eso dice la Escritura: ¿Dónde huiré de tu espíritu o dónde me esconderé de tu presencia?

**4.** Si subo a los cielos, tú estás allí. Si voy al lugar más apartado de la tierra, allí está tu mano derecha. Si me refugio en las profundidades, allí está tu espíritu.

**5.** ¿Dónde ir entonces? ¿Cómo escapar de quien comprende todas las cosas?

**6.** Así, vayamos a él con el corazón limpio. Elevemos las manos hacia nuestro Padre que nos ha hecho para compartir sus decisiones.

**7.** Pues está escrito que "Cuando el Supremo dividió las naciones, cuando separó a los hijos de Adán y los dividió según el número de sus ángeles, eligió a su pueblo como el de Jacob, y a Israel como su heredera.

**8.** Y en otro lugar se dice: El Señor tomó para sí una nación entre las naciones al igual que un hombre toma el primer fruto de sus flores. Y el Más Alto nacerá de esa nación.

# XIV

*Cómo debemos vivir para complacer a Dios.*

**1.** Siendo que formamos parte del Uno Santo, hagamos aquello que corresponde a nuestra santidad.

**2.** Evitemos la maledicencia, la ebriedad, la impureza, la concupiscencia, el adulterio y el horrible orgullo.

**3.** Pues Dios dijo que él se opone al orgulloso mientras otorga al humilde su gracia.

**4.** Unámonos a aquéllos a quienes Dios concedió su gracia.

**5.** Seamos humildes y pacíficos, y justifiquémonos con nuestros actos, no con nuestras palabras.

**6.** Pues se ha dicho: ¿Acaso por tener una lengua rápida se es más justo? Bendito aquél nacido de mujer que sólo vive unos pocos días, pues no tiene ocasión de hablar mucho.

**7.** Que nuestras alabanzas sean para Dios, no para nosotros mismos, pues Dios odia a quienes se ensalzan.

**8.** Que el testimonio de nuestros buenos actos sea dado por otros, como ocurrió con los santos que nos han precedido.

**9.** La arrogancia y la autocomplacencia acompañan a quienes se han separado de Dios, al igual que la humildad y la dulzura acompañan a quienes están con él.

**10.** No perdamos entonces de vista sus bendiciones ni los medios por los cuales podemos alcanzarlas.

**11.** Consideremos los hechos ya ocurridos desde el principio.

**12.** ¿Por qué fue bendecido nuestro padre Abraham? ¿Acaso no lo fue por su fe, su justicia y su humildad?

**13.** Isaac se sometió humildemente al sacrificio. Jacob, con toda humildad se alejó de su casa, huyendo de su hermano, yendo junto a Laban y sirviéndole durante muchos años, siéndole luego entregado el cetro de Israel.

**14.** ¿Cuál fue la grandeza de sus hechos?

**15.** Pues de él surgieron los sacerdotes y los levitas, que atendieron el altar del Señor.

**16.** De él surgió nuestro Señor Jesucristo, según la carne.

**17.** De él surgieron los reyes y los príncipes y los gobernantes de Judá.

**18.** Dios le prometió que su descendencia sería como las estrellas del cielo.

**19.** Todos ellos fueron glorificados no por sus palabras sino por su humildad y su justicia.

**20.** Nosotros que hemos sentido la llamada de nuestro Señor Jesucristo, no debemos justificarnos ni vanagloriarnos, ni de nuestras obras, ni de nuestra sabiduría ni de nuestra piedad.

**21.** Nuestro mayor bien es la fe con la que Dios Todopoderoso nos ha dotado desde el principio. Glorioso sea por siempre. Amén.

## XV

*Nuestra fe nos justifica, pero ello no debe impedirnos llevar una vida santa y complacernos en ella.*

**1.** ¿Qué debemos entonces hacer? ¿Debemos ser perezosos en nuestras buenas acciones abandonando la caridad? Dios nos ha indicado claramente que no es eso lo que debemos hacer.

**2.** Al contrario, debemos dedicarnos con todo celo y empeño a las obras buenas, pues el propio Creador se regocija en sus obras.

**3.** Con su enorme poder, creó los cielos y con su incomprensible sabiduría los adornó.

**4.** También separó las aguas de las tierras, fijándolas como un lugar seguro.

**5.** También ordenó la existencia de todas las criaturas que hay sobre ella.

**6.** Y del mismo modo hizo con las criaturas que habitan las aguas y los mares.

**7.** Y sobre todas estas cosas, él mismo, con sus puras y santas manos formó al hombre, la más perfecta y mejor de todas sus criaturas, pues fue formada a su propia imagen.

**8.** Pues él mismo dijo: Vamos a formar al hombre a nuestra imagen y semejanza y así lo creó varón y hembra.

**9.** Y una vez hubo terminado todo esto ordenó a todas las criaturas creadas: Creced y multiplicáos.

**10.** Al igual que Dios se adornó a sí mismo con sus obras, el hombre justo se adorna con las suyas.

**11.** Ya que disponemos de su ejemplo, dediquémonos con diligencia a cumplir su voluntad y dediquemos todas nuestras fuerzas a la labor de la justicia.


## XVI

*Ejemplo de los santos ángeles sobre la grandeza del premio que Dios tiene preparado para nosotros.*

**1.** El buen trabajador recibe el pago por su trabajo sin embargo el vago y perezoso no es capaz de mirar a la cara a su patrón.

**2.** Debemos estar siempre listos y dispuestos para las buenas obras pues ellas complacen al Señor, creador de todo cuanto existe.

**3.** Además sabemos que cada uno de nosotros será recompensado según su trabajo, según sus obras.

**4.** Por ello debemos abandonar toda pereza.

**5.** Confiemos en Dios y sometámonos a su santa voluntad. Veamos la multitud de sus ángeles con qué diligencia acatan sus órdenes.

**6.** Pues dice la Escritura: Miles de miles están frente a él y diez mil veces diez mil lo atienden.

**7.** Así, también nosotros debemos unirnos conscientemente para hacer el bien, como si fuéramos uno solo y de este modo mereceremos sus grandes y gloriosas promesas.

**8.** Pues ni el oído es capaz de oír ni el ojo puede ver la enormidad de las glorias que Dios tiene preparadas para el hombre.

## XVII

(...)

## XVIII

*Por ello los exhorta a actuar de acuerdo y siguiendo los dictados de la Iglesia, como único medio de complacer a Dios.*

**1.** Hombres alocados e ignorantes que ni tienen prudencia ni conocimientos podrán burlarse de nosotros intentando acrecentar todavía más su orgullo.

**2.** ¿Qué puede hacer un mortal? ¿Qué fuerza hay en él que lo pueda sacar del polvo?

**3.** Pues está escrito: No hubo forma alguna ante mis ojos, sólo oí el sonido de una voz.

**4.** ¿Por qué debe el hombre ser puro ante Dios?...

**5.** (...)

**6.** (...)

**7.** (...)

# XIX

*La orden sacerdotal fue establecida por los apóstoles siguiendo el mandato de Cristo, basado en el ejemplo de Moisés. Aquéllos que fueron consagrados al sacerdocio no pueden ya separarse de él sin cometer gran pecado.*

**1.** Los apóstoles nos predicaron sobre nuestro Señor Jesucristo. Jesucristo nos predicó sobre Dios.

**2.** Así Cristo fue enviado por Dios y los apóstoles fueron mandados por Cristo. Ambos vinieron de acuerdo con la voluntad de Dios.

**3.** Habiendo recibido su mandato y habiendo obtenido su seguridad mediante la resurrección de Jesucristo y su convencimiento por la palabra de Dios, con la totalidad del Espíritu Santo, los apóstoles se extendieron por las naciones, dando a conocer a los pueblos que el Reino de Dios está a nuestro alcance.

**4.** Y predicando por naciones y ciudades comenzaron a recoger los primeros frutos de su labor, nombrando obispos y sacerdotes, tras haberlos examinado mediante el Espíritu.

**5.** No inventaron nada, pues todo lo concerniente a los obispos y diáconos estaba ya escrito.

**6.** Así se dice en cierto lugar de las escrituras: nombraré sus sacerdotes en la fe.

**7.** De este modo, los apóstoles, siguiendo el mandato de Dios a través de Cristo, nombraron sacerdotes y obispos al igual que hizo Moisés, quien registró por escrito las Leyes que Dios le había dado.

**8.** A quien siguieron todos los profetas, dejando testimonio de todo cuanto el Señor les instruía.

**9.** En cierta ocasión surgió una disputa entre las diferentes tribus sobre cuál de ellas sería investida con el glorioso nombre del sacerdocio. Moisés llamó a los capitanes de cada una de las doce tribus y les pidió que cada uno de ellos trajera una vara, en la que deberían haber marcado antes el nombre de la tribu.

**10.** Tomó las doce varas y las ató todas juntas, sellándolas con los sellos de las doce tribus y dejándolas seguidamente en el tabernáculo de los testimonios, sobre la mesa de Dios.

**11.** Una vez cerrado el tabernáculo selló las llaves del mismo, igual que había hecho con el atado de las doce varas y entonces les dijo a los representantes de las doce tribus: Aquella vara que florezca, señalará la tribu elegida por Dios para que se dedique al sacerdocio y para ocuparse de las cosas sagradas.

**12.** A la mañana siguiente llamó ante él a todo el pueblo de Israel, que eran seiscientos mil hombres, y frente a los príncipes de las doce tribus destruyó los sellos, abrió el tabernáculo de los testimonios y sacó las varas.

**13.** Y entonces se vio que la vara de la tribu de Aarón no sólo había florecido sino que incluso había dado fruto.

**14.** ¿Qué creéis vosotros? ¿Sabía ya Moisés lo que iba a ocurrir o no?

**15.** Por supuesto que sí, pero a fin de que no se crearan divisiones ni tumultos en Israel, actuó de esta manera y también para que el nombre de Dios fuese glorificado y honrado por siempre. Amén.

**16.** También los apóstoles supieron de nuestro Señor Jesucristo que surgirían disputas por motivo del sacerdocio.

**17.** Previendo todo esto se estableció que cuando los prelados murieran deberían ser sustituidos por otros hombres escogidos y aprobados.

**18.** Por ello no podemos pensar que un sacerdote pueda ser con justicia despojado de su sacerdocio y menos si ha administrado con corrección e inocencia el rebaño de Cristo, en paz y sin aprovecharse él mismo de su sacerdocio.

**19.** Así sería un gran pecado arrojar de su ministerio a quien santamente y sin pecado alguno lo administra correctamente.

**20.** Benditos los sacerdotes que tras terminar su cometido en este mundo obtienen una perfecta y fructífera disolución, sin miedo alguno pues seguidamente pasarán a ocupar el lugar que les está destinado.

**21.** Sin embargo sabemos que habéis expulsado a algunos de entre vosotros, que vivían su sacerdocio de un modo inocente y justo.

## XX

*Los exhorta a la paz con ejemplos de la Sagradas Escrituras, especialmente con las palabras de San Pablo dirigidas precisamente a ellos.*

**1.** Os preocupáis, hermanos, por cosas que no tienen nada que ver con la salvación.

**2.** Buscad en las Sagradas Escrituras que son la verdadera palabra del Espíritu Santo. Vosotros sabéis que en ellas no hay escrito nada que no sea justo.

**3.** Nunca veréis en ellas que un hombre justo sea echado ni expulsado por otros que a su vez son también buenos.

**4.** Los justos fueron perseguidos, pero siempre por los malvados e injustos.

**5.** Fueron encarcelados pero siempre por los perversos y malignos.

**6.** Fueron lapidados, pero por los transgresores.

**7.** Fueron muertos, pero por los indignos y por quienes sólo sentían envidia hacia ellos.

**8.** Y todos estos sufrimientos los soportaron ellos gloriosamente.

**9.** ¿Fue acaso arrojado Daniel a la jaula de los leones por gentes temerosas de Dios? ¿Fueron Ananías, Azarías y Misael arrojados al horno por quienes adoraban y honraban al Señor?

**10.** ¿Qué tipo de personas hicieron tales actos? Eran hombres abominables, llenos de maldad y de debilidades hasta el punto de inferir sufrimientos a quienes con mente pura cumplían con lo ordenado por Dios, sin comprender que el Altísimo protege y defiende a todos aquéllos que con una consciencia pura sirven a su nombre, que la gloria esté por siempre con ellos. Amén.

**11.** (...)

**12.** También nosotros, queridos hermanos, debemos seguir el ejemplo de aquellos santos pues está escrito que quien se mantenga firme en la santidad, será finalmente santificado.

**13.** Y en otro lugar de la Escritura se dice: Con los puros serás puro y con elegidos, serás elegido, sin embargo con los perversos te harás perverso.

**14.** Unámonos pues con los inocentes y con los justos, pues ellos son los elegidos de Dios.

**15.** ¿Para qué sirven todas esas separaciones, angustias, divisiones y cismas entre nosotros?

**16.** ¿Acaso no tenemos todos un solo Dios y un solo Cristo? ¿Acaso no es el mismo espíritu de la gracia el que se derrama sobre todos nosotros?

**17.** ¿Por qué entonces separarnos los miembros de Cristo desgarrando nuestro propio cuerpo? Pues hemos llegado a la locura de olvidar que todos estamos unidos y que unos somos miembros de otros.

**18.** Recordad las palabras de nuestro Señor Jesús: Más le valdría no haber nacido antes de ofender a uno de mis elegidos. Mejor sería para él que le ataran al cuello una piedra de molino y que lo echaran al fondo del mar, antes de ofender a uno de mis pequeños.

**19.** Vuestro cisma ha pervertido a muchos, ha desanimado a muchos, ha causado problemas a muchos y pena a todos nosotros. Y pese a ello vuestra sedición continúa.

**20.** Tomad en las manos la epístola de Pablo, ¿Qué fue lo que os decía en su primera predicación del evangelio entre vosotros?

**21.** (...)

**22.** Sin embargo entonces vuestra parcialidad os llevó a un pecado mucho menor pues situasteis vuestro afecto en apóstoles y en un hombre de gran bondad y valía.

**23.** Os ruego que consideréis quién o quienes os han llevado ahora a extraviaros aniquilando el amor fraternal que antes tan fuerte era entre vosotros.

**24.** Es una pena, mis queridos hermanos, una gran pena indigna de vuestra profesión cristiana, saber que la más firme y antigua Iglesia de los corintios ha sido abocada por una o dos personas a separarse de sus sacerdotes.

**25.** Y estas noticias no sólo han llegado hasta nosotros, sino también a otros diferentes de nosotros.

**26.** Incluso el nombre de nuestro Señor ha llegado a ser blasfemado por vuestra locura e incluso vosotros estáis en peligro por ello.

**27.** Pongamos un punto final a esa sedición, caigamos de rodillas ante el Señor y pidámosle con lágrimas en los ojos que nos reconcilie y que restaure entre nosotros el santo amor fraternal.

**28.** Pues éste es el camino de la justicia, el que nos puede llevar a la vida ya que está escrito: "Voy a entrar y oraré al Señor. Esta es la puerta del Señor por la que deben entrar los justos".

**29.** Aunque pueden haber muchas puertas abiertas,

ésta es la de la justicia, la puerta de Cristo, por la que entran los bienaventurados que dirigen sus pasos hacia la santidad y la justicia, abandonando todo desorden.

**30.** Tengamos fe y mantengámonos en el conocimiento, seamos exactos en nuestros juicios y puros en todos nuestros actos.

**31.** (...)

## XXI

*El valor que Dios da al amor y a la unidad, los efectos de la caridad verdadera, que es un don de Dios y debe ser obtenida mediante la oración.*

**1.** Que quien siente amor por Cristo, siga los mandamientos de Cristo.

**2.** (...)

**3.** (...)

**4.** La caridad nos une con Dios. La caridad cubre todos nuestros pecados. La caridad logra todas las cosas.

**5.** En la caridad no hay nada feo ni sórdido. La caridad no nos levanta sobre los demás, no admite divisiones, no es sediciosa sino que todo lo logra en paz y concordia.

**6.** La caridad nos hace perfectos. Sin ella nada complace ni es aceptable a los ojos de Dios.

**7.** Mediante la caridad nos unió el Señor con él, pues por el amor que sentía hacia nosotros, el Señor Jesucristo dio su sangre según la voluntad de Dios, dio su carne por nuestra carne y su alma por nuestra alma.

**8.** Ya veis queridos hermanos, lo grande y maravillosa que es la caridad y cómo no hay expresiones que puedan manifestar su perfección.

**9.** (...)

**10.** Oremos a él, y pidámosle que nos haga dignos de él, que vivamos en la caridad, sin falta y con respeto por todos nuestros hermanos.

**11.** Todas las épocas del mundo desde Adán, pasaron ya, mas aquéllos que fueron perfectos en su amor lograron un lugar entre los justos y se manifestarán en el Reinado de Cristo.

**12.** Pues está escrito: Entrad en la cámara durante un corto tiempo, hasta que se calme mi indignación y mi ira. Cuando llegue el día bueno os recordaré y os sacaré de vuestras tumbas.

**13.** Felices seremos, queridos hermanos, si seguimos los mandamientos de Dios en la unidad del amor y mediante ese amor, nos serán perdonados todos nuestros pecados.

**14.** Pues está escrito: Benditos aquéllos a quienes les son perdonadas sus iniquidades y cuyos pecados son borrados. Bendito aquél a quien el Señor no le imputa ningún pecado y cuya boca carece de astucia.

**15.** Estas bendiciones se desparraman sobre los elegidos de Dios a través de nuestro Señor Jesucristo, a quien por siempre glorificamos. Amén.


# XXII

*Los exhorta a arrepentirse de sus divisiones y a volver a su unidad confesando sus pecados a Dios, siguiendo el ejemplo de Moisés, de Judith, de Esther y de otros.*


**1.** Pidamos entonces el perdón de Dios, quienes hemos sucumbido a las sugestiones del adversario.

**2.** Y a aquéllos que han sido los instigadores de la sedición, hacedles ver nuestro fin común.

**3.** (...)

**4.** Pues es propio de hombres confesar sus transgresiones.

**5.** Sin atormentar sus corazones, como ocurrió con quienes planearon la sedición contra Moisés, el siervo de Dios, pues cayeron vivos en la tumba y la muerte se los tragó.

**6.** Por ese mismo motivo cayeron en las profundidades del mar muerto el faraón y sus huestes, y los gobernantes de Egipto, con sus carros y sus jinetes y allí perecieron todos.

**7.** Queridos hermanos, Dios no necesita nada, ni quiere nada de nosotros, sólo que le confesemos nuestros pecados.

**8.** Por eso dijo el Santo David: Me confesaré al Señor y le complaceré en todo. Que los pobres vean y se pongan contentos.

**9.** Y también dijo: Ofrece tu sacrificio y cumple tus votos al Altísimo. Llámame en tus dificultades y yo te liberaré y tu me glorificarás.

**10.** Vosotros, queridos, conocéis bien las Sagradas Escrituras y sabéis los oráculos del Señor, llamadlo entonces en vuestro recuerdo.

**11.** Pues cuando Moisés subió al monte y pasó cuarenta días y cuarenta noches en ayuno y humillación, el Señor le dijo: "Levántate Moisés y baja rápido del monte, pues tu gente a la que sacaste de la tierra de Egipto ha cometido maldades, no han cumplido lo que yo les mandé y han construido imágenes de ídolos".

**12.** Y el Señor le dijo: Este pueblo no merece vivir, lo voy a destruir y borraré su nombre de bajo el cielo. Yo te daré otra nación que será mucho mejor y más grande que ésta.

**13.** Pero Moisés le dijo: "No hagas así, Señor, perdónalos y si no, bórrame también a mí de entre los vivos". ¡Qué admirable caridad! ¡qué sublime perfección! El siervo le habla claramente a Dios, y le pide que perdone a su pueblo o que lo destruya a él también.

**14.** ¿Hay alguno entre vosotros así de generoso? ¿Quién tiene una compasión semejante? ¿Quién tiene una caridad como ésta?

**15.** Quien fuera capaz de actuar así, atraería sobre sí el gran honor del Señor, y todos los lugares del mundo estarían dispuestos a recibirlo.

**16.** (...)

**17.** Incluso los gentiles nos han dado ejemplos de este tipo.

**18.** ¿Cuántos reyes y príncipes, en tiempos de grandes pestes, al ser avisados por sus oráculos se han ofrecido a sí mismos para salvar a su pueblo, para que mediante el sacrificio de su propia sangre su pueblo fuera salvado de la muerte?

**19.** Otros abandonaron sus ciudades para que así se terminara la sedición existente en ellas.

**20.** Hay quienes se vendieron como esclavos, para así poder liberar a otros.

**21.** Otros llegaron a venderse como esclavos, para que los suyos se pudieran alimentar, con el precio por ellos pagado.

**22.** Incluso muchas mujeres, iluminadas por la gracia de Dios hicieron cosas gloriosas en diversas ocasiones.

**23.** La gloriosa Judith, al ver su ciudad cercada decidió salir e ir al encuentro de los enemigos y de este modo Dios entregó a Holofernes en manos de una mujer.

**24.** Y también Esther, perfecta en su fe, se expuso a grandes peligros para salvar a las doce tribus de Israel de la destrucción. Pues mediante el ayuno y la humildad llegó al Señor de los Espíritus y pudo liberar a su pueblo, por el cual se puso en peligro.

# XXIII

*Sobre los beneficios de los consejos y correcciones mutuas. Los invita a seguir lo que él les dice.*

**1.** Por todo ello, roguemos por quienes han caído en el pecado, para que con humildad y moderación se sometan, no a nosotros, sino a la voluntad de Dios.

**2.** Para que por él obtengan el fruto de la misericordia.

**3.** Corrijámonos y que nadie deba afligirse por nuestra causa.

**4.** Queridos hermanos, el arrepentimiento y la corrección entre nosotros es buena y sumamente beneficiosa pues nos une más estrechamente con la voluntad del Señor.

**5.** Pues así lo dice la Sagrada Escritura: Señor, corrígeme y no me entregues a la muerte.

**6.** Que los justos me instruyan y me corrijan y que los pecadores no puedan mancharme.

**7.** Y también dice: Feliz aquél a quien Dios corrige, por ello no desprecies las indicaciones del Todopoderoso.

**8.** (...)

**9.** El te liberará de las calamidades, ningún mal te alcanzará. En tiempos de hambre te liberará de la muerte y en tiempos de guerra de la espada.

**10.** Te evitará el azote de las malas lenguas y te protegerá de toda destrucción.

**11.** Te podrás reír de los malvados y no temerás a ningún animal de esta tierra. Las bestias salvajes te respetarán.

**12.** Tu casa estará en paz y tu tabernáculo no errará. Tu descendencia será abundante como las yerbas de la tierra.

**13.** Llegarás a la tumba como el trigo maduro, en el momento adecuado.

**14.** Benditos aquéllos que son corregidos por el Señor. El es un buen instructor y aplica sabiamente su santa disciplina.

**15.** Vosotros que habéis instigado la sedición, sometéos a vuestros sacerdotes, arrepentíos y doblad las rodillas de vuestro corazón.

**16.** Aprended a vivir sujetos. Abandonad toda arrogancia y toda presunción.

**17.** Pues es mejor para vosotros que siendo pequeños forméis parte del rebaño de Cristo, que no que os creáis mejores que los demás y que por ello os veáis expulsados del mismo.

## XXIV

*Los recomienda a Dios, deseando que esta*
*epístola cause un buen efecto en ellos.*

**1.** Que ahora Dios, el inspector de todas las cosas, el Padre de los Espíritus y el Señor de toda la carne, que eligió a nuestro Señor Jesucristo y a nosotros a través de él para que fuéramos su pueblo.

**2.** Conceda a toda alma que invoque su glorioso y santo nombre, fe, temor, paz, paciencia, comedimiento, santidad y sobriedad, a través de nuestro Señor Jesucristo, merecedor de toda gloria, majestad, poder y honor, ahora y siempre. Amén.

**3.** Los mensajeros que hemos mandado a vosotros, Claudio, Efebo y Valerio Vito junto a Fortunato, mandadlos de nuevo a nosotros, con diligencia y paz, para que nos traigan las noticias de vuestra paz y concordia tan deseadas por nosotros y por las que tanto hemos rogado.

**4.** Que la gracia de nuestro Señor Jesucristo sea con vosotros y con todos los que en cualquier lugar invoquen a Dios a través de él. A él la gloria, el honor, el poder, la majestad y el dominio eterno. Por Cristo Jesús, por siempre y para siempre. Amén.

# El Evangelio según Tomás (gnóstico)

El texto que seguidamente presentamos no tiene nada que ver con su homónimo incluido al principio de este libro. Se trata de una serie de dichos, profecías, proverbios y parábolas de Jesús hallados en los rollos de Nag Hammadi, descubiertos en el año 1945 en Egipto. Este texto copto parece que es traducción de un original griego, pues algunos fragmentos del mismo se han encontrado en griego, procedentes del siglo II, sin embargo existen indicios suficientes para afirmar que dicha colección de proverbios y dichos pudo ser compuesta en la segunda mitad del siglo I. Como autor aparece Dimas Judas Tomás es decir, Judas "el gemelo", a quien la Iglesia siria identifica con Judas, el apóstol y hermano gemelo de Jesús.

Muchos de los dichos de este *Evangelio según Tomás* muestran un claro paralelismo con los evangelios sinópticos (Mateo, Marcos y Lucas), lo cual hace suponer a los eruditos que al igual que los evangelios de Mateo y de Lucas, procede del famoso "Q" (del alemán "quelle": fuente).

En todo el *Evangelio según Tomás* se hace presente la influencia gnóstica, aunque no ha sido posible hasta ahora imputarlo a ninguna escuela o secta en particular. Al principio del mismo se indica que éstos son los "dichos secretos que el Jesús Vivo dijo" mostrando su marcado carácter esotérico en la frase "aquél que sepa interpretar estas palabras no conocerá la muerte", es decir, que estos dichos no deben ser tomados al pie de la letra, sino que, al contrario que los demás textos apócrifos vistos hasta aquí, éste requiere de una interpretación especial.

Según el texto, la base de la experiencia religiosa no sólo la constituye el reconocimiento de nuestra identidad divina sino más concretamente el reconocimiento de nuestro origen (la luz) y de nuestro destino (el reposo). A fin de alcanzar su origen el discípulo deberá trascender al mundo y sólo entonces podrá experimentar una nueva vida: el reino de la luz y la paz.

La numeración por frases o logiones no figura en el original, pero es la utilizada en casi todas las versiones contemporáneas.

# EL EVANGELIO
# SEGUN TOMAS

## Estos son los dichos secretos que el Jesús Vivo dijo y que fueron escritos por Dimas Judas Tomás.

**1.** El dijo: Aquél que sepa interpretar estas palabras no conocerá la muerte.

**2.** Jesús dijo: Que quien busca siga buscando hasta que encuentre y cuando encuentre se verá turbado, se maravillará y reinará sobre el Todo.

**3.** Jesús dijo: Si aquéllos que os guían os dicen: El Reino está en el cielo, entonces los pájaros del cielo serán más que vosotros. Si os dicen que el Reino está en el mar, entonces los peces estarán mejor situados que vosotros. Sin embargo el Reino está tanto dentro como fuera de vosotros. Cuando os conozcáis a vosotros mismos, entonces seréis conocidos y sabréis que sois hijos del Padre. Si por el contrario no os conocéis, estaréis en la pobreza y seréis la pobreza.

**4.** El hombre anciano no dudará en sus últimos días en preguntar a un niño de siete años sobre el lugar de la Vida y vivirá, pues muchos de los últimos serán los primeros y se convertirán en uno sólo.

**5.** Jesús dijo: Conoce lo que está frente a ti y aquello que está oculto te será desvelado pues no existe nada oculto que no vaya a ser manifestado.

**6.** Sus discípulos le preguntaban: ¿Debemos ayunar? ¿Cómo tenemos que orar? ¿Tenemos que dar limosnas? ¿Qué alimentos podemos tomar? Jesús les contestó: Nunca tenéis que mentir y, abstenéos de hacer todo aquello que disguste a vuestros corazones, pues todo es desvelado ante el cielo. Nada de lo que ha permanecido oculto dejará de ser manifestado y nada de lo que está cubierto permanecerá sin ser revelado.

**7.** Jesús dijo: Feliz el león que será comido por el hombre, pues el león se convertirá en hombre y maldito el hombre que será comido por el león, pues el hombre se convertirá en león.

**8.** Y dijo: El hombre es semejante a un pescador inteligente que lanza su red al mar y la retira llena de peces pequeños. Entre todos ellos encuentra uno grande y hermoso. El pescador inteligente lanzará de nuevo los pececitos al mar y se quedará muy contento con el pez grande. ¡Que aquél que tenga oídos para oír, oiga!

**9.** Jesús dijo: El sembrador salió, llenó su mano y lanzó las semillas. Algunas de ellas cayeron sobre el camino, los pájaros llegaron rápidamente y las comieron. Otras cayeron sobre unas piedras y no pudieron introducir sus raíces en la tierra ni elevar sus tallos hacia el cielo. Otras cayeron sobre unos espinos que las ahogaron hasta que finalmente fueron comidas por los gusanos. Y otras, finalmente cayeron sobre buena tierra y dieron un fruto abundante.

**10.** Jesús dijo: He lanzado un fuego sobre el mundo, y lo estoy guardando hasta que arda.

**11.** Jesús dijo: Este cielo pasará y todo lo que está debajo de él pasará también. Los muertos no están vivos y los vivos no morirán. Los días en que comías lo que está muerto, hacíais lo vivo. Cuando moréis en la luz ¿qué vais a hacer? El día en que erais uno os convertisteis en dos y ahora que sois dos ¿qué vais ha hacer?

**12.** Sus discípulos dijeron a Jesús: Sabemos que un día nos dejarás, ¿a quién deberemos seguir entonces? Jesús les dijo: Donde quiera que vayáis, iréis hacia Santiago el Justo, por quien la tierra y el cielo han sido hechos.

**13.** Jesús dijo a sus discípulos: Comparadme con alguien y decidme a quién me parezco. Simón Pedro le dijo: Te pareces a un ángel justo. Matías le dijo: Te pareces a un filósofo sabio. Tomás le dijo: Maestro, mi boca es incapaz de decir a quien te pareces. Jesús dijo: YO no soy tu maestro. Estás ebrio. Te has intoxicado bebiendo del manantial que yo te he recomendado. Seguidamente lo tomó consigo, se retiró con él y le dijo tres cosas. Cuando Tomás volvió con sus compañeros éstos le preguntaron: ¿Qué te dijo Jesús? Tomás les contestó: Si os dijera tan sólo una de las palabras que él me ha dicho tomaríais piedras y me las lanzaríais y luego de tales piedras saldría fuego y os quemaría.

**14.** Jesús les dijo: Si ayunáis cometeréis un pecado, si oráis os condenaréis y si dais limosnas perjudicaréis a vuestro espíritu. Si vais a algún país, camináis por sus campos y sois recibidos, comed lo que pongan ante vosotros y curad a los que estén enfermos. No os corromperá lo que entre por vuestra boca sino lo que salga de ella.

**15.** Jesús dijo: cuando os encontréis con aquél que no ha nacido de mujer, postraros delante de él y adoradlo. Es vuestro Padre.

**16.** Jesús dijo: Tal vez los hombres piensen que he venido a traer la paz al mundo, no saben que he venido a traerles divisiones, fuego, espada y guerra. Si en una casa hay cinco, tres estarán contra los otros dos y estos dos contra los tres restantes: padres contra hijos, hijos contra sus padres y permanecerán solos.

**17.** Jesús dijo: Os daré aquello que el ojo no ha visto y lo que el oído no oyó, aquello que la mano nunca tocó y lo que nunca llegó al corazón del hombre.

**18.** Sus discípulos le preguntaron: Dinos cómo será nuestro fin. Jesús les respondió: ¿Acaso habéis descubierto ya vuestro comienzo para andar buscando el fin? Donde esté el comienzo está el fin. Feliz aquél que se mantiene en el comienzo. El conocerá el fin y no experimentará la muerte.

**19.** Jesús dijo: Feliz aquél que era antes de ser. Si os convertís en mis discípulos y escucháis mis palabras, hasta estas piedras os servirán. Existen cinco árboles en el paraíso que permanecen siempre iguales, tanto en invierno como en verano y cuyas hojas nunca caen. Quien los conozca no experimentará la muerte.

**20.** Sus discípulos le pidieron: Dinos a qué se parece el Reino de los cielos. Y él les contestó: Se parece a un grano de mostaza, la más pequeña de todas las semillas, sin embargo cuando ese grano cae sobre una tierra fértil y cultivada germina, produciendo una gran planta que sirve de cobijo a las aves del cielo.

**21.** María dijo a Jesús: ¿A qué se parecen tus discípulos? El le respondió: Se parecen a unos niños que han ocupado un campo que no es suyo. Cuando los dueños del campo vuelvan les dirán: ¡Dejadnos nuestro campo! Entonces para devolverles el campo y cuanto en él encontraron tendrán que desnudarse en presencia de ellos. Por eso yo digo: Si el dueño de la casa sabe que va a llegar un ladrón, permanecerá vigilante y no le dejará perforar la casa de su reino ni llevarse sus pertenencias. Por ello debéis permanecer siempre vigilantes ante el mundo. Armáos y ceñid con fuerza vuestras cinturas para evitar que los ladrones puedan llegar hasta vosotros pues las dificultades que esperáis seguramente se materializarán. ¡Que entre vosotros haya un hombre de conocimiento! Cuando el grano está maduro, él llega rápidamente con la hoz en la mano, y lo siega. Aquél que tenga oídos para oír, que oiga.

**22.** Jesús vio a unos niños que chupaban y dijo a sus discípulos: Esos niños que chupan son como los que entran en el Reino. Y ellos dijeron: ¿Entonces entraremos en el Reino volviéndonos niños? Jesús les respondió: Cuando hagáis de dos uno y cuando vuestro interior sea como vuestro exterior y vuestro exterior como vuestro interior y lo que está arriba como lo que está abajo y cuando hagáis del varón y la mujer una sola cosa de suerte que el varón no sea ya varón y la mujer no sea ya mujer, cuando tengáis ojos en lugar de un ojo, una mano en lugar de una mano, un pie en lugar de un pie y una imagen en lugar de una imagen, entonces entraréis en el Reino.

**23.** Jesús dijo: Yo os escogeré uno entre mil y dos entre dos mil y ellos serán como uno sólo.

**24.** Dijeron sus discípulos: Muéstranos el lugar donde tú estás, pues es necesario que nosotros lo busquemos. El dijo: Aquél que tenga oídos para oír que oiga. En el interior de un hombre iluminado hay luz y él ilumina al mundo entero. Si no iluminara, habría oscuridad.

**25.** Jesús dijo: Ama a tu hermano como a tu alma y vela por él como por la niña de tu ojo.

**26.** Jesús dijo: Ves la mota en el ojo de tu hermano pero la viga que hay en el tuyo no la ves. Cuando hayas sacado la viga de tu ojo podrás sacar la mota del ojo de tu hermano.

**27.** Jesús dijo: Si no ayunáis del mundo no hallaréis el Reino; si no celebráis el sábado como sábado, no veréis al Padre.

**28.** Jesús dijo: Me aparecí en el mundo y me revelé en la carne. Los encontré a todos ebrios, ni uno solo hallé que estuviera sediento y mi alma se apenó por los hijos de los hombres, pues son ciegos en sus corazones y no se dan cuenta de que han venido al mundo vacíos y buscan dejarlo también vacíos. Ahora están ebrios. Cuando dejen su vino, se arrepentirán.

**29.** Jesús dijo: Si la carne vino a la existencia a causa del espíritu sería una maravilla. Pero si el espíritu vino a existir a causa del cuerpo ello sería una maravilla de maravillas. Y lo que a mí más me maravilla es esto: ¿Cómo esta enorme riqueza llegó a morar en medio de tanta miseria?

**30.** Jesús dijo: Allí donde hay tres dioses, son dioses. Donde hay dos o uno, yo estoy con él.

**31.** Jesús dijo: Ningún profeta lo es en su tierra. Ningún médico cura a aquéllos que lo conocen.

**32.** Jesús dijo: Una ciudad construida y fortificada sobre una montaña no puede caer, ni tampoco se la podrá ocultar.

**33.** Jesús dijo: Lo que oigas en un oído y en el otro proclámalo sobre los tejados, pues nadie prende una lámpara para meterla en un cajón o para ocultarla en algún lugar, sino que la sitúa en un lugar visible, para que todo el que entre o salga vea su luz.

**34.** Jesús dijo: Si un ciego conduce a otro ciego, los dos caerán en un pozo.

**35.** Jesús dijo: No es posible que alguien entre en la casa del fuerte y la tome con violencia, a menos que antes le amarre las manos. Entonces sí podrá desordenar su casa.

**36.** Jesús dijo: No os preocupéis de la mañana a la noche y de la noche a la mañana por aquello con que os vais a vestir.

**37.** Dijeron sus discípulos: ¿Cuándo te revelarás a nosotros y cuándo te veremos? Jesús les dijo: Cuando abandonéis vuestra vergüenza, cuando toméis vuestros vestidos y los depositéis a vuestros pies como niños y seguidamente los pisoteéis, entonces veréis al hijo de Aquél que está vivo, y ya no temeréis nada.

**38.** Dijo Jesús: Muchas veces habéis deseado oír las palabras que ahora os digo y que sólo de mí podréis oír. Llegarán días en los que me buscaréis y no me hallaréis.

**39.** Jesús dijo: Los fariseos y los escribas recibieron las claves de la gnosis y las ocultaron. No entraron en ella y además impidieron el paso a quienes quisieron entrar. Mas vosotros, sed cautos como las serpientes y cándidos como las palomas.

**40.** Jesús dijo: Una cepa de viña fue plantada fuera del Padre y, como no tomó fuerza, será arrancada de raíz y perecerá.

**41.** Jesús dijo: A aquél que tenga algo en su mano se le dará y a aquél que no tenga nada, incluso lo poco que tuviere le será quitado.

**42.** Jesús dijo: Sed transeúntes (estáis de paso).

**43.** Le preguntaron sus discípulos: ¿Quién eres tú que tal nos dices? El respondió: ¿Acaso no sabéis quién soy, partiendo de lo que os digo? Sois como los judíos, que aman al árbol pero odian su fruto y aman el fruto, pero odian al árbol.

**44.** Dijo Jesús: Se perdonará a aquél que haya blasfemado contra el Padre y se perdonará a quien haya blasfemado contra el Hijo, pero aquél que haya blasfemado contra el Espíritu Santo no será perdonado, ni en la tierra ni en el cielo.

**45.** Dijo Jesús: Los espinos no dan uvas y los arbustos no dan higos, pues ninguno de ellos da frutos. El hombre bueno saca buenas cosas de su tesoro y el hombre malo saca cosas malas del tesoro de maldad que está en su corazón y también dice cosas malas pues la excesiva maldad de su corazón produce sólo males.

**46.** Dijo Jesús: Entre todos los nacidos de mujer desde Adán a Juan el Bautista, ninguno es superior a Juan el Bautista. Sin embargo yo os digo: Aquél de entre vosotros que se vuelva pequeño conocerá el Reino y se elevará más que Juan el Bautista.

**47.** Jesús dijo: Al igual que un hombre no puede montar dos caballos ni tirar con dos arcos, tampoco puede servir a dos señores. Si lo hace favorecerá a uno y perjudicará al otro. Nadie que toma vino viejo desea luego beber inmediatamente vino nuevo. No se escancia el vino nuevo en odres viejos a fin de que no se desgarren y tampoco se escancia el vino viejo en odres nuevos por miedo a que lo estropeen. En un vestido nuevo no se cose una pieza de tela vieja, pues por ella se desgarraría.

**48.** Jesús dijo: Si en esta misma casa dos hacen las paces entre ellos y luego dicen a la montaña: ¡Desplázate! La montaña cambiará de lugar.

**49.** Dijo Jesús: Felices los solitarios y los elegidos pues vosotros hallaréis el Reino. De él salisteis y a él retornaréis.

**50.** Dijo Jesús: Si os preguntan: ¿De quién habéis nacido? Responded: Hemos nacido de la luz, allí donde la luz surgió y donde se reveló su imagen. Si os preguntan: ¿Quién sois? Decid: Somos sus hijos y somos los elegidos del Padre que está vivo. Si os preguntan: ¿Cuál es la señal de vuestro Padre que está en vosotros? Decid: es movimiento y reposo.

**51.** Sus discípulos le preguntaron: ¿Cuándo llegará el reposo de los muertos y cuándo vendrá el nuevo mundo? El les respondió: Lo que estáis esperando ha llegado ya, pero vosotros no lo habéis sabido reconocer.

**52.** Sus discípulos le dijeron: Veinticuatro profetas ha habido en Israel y todos hablaron de ti. El les dijo: Dejáis al que está vivo y en presencia vuestra y os dedicáis a hablar de los muertos.

**53.** Sus discípulos le preguntaron: ¿Es útil la circuncisión o no? El les respondió: Si fuera algo útil su padre los engendraría ya circuncisos en su madre. Sin embargo la verdadera circuncisión en el espíritu genera grandes beneficios.

**54.** Jesús dijo: Bienaventurados los pobres, porque vuestro es el Reino de los cielos.

**55.** Jesús dijo: Quien no odie a su padre y a su madre no podrá ser discípulo mío y el que no odie a sus hermanos y sus hermanas y no lleve su cruz como yo la llevo no será digno de mí.

**56.** Quien ha conocido el mundo ha hallado sólo un cadáver y quien ha hallado un cadáver es superior al mundo.

**57.** Jesús dijo: El Reino del Padre es semejante a un hombre que había sembrado su campo con buena semilla. Su enemigo vino durante la noche y sembró cizaña entre su sembradío. Sin embargo el hombre no dejó que arrancaran la cizaña diciendo: Tal vez al intentar arrancar la cizaña, arranquéis también el trigo con ella. Cuando llegue el momento de la siega, las cizañas se distinguirán claramente, entonces las arrancaremos y serán arrojadas al fuego.

**58.** Jesús dijo: Bienaventurado el que ha sufrido pues ha hallado la vida.

**59.** Jesús dijo: Mientras estáis vivos mirad a quien está vivo, vaya a ocurrir que muráis y ya no lo podáis hacer.

**60.** Vieron a un samaritano que entraba en Judea llevando un cordero. El preguntó a sus discípulos ¿Qué va a hacer ese con el cordero? Ellos respondieron: Lo matará y se lo comerá. El les dijo: Mientras esté vivo no se lo podrá comer, sólo lo comerá una vez se haya convertido en cadáver. Ellos dijeron: No podría ser de otro modo. Y él les dijo: Buscad vosotros también un lugar en el reposo, a fin de que no os convirtáis igualmente en cadáveres y del mismo modo seáis devorados.

**61.** Jesús dijo: Dos reposarán sobre un lecho, uno de ellos morirá y el otro vivirá. Salomé dijo: ¿Quién eres tú? ¿De quién eres hijo? Has subido a mi cama y has comido de mi mesa. Jesús le dijo: Soy el que proviene del Uno Indiviso y se me han dado algunas de las cosas de mi Padre. Salomé dijo: Soy tu discípula. Y Jesús le dijo: Por eso digo: Lo indiviso está lleno de luz, mientras que lo dividido, lo llenan las tinieblas.

**62.** Jesús dijo: Yo digo mis misterios a los que son dignos de ellos. Lo que haga tu mano derecha, que no lo sepa tu mano izquierda.

**63.** Jesús dijo: Había un hombre rico que tenía mucho dinero y pensó: emplearé mi dinero en sembrar, cosechar y plantar y llenaré mis graneros de frutos de modo que no me falte nada. Esto era lo que pensaba en su corazón y aquella misma noche murió. ¡Aquél que tenga oídos, que oiga!

**64.** Jesús dijo: Cierto hombre preparó una cena para sus invitados. Cuando la comida estuvo lista mandó a un criado para que los avisase. El criado llegó al primero y le dijo: Mi amo te invita a cenar, a lo que éste respondió: Tengo que cobrar un dinero de ciertos comerciantes, van a venir a mi casa esta noche y tengo que darles instrucciones. No puedo asistir a la cena. Luego el criado fue a otro y le dijo: Mi amo te invita a cenar. A lo que éste respondió: Acabo de comprar una casa y voy a estar todo el día ocupado, no puedo ir. Fue luego a un tercero y le dijo: Mi amo te invita a cenar. Y éste le respondió: Un amigo mío se casa y yo debo hacer la comida, no puedo asistir a la cena de tu amo. Fue a otro y le dijo: Mi amo te invita. Este le respondió: he comprado una granja y debo ir a cobrar las rentas, no puedo asistir a la cena. El criado volvió a su amo y le dijo que ninguno de sus invitados podía asistir. Entonces el amo dijo al criado: Sal a los caminos y trae a quien quiera que encuentres, ellos serán los invitados a mi cena. Ni los comerciantes ni los negociantes entrarán en la casa de mi Padre.

**65.** Dijo: Había un hombre honesto que tenía una viña y la dio a sus empleados para que la trabajaran y le entregaran luego el producto. Llegado el momento mandó a un criado para que cobrara el producto de la viña y en lugar de ello sus empleados lo golpearon casi hasta matarlo. Sin embargo pudo huir y contar a su amo lo ocurrido. El amo dijo: Tal vez no te han reconocido. Y envió a otro criado con el mismo propósito. También aquél resultó duramente golpeado sin cobrar nada. Entonces el amo de la viña mandó a su hijo. Cuando los empleados supieron que aquél era el heredero de la viña lo agarraron y lo mataron. ¡Aquél que tenga oídos, que oiga!

**66.** Jesús dijo: Mostradme la piedra que ha sido rechazada por los albañiles. Esa es la piedra angular.

**67.** Jesús dijo: Quien crea que el Todo tiene defectos, él mismo está lleno de defectos.

**68.** Bienaventurados seréis cuando os persigan. Donde quiera que os hayan perseguido, no encontrarán ellos lugar.

**69.** Jesús dijo: Bienaventurados quienes han sufrido persecución en su interior. Ellos realmente conocerán al Padre. Bienaventurados los que tienen hambre, porque ellos serán saciados.

**70.** Jesús dijo: Si tenéis esto os salvaréis. Si no tenéis esto, eso mismo que no tenéis os hará morir.

**71.** Jesús dijo: Destruiré esta casa y nadie ya la podrá reconstruir.

**72.** Un hombre le dijo: Di a mis hermanos que repartan conmigo los bienes de mi padre. El le respondió: ¿Quién ha hecho de mí un repartidor? Y volviéndose hacia sus discípulos les preguntó: ¿Acaso soy yo el repartidor?

**73.** Jesús dijo: La cosecha es abundante pero los trabajadores son pocos. Rogad al señor para que mande más operarios para la cosecha.

**74.** Y dijo: Señor, hay muchos alrededor del pozo, pero nada dentro del pozo.

**75.** Jesús dijo: Son muchos los que se agolpan junto a la puerta, pero sólo el solitario entrará en la cámara nupcial.

**76.** Jesús dijo: El Reino del Padre se puede comparar a un comerciante que tenía un cargamento de mercancía y que encontró una perla. El comerciante era inteligente: vendió la mercancía y compró la perla para él solo. También vosotros debéis buscar el tesoro que mora allí donde la polilla no se acerca para comerlo y donde los gusanos no lo destruyen.

**77.** Jesús dijo: Yo soy la luz que está sobre todos ellos. Yo soy el Todo. El Todo salió de mí y llegó a mí. Partid la leña y allí estoy yo, levantad una piedra y allí me hallaréis.

**78.** Jesús dijo: ¿Para qué salís al campo? ¿Para ver a las cañas agitadas por el viento? ¿Para ver a un hombre vestid con finas telas, como vuestros reyes y grandes personajes? Aquéllos que llevan finas vestiduras no son capaces de discernir la verdad.

**79.** Una mujer le dijo desde la multitud: ¡Bendito el vientre que te llevó y los senos que te amamantaron! Y él le contestó: Benditos aquéllos que han encontrado la palabra del Padre y en verdad la siguen. En verdad os digo que vendrán días en que diréis: Bendito el vientre que no ha concebido y los senos que no han amamantado.

**80.** Jesús dijo: Quien ha conocido el mundo ha hallado un cuerpo y quien ha hallado un cuerpo es superior al mundo.

**81.** Jesús dijo: Que quien ha llegado a ser rico, sea rey y que quien posea el poder, renuncie a él.

**82.** Jesús dijo: Quien está cerca de mí está cerca del fuego y quien está lejos de mí está lejos del Reino.

**83.** Jesús dijo: Las imágenes se manifiestan al hombre pero la luz que hay en ellas está oculta en la imagen de la luz del Padre. El se manifestará, pero su imagen permanecerá oculta tras su luz.

**84.** Jesús dijo: Cuando veis vuestras imágenes os alegráis. Pero cuando veáis vuestras imágenes presentes ante vosotros que ni mueren ni se manifiestan, ¡cuánto tendréis que soportar!

**85.** Jesús dijo: Adán nació de un gran poder y de una gran riqueza, pero no fue digno de vosotros, porque si lo hubiera sido, no habría conocido la muerte.

**86.** Jesús dijo: Los zorros tienen sus madrigueras y los pájaros tienen sus nidos pero el hijo del hombre no tiene siquiera un lugar donde apoyar su cabeza y descansar.

**87.** Jesús dijo: Miserable es el cuerpo que depende de

un cuerpo y miserable es el alma que depende de ellos dos.

**88.** Jesús dijo: Los ángeles, al igual que los profetas, vendrán a vosotros y os darán aquello que ya tenéis. Y vosotros, dadles también lo que tenéis y decíos a vosotros mismos: ¿Cuándo vendrán a tomar lo que es suyo?

**89.** Jesús dijo: ¿Por qué laváis el exterior de la copa? ¿No comprendéis que quien hizo el exterior hizo también el interior de ella?

**90.** Jesús dijo: Venid a mí pues mi yugo es bueno y mi dominio suave y en mí encontraréis el reposo.

**91.** Ellos le dijeron: Dinos quién eres a fin de que podamos creer en ti. Y él les contestó: Interpretáis el aspecto del cielo y de la tierra pero no sois capaces de reconocer a quien está frente a vosotros, no lo reconocéis y no lo distinguís.

**92.** Jesús dijo: Buscad y encontraréis, pero aquello que me preguntasteis y que entonces no os dije, ahora que quisiera decíroslo, no me lo preguntáis.

**93.** Jesús dijo: No deis las cosas sagradas a los perros, para que no las arrojen a la basura. No deis perlas a los cerdos, para que no las destrocen a mordiscos.

**94.** Jesús dijo: El que busca hallará y a quien llame se le abrirá.

**95.** Jesús dijo: Si tenéis dinero no lo prestéis con intereses, sino más bien dadlo a aquél de quien ya no lo recibiréis.

**96.** Jesús dijo: El Reino del Padre es semejante a una mujer que tomó un poco de levadura, la introdujo en la masa e hizo grandes panes. ¡Aquél que tenga oídos, que oiga!

**97.** Jesús dijo: El Reino del Padre es semejante a una mujer que llevaba una vasija llena de harina. Mientras iba por un camino apartado, se le rompió el asa de la vasija, y la harina se fue desparramando por la tierra detrás suyo sin ella apercibirse de lo ocurrido. Cuando llegó a su casa, puso la vasija en el suelo y la encontró vacía.

**98.** Jesús dijo: El Reino del Padre es semejante a un hombre que quería matar a un importante y poderoso personaje. Tomó la espada y la hundió en la muralla para probar si su mano sería lo suficientemente firme. Después, mató al personaje importante.

**99.** Sus discípulos le dijeron: Tu madre y tus hermanos te esperan afuera. Y él dijo: Estos que están aquí, y que cumplen la voluntad de mi Padre, ellos son mis hermanos y mi madre. Ellos son los que entrarán en el Reino de mi Padre.

**100.** Le enseñaron a Jesús una moneda de oro diciéndole: Las gentes del César nos exigen el pago de los tributos. El les respondió: Dad al César lo que es del César, a Dios lo que es de Dios, y a mí dadme lo que es mío.

**101.** Jesús dijo: Quien no odie a su padre y a su madre como yo, no podrá ser discípulo mío. Y quien no ame a su padre y a su madre como yo no podrá ser discípulo mío. Pues mi madre me dio (...) mas mi madre verdadera me dio la vida.

**102.** Jesús dijo: Maldición a los fariseos, pues son como un perro que se ha acostado sobre el pesebre de los bueyes. Ni come ni deja a los bueyes comer.

**103.** Jesús dijo: Bienaventurado el que sabe cuando llegarán a su casa los ladrones, pues podrá levantarse y prepararse para defender su propiedad antes que ellos entren en la casa.

**104.** Le dijeron: Ven, vamos a orar y ayunar. Jesús dijo: ¿Qué pecado he cometido o en qué he sido vencido? Cuando el esposo salga de la cámara nupcial, que entonces oren y ayunen.

**105.** Jesús dijo: Aquél que conocerá al padre y a la madre, será llamado hijo de prostituta.

**106.** Jesús dijo: Cuando hagáis de dos uno, os convertiréis en hijo del hombre y cuando digáis: Montaña, muévete, ella se moverá.

**107.** Jesús dijo: El Reino se puede comparar a un pastor que tenía cien ovejas. La más gruesa de ellas se perdió. Entonces él dejó las otras noventa y nueve y se puso a buscar a la oveja perdida hasta que finalmente la encontró. Después de tanto penar le dijo a la oveja encontrada: te quiero más a ti que a las otras noventa y nueve.

**108.** Jesús dijo: Aquél que beba de mi boca será como yo y yo mismo me volveré él y las cosas ocultas le serán reveladas.

**109.** El Reino se puede comparar a un hombre que tenía en su campo un tesoro escondido sin él saberlo. Al morir él lo heredó su hijo que tampoco sabía nada, quien poco después lo vendió. El que compró el campo, trabajando un día en él halló el tesoro. Y después se dedicó a prestar dinero con intereses a quien el quiso.

**110.** Jesús dijo: Quien encontró al mundo se hizo rico. ¡Ojalá pueda renunciar a él!

**111.** Jesús dijo: Los cielos y la tierra se enrollarán en presencia vuestra y el Uno Vivo no conocerá la muerte ni el temor pues Jesús dijo: Quien se encuentra a sí mismo es superior al mundo.

**112.** Jesús dijo: Maldición a la carne que depende del alma. Maldición al alma que depende de la carne.

**113.** Le preguntaron sus discípulos: ¿Cuándo llegará el Reino? Jesús les dijo: No llegará tras una espera. No se podrá decir "está aquí" o "está allá". El Reino del Padre está por toda la tierra y los hombres no lo ven.

**114.** Simón Pedro les dijo: Que María salga de entre nosotros, pues las mujeres no son dignas de la Vida. Y Jesús dijo: Yo la guiaré para convertirla en varón, para que también ella se convierta en un espíritu vivo semejante a vosotros, varones. Pues toda mujer que se convierta en varón podrá entrar en el Reino de los cielos.

# El Evangelio según Felipe

Escrito muy probablemente en Siria, durante el siglo segundo de nuestra era, el llamado *Evangelio según Felipe* es una colección de dichos de tipo ético, moral y teológico, con un fuerte sabor oculto y un notable contenido esotérico. Posiblemente constituya una refundición de ciertas enseñanzas destinadas a los catecúmenos gnósticos que se preparaban para recibir la iniciación.

La llamada *Cámara Nupcial* ocupa un papel protagónico a lo largo de todo el texto. Se enfatiza el que todos los males de la humanidad proceden de la separación de los sexos, del momento en que Eva fue separada de Adán rompiéndose de este modo el andrógino original. Otra idea notable en este evangelio es el hecho de que todas las cosas importantes ocurren de un modo oculto: "cuando las raíces salen a la luz, el árbol muere".

Pese a carecer de una continuidad argumental, sí presenta algún tipo de coherencia sutil que si bien no queda claramente manifestada, se insinúa a través de ciertas palabras claves.

Atribuido por muchos a Valentín, el *Evangelio de Felipe* encontrado también entre los rollos de Nag Hammadi, ha supuesto una notable contribución al limitado conocimiento existente hoy día sobre la teología gnóstica.

# EL EVANGELIO
# SEGUN FELIPE

**1.** Un hebreo hace a otro hebreo y a éste se le denomina prosélito. Pero un prosélito no hace a otro prosélito. Algunos son como son y hacen a otros como ellos y otros, simplemente existen.

**2.** El esclavo sólo aspira a obtener su libertad, pero no pretende llegar a ser como su amo, sin embargo el hijo no es sólo hijo, sino que reclama para sí la herencia de su padre.

**3.** Los que heredan de los muertos están ellos a su vez muertos y heredan lo que está muerto. Quienes heredan de los vivos están vivos y heredan de lo que está vivo y de lo que está muerto. Los muertos no heredan de nadie. ¿Cómo podría heredar un muerto? Si el que está muerto hereda lo vivo vivirá.

**4.** Un pagano no muere, pues nunca estuvo vivo para poder morir. Quien ha conocido la Verdad ha llegado a vivir y está en peligro de morir, pues vive.

**5.** Desde la venida de Cristo el mundo fue creado, las ciudades fueron decoradas y lo muerto fue retirado.

**6.** Cuando éramos hebreos éramos huérfanos, sólo teníamos madre. Ahora que somos cristianos tenemos un padre y una madre.

**7.** Quienes siembran en invierno, cosechan en verano. El invierno es el mundo, el verano es el otro eón. ¡Sembremos en el mundo para que podamos cosechar en el verano! Por ello no interesa orar en invierno. El verano sigue al invierno. Quien se empeñe en cosechar en invierno no podrá hacerlo, pues en invierno no se cosecha.

**8.** (...)

**9.** Cristo vino para rescatar a algunos, para salvar a otros y para redimir a otros. Rescató a los extraños y los hizo suyos. Separó a los suyos, según su voluntad. No sólo decidió morir cuando él quiso, sino que voluntariamente lo hizo desde el primer día en que el mundo fue creado.

Cuando quiso vino a recuperar su vida ya que ésta había sido resguardada: había caído en manos de ladrones y había sido hecha prisionera. Pero él la liberó, rescatando a los buenos que había en el mundo y también a los malos.

**10.** La luz y las tinieblas, la vida y la muerte, los de la derecha y los de la izquierda son hermanos entre sí, pues es imposible separar a unos de otros. Por ello ni los buenos son buenos, ni los malos malos, ni la vida es vida, ni la muerte muerte. De este modo cada uno vendrá a disolverse en su propio origen desde el principio; pero los que están por encima del mundo son indisolubles y eternos.

**11.** Los nombres que se dan a las cosas del mundo producen grandes engaños pues distraen la atención de lo estable y la llevan hacia lo inestable. Y así quien oye la palabra "Dios" no percibe lo que es correcto, sino lo incorrecto. Lo mismo ocurre con el "Padre", el "Hijo", el "Espíritu Santo", la "vida", la "resurrección", la "luz", la "Iglesia" y tantas otras palabras, no se perciben los conceptos correctos, sino los incorrectos, de no ser que se conozca de antemano los primeros.

**12.** Sólo hay un nombre que nunca se pronuncia en el mundo. Es el nombre que el Padre dio al Hijo. El nombre que está sobre todas las cosas. Es el nombre del Padre pues el Hijo no podría llegar a ser el Padre a menos que llevase el nombre del Padre. Quienes conocen ese nombre no hablan de él y quienes no lo conocen, no lo podrían entender. La verdad trajo muchos nombres a la existencia pues sin ellos es imposible enseñar. La verdad es una cosa única pero al mismo tiempo es muchas con el fin de enseñarnos a amar a esa única a través de muchas.

**13.** Los Arcontes quisieron engañar al hombre, viendo que éste tenía parentesco con los verdaderamente buenos. Quitaron el nombre a los que eran buenos y se lo dieron a los que no eran buenos con el fin de engañarle a través de los nombres y vincularle a los que no son buenos. Luego harían que se separen de los que no son buenos y los integran entre los que son buenos, que ellos ya conocían. Pues pretendían raptar al que es libre y hacerlo su esclavo para siempre.

**14.** Hay Potencias que luchan contra el hombre pues no quieren que éste llegue a salvarse para que ellas consigan ser (...); pues si el hombre se salva, no se hacen sacrificios ni se ofrecen animales a las Potencias. Es a éstas a quienes se hacen tales ofrendas vivas, que al ser sacrificadas mueren. El hombre, por su parte, fue ofrecido a Dios estando muerto y vivió.

**15.** Antes de la venida de Cristo no había pan en el mundo. Al igual que en el paraíso, lugar en el que moraba Adán, había muchos árboles para alimento de los animales, pero pan para el hombre. Este se alimentaba como los animales. Al venir Cristo, el hombre perfecto, trajo pan del cielo para que el hombre se alimentara con alimento humano.

**16.** Los Arcontes creían que era por su fuerza y por su voluntad que hacían lo que hacían; pero es el Espíritu Santo el que actuaba a través de ellos según su voluntad y en secreto. La verdad, que ha existido desde siempre, es sembrada por todas partes. Muchos ven como se siembra pero pocos son los que ven cómo se cosecha.

**17.** Algunos dicen que María concibió por obra del Espíritu Santo. Se equivocan y no saben lo que dicen. ¿Cuándo ha concebido de mujer una mujer? María es la Virgen no manchada por potencia alguna. Ella es un gran anatema para los judíos que son los apóstoles y los apostólicos. Esta Virgen que ninguna Potencia ha manchado, mientras las potencias se manchan a ellas mismas. El señor no habría dicho: "Mi Padre que está en los cielos", si hubiera tenido otro padre. De no ser así habría dicho simplemente: "Mi Padre".

**18.** El Señor dijo a sus discípulos: "Podéis llevar cualquier cosa de otras casas a la casa del Padre, pero no podéis tomar nada de la casa del Padre ni sacar nada de ella".

**19.** "Jesús" es un nombre secreto. "Cristo" es un nombre revelado. Por ello "Jesús" no existe en ninguna otra lengua. Su nombre es siempre "Jesús". En siríaco se dice "Mesías", en griego "Cristo". El "Nazareno" es quien revela lo que está oculto.

**20.** Cristo reúne todo en sí mismo, ya sea hombre, ángel o misterio y también al Padre.

**21.** Los que dicen que el Señor primero murió y luego resucitó, se equivocan pues primero resucitó y luego murió. Quien no consigue primero la resurrección morirá; tan cierto como que Dios vive, morirá.

**22.** Nadie esconde un objeto grande y valioso en un gran recipiente, sino que muchas veces se guardan tesoros abundantes en un cofre que no vale apenas nada. Esto ocurre con el alma que es un objeto precioso y ha venido a caer en un cuerpo despreciable.

**23.** Hay quienes tienen miedo de resucitar desnudos y por eso quieren resucitar con su carne, no saben que los que están revestidos de carne son los desnudos. Aquéllos que se atreven a desnudarse son precisamente los que no están desnudos. Ni la carne ni la sangre heredarán el Reino de Dios. ¿Cuál es la carne que no va a heredar? La que llevamos encima. ¿Y cuál es, por el contrario, la que va a heredar? La de Jesús y su sangre. Por eso dijo El: "El que no coma mi carne y beba mi sangre, no vivirá". Su carne es el Logos y su sangre es el Espíritu Santo, quien ha recibido estas cosas tiene alimento bebida y vestido.

Yo recrimino a quienes afirman que la carne no va a resucitar, pues yerran. Tú dices que la carne no resucitará. Entonces dime: ¿qué es lo que va a resucitar?, para que podamos hacerte los honores. Tú dices que el Espíritu está dentro de la carne y que también esta luz está dentro de la carne. Mas el Logos también está dentro de la carne, pues cualquiera de las cosas a que te refieras ninguna se encuentra fuera del recinto de la carne. Así, es necesario resucitar en esta carne, ya que en ella está todo contenido.

**24.** En este mundo, aquéllos que se ponen un vestido valen más que el propio vestido. Sin embargo en el Reino de los cielos valen más los vestidos que quienes se los han puesto

**25.** A través del agua y del fuego todo será purificado. Lo que es visible, por lo visible y lo oculto por lo oculto. Mediante las cosas visibles hay cosas ocultas. En el agua hay agua y hay fuego en los aceites para ungir.

**26.** Jesús los engañó a todos pues no se manifestó como era de verdad sino de manera que pudiera ser visto. Así se apareció a los grandes como grande, a los pequeños como pequeño, a los ángeles como ángel y a los hombres como hombre. Pero su Logos se mantuvo oculto a todos. Algunos le vieron y creyeron que se veían a sí mismos; mas cuando se manifestó gloriosamente a sus discípulos sobre la montaña, no era pequeño, se hizo grande e hizo grandes a sus discípulos a fin de que fueran capaces de verlo en su grandeza.

**27.** En aquel día de acción de gracias dijo: "Vosotros que os habéis unido a los perfectos, a la luz, al Espíritu Santo, uníos también con los ángeles". No despreciéis al cordero pues sin él no es posible ver al rey. Nadie podrá ver al rey estando desnudo.

**28.** Más numerosos son los hijos del hombre celestial que los del hombre terrenal. Si los hijos de Adán son numerosos, a pesar de ser mortales, ¡cuánto más numerosos serán los hijos del hombre perfecto que no mueren, sino que son engendrados ininterrumpidamente!

**29.** El padre hace un hijo y el hijo no tiene posibilidad de hacer a su vez un hijo, pues quien ha sido engendrado no puede engendrar por su parte, sino que el hijo puede tener hermanos, pero no hijos.

**30.** Todos los que son engendrados en el mundo lo son por la naturaleza, los demás, por el Espíritu. Los que son engendrados por éste avisan al hombre desde aquí abajo para recordarle la promesa de arriba.

**31.** Si el Logos hubiera salido de allí (la boca) se alimentaría por la boca y sería perfecto. Los perfectos son fecundados por un beso y engendran. Por eso nos besamos nosotros también unos a otros y recibimos la fecundación por la gracia que nos es común.

**32.** Tres eran las que caminaban continuamente con el Señor: su madre María, la hermana de ésta y Magdalena, a quien se designa como su compañera. Tanto su hermana como su madre y su compañera son Marías.

**33.** Padre e Hijo son nombres simples. Espíritu Santo es un nombre compuesto. Los simples se encuentran en todas partes: arriba, abajo, en lo secreto y en lo manifiesto. El Espíritu Santo está en lo revelado, abajo, en lo secreto y arriba.

**34.** Las Potencias malignas sirven a los santos, después de haber sido dejadas ciegas por el Espíritu Santo para que crean que están sirviendo a un hombre en lugar de a los santos. Por eso cuando un día un discípulo le pidió al Señor una cosa del mundo El le dijo: Pídeselo a tu madre y ella te hará partícipe de las cosas ajenas.

**35.** Los apóstoles dijeron a los discípulos: "Que toda nuestra ofrenda obtenga sal". Ellos llamaban sal a la Sofía, pues sin ella ninguna ofrenda es aceptable.

**36.** La Sofía es estéril, sin hijos, por eso se la llama también sal.

**37.** Lo que el padre posee le pertenece al hijo, pero mientras éste es pequeño no se le confía lo que es suyo.

Cuando se hace hombre, entonces el padre le da todo lo que posee.

**38.** Cuando los engendrados por el espíritu se equivocan, lo hacen también por él. Del mismo modo que un soplo aviva el fuego y también lo apaga.

**39.** (...)

**40.** Hay animales que viven sometidos al hombre, tales como las vacas, los asnos y otros parecidos. Sin embargo hay otros que no se someten y viven solos en parajes desiertos. El hombre ara el campo con animales domesticados y se alimenta a sí mismo y a los animales, tanto a los que se someten como a los que no se le someten. Lo mismo pasa con el hombre perfecto. Con la ayuda de las Potencias que le son dóciles ara y cuida de que todos subsistan. Por eso se mantiene en pie todo, ya se trate de los buenos, de los malos, de los que están a la derecha o de los que están a la izquierda. El Espíritu Santo apacienta a todos y ejerce su dominio sobre todas las Potencias, lo mismo sobre las dóciles que sobre las no dóciles y solitarias, pues él las recluye y las encierra para que las más ariscas no se escapen.

**41.** (...)

**42.** Primero hubo adulterio y luego vino el asesino engendrado de adulterio, pues era el hijo de la serpiente. Por ello vino a ser homicida como su padre y mató a su hermano. Ahora bien, toda relación sexual entre seres no semejantes entre sí es adulterio.

**43.** Dios es tintorero. Así como el buen tinte auténtico desaparece sólo con las cosas que con él han sido teñidas, lo mismo ocurre con aquéllos a quienes Dios ha teñido, puesto que su tinte es imperecedero, gracias a él resultan ellos mismos inmortales. Sin embargo, Dios bautiza con agua.

**44.** Es imposible que veamos nada a menos que seamos semejantes a lo que vemos. Con la verdad no ocurre lo mismo que con el hombre mientras se encuentra en este mundo, que ve el sol sin ser el sol y contempla el cielo y la tierra y todas las demás cosas sin ser ellas mismas. Tú, en cambio, viste algo de aquel lugar y te convertiste en aquellas cosas que habías visto, viste al Espíritu y te hiciste Espíritu, viste al Cristo y te hiciste Cristo; viste al Padre y te harás Padre. Por eso tú ves todas las cosas y no te ves a ti mismo; pero allá sí te verás, pues llegarás a ser lo que veas.

**45.** La fe recibe, el amor da. Nadie puede recibir sin la fe, nadie puede dar sin amor. Por eso creemos para poder recibir; pero para poder dar de verdad hemos de amar también ya que si uno da, pero no da por amor, ninguna utilidad obtendrá de lo que ha dado.

**46.** Aquél que no ha recibido al Señor es todavía hebreo.

**47.** Los apóstoles le llamaron así: "Jesús el Nazareno", "Mesías", que quiere decir "Jesús el Nazareno", el "Cristo". El último nombre es el "Cristo", el primero "Jesús", el de en medio "el Nazareno". "Mesías" tiene un doble significado: significa tanto "el Cristo" como "el Medido". "Nazara" es la verdad, así "el Nazareno" es "la verdad".

**48.** Si se echa una perla a la basura, no por ello pierde su valor. Tampoco gana valor si es tratada con aceites, sino que a los ojos de su dueño su valor es siempre el mismo. Igual ocurre con los hijos de Dios. Siempre conservan su valor a los ojos del Padre.

**49.** Si dices: "Soy judío", nadie se sorprenderá. Si dices: "Soy romano", nadie temblará. Si dices: "Soy griego, bárbaro, esclavo u hombre libre" nadie se preocupará. Si dices: "Soy cristiano", todos se pondrán a temblar. ¿Llegaré a recibir esa señal que ni los Arcontes pueden soportar?

**50.** Dios es un comedor de hombres, por eso los hombres se le sacrifican. Antes se sacrificaban animales, si bien aquéllos no eran dioses.

**51.** Las vasijas de vidrio y las de arcilla son hechas mediante el fuego. Si las de vidrio se rompen, se pueden componer, pues fueron hechas a través de un soplo. Si las vasijas de barro se rompen, no se pueden ya reparar pues fueron hechas sin soplo, sin aliento.

**52.** El asno que da vueltas alrededor de una piedra de molino caminó cien millas y cuando lo desamarraron se encontró con que seguía todavía en el mismo lugar. Hay muchos hombres que también hacen mucho camino sin progresar en absoluto hacia la dirección de su destino. Cuando llega la noche, no han visto ciudades ni pueblos, ni creación, naturaleza, potencia, ni ángel. Han caminado en vano.

**53.** La eucaristía es Jesús, pues en siríaco se llama "Farisata", que significa "el que se extiende". Jesús vino a crucificar al mundo.

**54.** El Señor fue a la tintorería de Leví, tomó setenta y dos colores diferentes, los echó en una tinaja y luego los sacó todos teñidos de blanco. Dijo: El hijo del hombre ha venido como tintorero.

**55.** La Sofía, llamada "la estéril", es la madre de los ángeles. La compañera de Cristo es María Magdalena a quien el Señor amaba más que a todos los discípulos y acostumbraba a besarla frecuentemente en la boca. Los demás se ofendían y le preguntaban por qué la amaba más que a ellos.

**56.** ¿Por qué la amo más que a vosotros? respondió él. Si un ciego y un vidente se encuentran en una habitación oscura, ambos están en la misma situación, sin embargo cuando se haga la luz, el vidente verá y el otro permanecerá en la oscuridad.

**57.** Dijo el Señor: Bienaventurado el que existía antes de existir, pues él fue y será.

**58.** La superioridad del hombre no es evidente, sino que está oculta y se basa en lo que no es apreciable a los ojos. Por eso domina a los animales que son más grandes y fuertes y además los alimenta. Si él se separa de ellos, comienzan a morderse unos a otros e incluso a matarse si no hallan comida. Pero ahora, tienen comida pues el hombre trabaja la tierra.

**59.** Si alguien, después de bajar hasta el río, sale de él sin haber recibido nada y dice "soy cristiano", este nombre lo ha recibido sólo en préstamo. Mas si recibe al Espíritu Santo, queda en posesión de tal nombre a título de regalo. A quien ha recibido un regalo nadie se lo quita, pero a quien se le da un préstamo, se le reclama.

**60.** Lo mismo ocurre cuando uno experimenta un misterio. El misterio del matrimonio es muy grande, pues sin él el mundo no existiría. La existencia del mundo depende del hombre, la existencia del hombre depende del matrimonio. Pensad en la unión sin mancha, pues tiene un gran poder. Su imagen radica en un abandono de la forma.

**61.** Entre los espíritus impuros los hay machos y hembras. Los machos son aquéllos que se unen a las almas que están alojadas en un cuerpo femenino. Los espíritus impuros hembras se unen a las almas que tienen un cuerpo masculino. Nadie podrá huir de estos espíritus si se apoderan de uno, de no ser que esté dotado simultáneamente, de una, fuerza masculina y de otra femenina, es decir, esposo y esposa provenientes de la cámara nupcial en imagen. Cuando las mujeres necias descubren a un hombre solitario se lanzan sobre él, bromean con él y lo manchan. Lo mismo ocurre con los hombres necios: si descubren a una mujer hermosa que vive sola, procuran insinuarse e incluso forzarla con el fin de violarla. Pero si ven que hombre y mujer viven juntos, ni las hembras podrán acercarse al macho ni los machos a la hembra. Lo mismo ocurre si la imagen y el ángel están unidos entre sí: tampoco se atreverá nadie a acercarse al hombre o a la mujer.

Aquél que sale del mundo no puede ya ser retenido por él por la sencilla razón de que ya estuvo en el mundo. Está claro que éste es superior al deseo y al miedo, domina a la naturaleza y a la envidia. ¿Cómo se escapa éste a sus grandes poderes? ¿Cómo se oculta de ellos? Si el Espíritu Santo está con él, ningún espíritu impuro podrá nada contra él. Ni temerá a la carne ni la amará.

**62.** No tengas miedo de la carne ni la ames, si la temes te dominará, si la amas te paralizará y te devorará.

**63.** O se está en este mundo o en la resurrección o en lugares intermedios. ¡Quiera Dios que a mí no me encuentren en ellos! En este mundo hay cosas buenas y cosas malas: las cosas buenas no son las buenas y las malas no son las malas. Pero hay algo malo después de este mundo que es en verdad malo y que llaman el Intermedio, es decir, la muerte. Mientras estamos en este mundo es conveniente que nos esforcemos por conseguir la resurrección para que una vez que abandonemos la carne hallemos el descanso y no tengamos que estar errando por Intermedio. Muchos equivocan el camino. Es conveniente salir del mundo antes de haber pecado.

**64.** Algunos ni quieren ni pueden, otros, aunque quieran no les sirve de nada, por no obrar. De manera que el querer los hace pecadores, lo mismo que el no querer. La justicia se esconderá de ambos: del querer y del no hacer.

**65.** Un apostólico vio en una visión a algunas personas encerradas en una casa en llamas, encadenadas con grillos de fuego y arrojadas en un mar de fuego. Les preguntó por qué no se las podía librar de aquello y le respondieron que no lo deseaban, que habían recibido aquello como castigo.

**66.** El alma y el espíritu han llegado a la existencia partiendo de agua, fuego y luz a través del hijo de la cámara nupcial. El fuego es la unción, la luz es el fuego; no estoy hablando de este fuego que no posee forma alguna, sino del otro cuya forma es de color blanco, que es refulgente y hermoso e irradia belleza.

**67.** La verdad no ha venido desnuda a este mundo, sino envuelta en símbolos e imágenes, ya que éste no podrá recibirla de otra manera. Hay un renacimiento y una imagen del renacimiento. Es en verdad necesario que se renazca a través de la imagen que es la resurrección. Es preciso que la imagen resucite por la imagen; es preciso que la cámara nupcial y la imagen a través de la imagen entren en la verdad que es la restauración final.

Todo esto es conveniente para aquéllos que no sólo reciben, sino que han hecho suyo por méritos propios el nombre del Padre y del Hijo y del Espíritu Santo. Si uno no los obtiene por sí mismo, aun el mismo nombre le será arrebatado. Estos nombres se reciben mediante unción aromática que los apóstoles llaman la "derecha" y la "izquierda" entonces uno deja de ser ya un simple cristiano para convertirse en un Cristo.

**68.** El Señor realizó todo en un misterio: un bautismo, una unción, una eucaristía, una redención y una cámara nupcial.

**69.** El Señor dijo: Yo he venido a hacer las cosas inferiores como las superiores y las externas como las internas, he venido para hacer una unidad con todo. Se manifestó aquí a través de símbolos. Aquéllos, pues, que dicen: "el que está encima", se equivocan, pues el "hombre celestial" es también el que está debajo y el que posee lo oculto que está sobre él. Así se habla de la parte "exterior" y de la "interior". A la más exterior se la denomina "tinieblas exteriores" y fuera de ellas no hay nada. El dijo: "mi Padre que está oculto en el interior" y también: "entra en tu recámara, cierra la puerta y haz oración al Padre que está en el interior", es decir, en el interior de todos nosotros y eso que está en el interior de todos nosotros es lo más elevado.

**70.** Antes de Cristo salieron algunos del lugar donde no habían de volver a entrar y entraron en el lugar de donde no habían de volver a salir. Pero Cristo, con su venida, sacó fuera a aquéllos que habían entrado y metió a aquéllos que habían salido

**71.** Mientras Eva estaba todavía en Adán no existía la muerte, mas cuando se separó de él ésta sobrevino. Cuando Eva retorne y él la acepte, dejará de existir la muerte.

**72.** "¡Dios mío! ¡Dios mío! ¿Por qué, Señor, me has abandonado?". Esto dijo El sobre la cruz pues allí es donde se le dividió.

El Señor resucitó de entre los muertos. Mas su cuerpo era perfecto tenía carne pero la suya era una carne de verdad. Nuestra carne sin embargo no es auténtica, sino sólo una imagen de la verdadera.

**73.** La cámara nupcial no está hecha para las bestias, ni para los esclavos, ni para las mujeres mancilladas, sino para los hombres libres y para las vírgenes.

**74.** Nosotros hemos sido engendrados por el Espíritu Santo, pero reengendrados por Cristo. En ambos casos hemos sido ungidos por el Espíritu, y al ser engendrados hemos sido también unidos.

**75.** Sin luz nadie podría contemplarse a sí mismo, ni en una superficie de agua ni en un espejo, pero si no tienes agua o espejo, aun teniendo luz, tampoco podrás contemplarte, por ello es preciso bautizarse con dos cosas: con la luz y con el agua. Ahora bien, la luz es la unción.

**76.** Tres eran los lugares en que se hacían ofrendas en Jerusalén: uno que se abría hacia el Poniente llamado el "Santo", otro abierto hacia el Mediodía, llamado el "Santo del Santo", y el tercero abierto hacia el Oriente, llamado el "Santo de los Santos", donde sólo podía entrar el Sumo Sacerdote. El bautismo es el "Santo", la redención es el "Santo del Santo", mientras que la cámara nupcial es el

"Santo de los Santos". El bautismo trae consigo la resurrección y la redención, mientras que ésta se realiza en la cámara nupcial. Mas la cámara nupcial se encuentra en la cúspide todo lo demás, no es posible hallar algo más elevado.

En Jerusalén hay algunos que sólo oran allí, y allí esperan al Reino de los cielos. A ellos se les llama "los Santos de los Santos". El velo del "Santo de los Santos" se rasgó de arriba hacia abajo a fin de permitir que algunos subieran de abajo hacia arriba.

**77.** Aquéllos que se han vestido de la luz perfecta no pueden ser vistos por las Potencias ni detenidos por ellas. Ahora bien, uno puede revestirse de esta luz en el sacramento o en la unión.

**78.** Si la mujer no se hubiera separado del hombre no habría muerto con él. Su separación vino a ser el comienzo de la muerte. Por eso vino Cristo, para anular la separación que existía desde el principio, para unir a ambos y para dar la vida a quienes habían muerto en la separación y volverlos así a unir de nuevo.

**79.** Pero si la mujer se une con su marido en la cámara nupcial, como todos aquéllos que se han unido en dicha cámara no volverán a separarse. Por eso se separó Eva de Adán, porque no se había unido con él en la cámara nupcial.

**80.** El alma de Adán llegó a la existencia por un soplo. Su cónyuge es el Espíritu, el Espíritu que le fue dado es su madre y su alma fue sustituida por un Espíritu.

Al unirse pronunció unas palabras que las Potencias no llegaron a comprender. Estas lo envidiaron pues ellas están separadas de la unión espiritual.

**81.** Jesús manifestó su gloria en el Jordán. La plenitud del Reino de los cielos, que existía antes que el Todo, nació allí de nuevo. El que antes había ya sido ungido, fue ungido de nuevo. El que había sido redimido, redimió a su vez a otros.

**82.** ¿Podemos revelar un secreto?: El Padre del Todo se unió con la Virgen que había descendido y un fuego le iluminó aquel día. El dio a conocer la gran cámara nupcial, y por eso su cuerpo, que tuvo origen aquel día, salió de la cámara nupcial como algo engendrado por el esposo y la esposa. Y asimismo gracias a éstos, Jesús puso todo en su lugar y todos y cada uno de sus discípulos entrarán en el mismo lugar de reposo.

**83.** Adán debe su origen a dos vírgenes, esto es, al Espíritu y a la tierra virgen. Por eso nació Cristo de una Virgen, para reparar la caída que tuvo lugar al principio.

**84.** Dos árboles hay en el centro del paraíso: el uno produce animales y el otro hombres. Adán comió del árbol que producía animales y se convirtió él mismo en animal y engendró animales. Por eso adoran los hijos de Adán a los animales. El árbol cuyo fruto comió Adán es el árbol del conocimiento. Por eso se multiplicaron los pecados. Si hubiera comido el fruto del otro árbol, es decir, el fruto del árbol de la vida, que produce hombres, entonces los dioses adorarían al hombre. Dios hizo al hombre y el hombre hizo a Dios.

**85.** Así ocurre también en el mundo: los hombres hacen dioses y adoran la obra de sus manos. Deberían más bien ser los dioses los que venerasen a los hombres como corresponde a la verdad.

**86.** Las obras del hombre dependen de su capacidad, por eso se las llama las "habilidades". Obras suyas son asimismo sus hijos, provenientes de un reposo. Por eso radica su potencia en sus obras, mientras que el reposo se manifiesta en los hijos. Esto se aplica hasta la misma imagen. Así, pues, el hombre hecho en base a la imagen, realiza sus obras mediante su fuerza, pero engendra sus hijos en el reposo.

**87.** En este mundo los esclavos sirven a los libres; en el Reino de los cielos servirán los libres a los esclavos y los hijos de la cámara nupcial servirán a los hijos del matrimonio. Los hijos de la cámara nupcial tienen un nombre, comparten el reposo y no tienen necesidad de nada más.

**88.** (...)

**89.** Quienes deban ser bautizados deberán bajar hasta el agua, y Cristo, saliendo del agua, los consagrará, así quienes reciban el bautismo en su nombre, serán perfectos.

**90.** Los que afirman que primero hay que morir y luego resucitar, se engañan. Si uno no recibe primero la resurrección en vida, tampoco recibirá nada al morir. Al hablar del bautismo dicen: Grande cosa es el bautismo, pues quien lo recibe vivirá.

**91.** El apóstol Felipe dijo: "José el carpintero plantó un bosque, pues necesitaba madera para su oficio". El fue quien construyó la cruz con los árboles que había plantado. Su semilla quedó colgada de lo que había plantado. Su semilla era Jesús, y la cruz el árbol.

**92.** Pero el árbol de la vida está en el centro del paraíso y también el olivo, del que procede el óleo, gracias al cual nos ha llegado la resurrección.

**93.** Este mundo se alimenta de cadáveres, todo lo que en él se come muere también. La verdad, en cambio, se alimenta de la vida misma, por eso ninguno de los que se alimentan de ella morirá. Jesús vino del otro lado y trajo alimento de allá. A los que lo deseaban dio El vida para que no murieran.

**94.** Dios plantó un paraíso, el hombre vivió en ese paraíso. Allí había muchos árboles para él y el hombre vivió en aquel lugar con la bienaventuranza y con la imagen de Dios. El árbol del conocimiento produjo la muerte de Adán y dio, en cambio, vida a los hombres. La ley era el árbol, tenía la propiedad de facilitar el conocimiento del bien y del mal, pero no alejó al hombre del mal ni le confirmó en el bien, sino que trajo consigo la muerte a todos aquéllos que de él comieron; pues al decir: "Comed esto, no comáis esto", se creó el principio de la muerte.

**95.** La unción es superior al bautismo pues es por la unción por la que hemos recibido el nombre de cristianos, no por el bautismo. También a Cristo se le llamó así por la unción pues el Padre ungió al Hijo, el Hijo a los apóstoles y éstos nos ungieron a nosotros. El que ha recibido la unción está en posesión del Todo: de la resurrección, de la luz, de la cruz y del Espíritu Santo. El Padre le otorgó todo esto en la cámara nupcial y él lo recibió.

**96.** El Padre moró en el Hijo y el Hijo en el Padre: esto es el reino de los cielos.

**97.** Dijo el Señor: Algunos entraron riendo en el Reino de los cielos y salieron. No permanecieron allí, uno porque no era cristiano, el otro porque después se arrepintió de su acción. Sin embargo tan pronto como Cristo bajó hasta el agua salió riéndose de todo cuanto existe en este mundo, no porque lo considerase una broma, sino por su alegría por todo. Quien quiera entrar en el Reino de los cielos deberá alcanzar ese estado, deberá despreciar todo lo de este mundo y reírse de ello como si de una broma se tratara.

**98.** (...)

**99.** El mundo fue creado por culpa de un error, pues el que lo creó quería hacerlo imperecedero e inmortal, pero no pudo realizar sus aspiraciones. El mundo nunca fue imperecedero ni tampoco el que lo creó, ya que incorruptibles e imperecederas no son las cosas, sino los hijos, y ninguna cosa podrá ser perdurable de no ser que se haga hijo, pues ¿cómo podrá dar el que no está en disposición de recibir?

**100.** La copa de la oración contiene vino y agua, ya que sirve de símbolo de la sangre, sobre la que se hace la acción de gracias. Está llena del Espíritu Santo y pertenece al hombre enteramente perfecto. Al beberla recibiremos en nosotros al hombre perfecto.

**101.** El agua viva es un cuerpo. Es preciso que nos revistamos del hombre vivo por eso, cuando uno se dispone a descender al agua, ha de desnudarse para poder revestirse de éste.

**102.** Un caballo engendra un caballo, un hombre engendra un hombre y un dios engendra un dios. Lo mismo ocurre con el esposo y la esposa, sus hijos tuvieron su origen en la cámara nupcial. No ha habido judíos que descendieran de griegos desde que el mundo existe. Y como cristianos, nosotros no descendemos de los judíos. Hubo otro pueblo conocido como "el pueblo elegido por Dios", "el hombre verdadero", el "hijo del hombre" y "la semilla del hijo del hombre". También se los llama "el pueblo de la verdad" y donde se hallen son los hijos de la cámara nupcial.

**103.** En cualquier lugar de este mundo la unión de hombre y mujer es una y es causa de fuerza, complementada con debilidad sin embargo en el eón la unión es diferente aunque nos refiramos a ambas por el mismo nombre.

**104.** Las denominamos así, pero hay otras denominaciones superiores a cualquiera de los nombres que pueda dárseles y más fuertes que la misma fuerza. Pues allí donde hay fuerza aparecen los que se exceden en la fuerza. No se trata de cosas separadas sino que conforman una sola y simple cosa.

**105.** No es necesario que todos los que se encuentran en posesión del Todo se conozcan a sí mismos. Algunos de los que no se conocen a sí mismos no gozarán de las cosas que poseen. Mas los que hayan alcanzado el propio conocimiento, ésos sí gozarán de ellas.

**106.** El hombre perfecto no sólo no podrá ser retenido, sino que ni siquiera podrá ser visto, pues si lo vieran, lo retendrían. Nadie podrá conseguir de otra manera esta gracia, de no ser que se revista de la luz perfecta y se convierta en hombre perfecto. Todo aquél que se haya revestido de ella entrará en el Reino.

**107.** Esa es la luz perfecta y es totalmente necesario que antes de abandonar este mundo nos convirtamos en hombres perfectos. Quien haya recibido todo sin abandonar estos lugares no será perfecto. Sólo Jesús conoce el destino de tales personas.

**108.** El sacerdote es totalmente santo, en su totalidad, incluso en lo que afecta a su cuerpo, puesto que si al recibir el pan lo santifica, lo mismo que al cáliz o a cualquier otra cosa ¿no santificará igualmente a su cuerpo?

**109.** De la misma manera que Jesús hizo perfecta al agua del bautismo, asimismo liquidó la muerte. Por eso nosotros descendemos hasta el agua, pero no bajamos hasta la muerte, para no quedar anegados en el espíritu del mundo. Cuando éste sopla hace llegar el invierno, mas cuando es el Espíritu Santo el que sopla viene el verano.

**110.** Quien posee el conocimiento de la verdad es un hombre libre y el que es libre no peca, pues quien peca es esclavo del pecado. La madre es la verdad, mientras que el conocimiento es el padre. Aquéllos a quienes no está permitido pecar, el mundo los llama libres. Aquéllos que no pueden pecar, el conocimiento de la verdad eleva sus corazones, esto es, los hace libres y los pone por encima de todo. El amor edifica, mas el que ha sido hecho libre por el conocimiento hace de esclavo por amor hacia aquéllos que todavía no llegaron a recibir la libertad del conocimiento; luego éste los prepara para que se hagan libres. El amor no se apropia nada, pues ¿cómo va a apropiarse de algo, si todo le pertenece? No dice: "Esto es mío" o "Aquello me pertenece" sino que dice: "Todo es tuyo".

**111.** El amor espiritual es vino y bálsamo. De él gozan

los que se dejan ungir con él, pero también aquéllos que son ajenos a éstos, con tal de que los ungidos continúen a su lado. En el momento en que los que fueron ungidos con bálsamo dejan de ungirse y se marchan, quedan despidiendo de nuevo mal olor los no ungidos que tan sólo estaban junto a ellos. El samaritano no proporcionó al herido más que vino y aceite. Esto no es otra cosa que la unción. Y así curó las heridas, pues el amor cubre multitud de pecados.

**112.** Los hijos que da a luz una mujer se parecen a aquél que ama a ésta. Si se trata de su marido, se parecen al marido; si se trata de un adúltero, se parecen al adúltero. Sucede también con frecuencia que cuando una mujer se acuesta por obligación con su marido mientras su corazón está con el adúltero, con quien mantiene relaciones, da a luz lo que tiene que dar a luz manteniendo su parecido con el amante. Mas vosotros que estáis en compañía del Hijo de Dios, no améis al mundo, sino al Señor, de manera que aquéllos que vais a engendrar no se parezcan al mundo, sino al Señor.

**113.** El ser humano copula con el ser humano, el caballo con el caballo, el asno con el asno. Las diferentes especies copulan con los de su raza. Del mismo modo se une el espíritu con el espíritu, el Logos con el Logos y la luz con la luz. Si tú te haces hombre, es el hombre el que te amará, si te haces espíritu, es el espíritu quien se unirá contigo; si te haces Logos, es el Logos el que se unirá contigo; si te haces luz, es la luz la que se unirá contigo; si te haces como uno de los de arriba, son los de arriba los que vendrán a reposar sobre ti; si te haces caballo, asno, vaca, perro, oveja u otro cualquiera de los animales que están afuera y que están abajo, no podrás ser amado ni por el hombre, ni por el espíritu, ni por el Logos, ni por la luz, ni por los de arriba, ni por los del interior. Estos no podrán venir a reposar en ti y tú no formarás parte de ellos.

**114.** El que es esclavo contra su voluntad podrá llegar a ser libre. Quien obtuvo la libertad por un favor de su amo y se vendió de nuevo a la esclavitud ya nunca más podrá ser libre.

**115.** Los trabajos del campo requieren de la ayuda de los cuatro elementos: se recolecta partiendo del agua, de la tierra, del viento y de la luz. Asimismo la agricultura de Dios depende de cuatro elementos: fe, esperanza, amor y conocimiento. Nuestra tierra es la fe, en la que echamos raíces; el agua es la esperanza, por la que nos alimentamos; el viento es el amor, por el que crecemos y la luz es el conocimiento, por el que maduramos.

**116.** La gracia existe de cuatro modos, es terrestre, es celestial, procede del más elevado cielo y reside en la verdad.

**117.** Bienaventurado el que nunca ha atribulado a un alma. Ese ser es Jesucristo, vino sin molestar a nadie. Por eso dichoso es el que así sea, pues es un hombre perfecto. Realmente es el Logos.

Contadnos acerca de él, pues es difícil de definir. ¿Cómo vamos a ser capaces de realizar semejante tarea?

**118.** ¿Cómo satisface a todos? Ante todo no debe causar tristeza a nadie, sea grande o pequeño, no creyente o creyente. Luego deberá proporcionar descanso a aquéllos que reposan en el bien. Hay gente a quienes gusta proporcionar descanso al hombre de bien. Al que practica el bien no le es posible proporcionar a éstos descanso, pues no está en su mano, pero tampoco le es posible causar tristeza ni dar ocasión a que ellos sufran angustia. Pero el hombre de bien les causa a veces aflicción. Y no es que él lo haga a propósito, sino que es su propia maldad la que los aflige. El que dispone de la naturaleza adecuada causa gozo al que es bueno, pero algunos se afligen.

**119.** Había un amo de casa que se proveyó de todo:

hijos, esclavos, ganado, perros, cerdos, trigo, cebada, paja, heno, huesos, aceite de ricino, carne y bellotas. Era inteligente y conocía lo necesario para cada actividad y para cada cual. A los hijos les ofreció pan, aceite y carne, a los esclavos les ofreció aceite de ricino y trigo; a los animales les echó cebada, paja y heno, a los perros les dio huesos y a los cerdos les echó bellotas y restos de pan. Lo mismo ocurre con el discípulo de Dios: si es inteligente, comprenderá lo que es ser discípulo. Las formas corporales no serán capaces de engañarle, sino que se fijará en la disposición del alma de cada cual y así hablará con él. Hay muchos animales en el mundo que tienen forma humana. Si es capaz de reconocerlos, echará bellotas a los cerdos, mientras que al ganado le echará cebada, paja y heno; a los perros les echará huesos, a los esclavos les dará lecciones elementales, y a los hijos la instrucción más refinada.

**120.** Hay un Hijo del hombre y hay un hijo del Hijo del hombre. El Señor es el Hijo del hombre, y el hijo del Hijo del hombre es aquél que fue hecho por el Hijo del hombre. El Hijo del hombre recibió de Dios la facultad de crear, y tiene también la de engendrar.

**121.** Quien ha recibido la facultad de crear es una criatura, quien ha recibido la de engendrar es un engendrado, quien crea no puede engendrar, quien engendra puede crear. Suele decirse que quien crea engendra, pero lo que engendra es una criatura. Por eso los que han sido engendrados por él no son sus hijos, sino sus criaturas. El que crea, actúa abiertamente y él mismo es visible. El que engendra, actúa ocultamente y él mismo permanece oculto. El que crea lo hace abiertamente, mas el que engendra lo hace ocultamente.

**122.** Nunca nadie sabrá cuál es el día en que el hombre y la mujer copulan, fuera de ellos mismos, ya que las nupcias de este mundo son un misterio. Y si la relación legal permanece oculta, cuánto más lo será el matrimonio ilegal. El matrimonio a que nos referimos no es carnal, sino puro; no pertenece a la pasión, sino a la voluntad; no pertenece a las tinieblas o a la noche, sino al día y a la luz. Si la unión matrimonial se efectúa al descubierto, queda reducida a un acto de prostitución.

No sólo cuando la esposa recibe el semen de otro hombre, sino también cuando abandona su dormitorio a la vista de otros, comete un acto de fornicación. Sólo le está permitido exhibirse a su propio padre, a su madre, al amigo del esposo y a los hijos del esposo. Estos pueden entrar todos los días en la cámara nupcial. Los demás, que se contenten con el deseo aunque sólo sea de escuchar su voz, de gozar de su perfume y de alimentarse de los desperdicios que caen de la mesa como los perros. Esposos y esposas pertenecen a la cámara nupcial. Nadie podrá ver al esposo y a la esposa de no ser que él mismo llegue a serlo.

**123.** Cuando a Abraham le fue concedido ver lo que hubo de ver, circuncidó la carne del prepucio enseñándonos con ello que es necesario destruir la carne del mundo. Mientras las pasiones están escondidas persisten y continúan viviendo, mas si salen a la luz perecen. Mientras las entrañas del hombre están escondidas, está vivo el hombre; si las entrañas aparecen por fuera y salen de él, morirá. Lo mismo ocurre con el árbol: mientras su raíz está oculta, echa retoños y se desarrolla, mas cuando su raíz se deja ver por fuera, el árbol se seca. Lo mismo ocurre con cualquier cosa que ha llegado a ser en este mundo, no sólo con lo manifiesto, sino también con lo oculto: mientras la raíz del mal está oculta, éste se mantiene fuerte; pero nada más sea descubierta, se desintegra y se desvanece. Por eso dice el Logos: Ya está el hacha frente a la raíz de los árboles. No podará, pues lo que se poda brota de nuevo, sino que cavará hasta el fondo, hasta sacar la raíz. Jesús ha arrancado de cuajo la raíz de todo mal, mientras que otros lo han hecho sólo en parte.

Nosotros, todos y cada uno debemos socavar la raíz del mal que está en cada uno de nosotros y debemos arrancarla enteramente del corazón. El mal lo erradicamos cuando lo reconocemos, pero si no nos damos cuenta de él echa raíces en nosotros y produce sus frutos en nuestro corazón; se enseñorea de nosotros y nos hace sus esclavos; nos tiene cogidos en sus garras para que hagamos aquello que no queremos y omitamos aquello que queremos; es poderoso porque no lo hemos reconocido y mientras está presente sigue actuando.

La ignorancia es la madre del mal y nos llevará a la muerte. Quienes proceden de la ignorancia nunca fueron ni son ni serán, sin embargo quienes moran en la verdad serán perfectos cuando la verdad sea revelada. La verdad es como la ignorancia: si está escondida, descansa en sí misma; pero si se manifiesta y se la reconoce, es objeto de alabanza porque es más fuerte que la ignorancia y que el error. Ella da la libertad. Ya dijo el Logos: "Si reconocéis la verdad, la verdad os hará libres". La ignorancia es esclavitud, el conocimiento es libertad. Si reconocemos la verdad, encontraremos los frutos de la verdad en nosotros mismos; si nos unimos a ella, nos dará la plenitud.

**124.** En este momento estamos en posesión de lo manifestado de la creación y decimos: "Esto es lo sólido y codiciable, mientras que lo oculto es débil y digno de ser despreciado". Así ocurre con el elemento manifiesto de la verdad que es débil y despreciable, mientras que lo oculto es lo sólido y digno de aprecio.

Los misterios de la verdad se revelan mediante modelos e imágenes, mientras que la cámara nupcial que es el Santo de los Santos permanece oculta.

**125.** El velo ocultaba en un principio la manera cómo

Dios gobernaba la creación pero cuando se rasgue y aparezca lo del interior, quedará desierta esta casa o tal vez será destruida. Mas la divinidad inferior no huirá de estos lugares al Santo de los Santos, pues no podrá unirse con la luz ni con el Pleroma sin mancha. Ella se refugiará bajo las alas de la cruz y bajo sus brazos. Ese arca le servirá de salvación cuando el diluvio de agua irrumpa. Los que pertenezcan al linaje sacerdotal podrán penetrar en la parte interior del velo con el Sumo Sacerdote. Por eso se rasgó aquél no sólo por la parte superior, pues entonces sólo se habría abierto para los que estaban arriba; ni tampoco se rasgó únicamente por la parte inferior, pues entonces sólo se habría mostrado a los que estaban abajo. Sino que se rasgó de arriba abajo.

Las cosas de arriba se nos hicieron patentes a nosotros que estamos abajo, para que podamos penetrar en lo recóndito de la verdad. Esto es realmente lo apreciable, lo sólido. Pero nosotros hemos de entrar allí a través de debilidades y de símbolos que no tienen valor alguno frente a la gloria perfecta. Hay una gloria por encima de la gloria y un poder por encima del poder. Por eso nos ha sido hecho patente lo perfecto y el secreto de la verdad. El Santo de los Santos se nos ha manifestado y la cámara nupcial nos ha invitado a entrar.

Mientras esto permanece oculto, la maldad está neutralizada pero no ha sido expulsada de la simiente del Espíritu Santo por lo que seguimos siendo esclavos de la maldad. Mas cuando esto se manifieste, entonces se derramará la luz perfecta sobre todos y todos los que se encuentran en ella recibirán la unción. Entonces quedarán libres los esclavos y los cautivos serán redimidos.

**126.** Toda planta que no haya sido plantada por mi Padre que está en los cielos será arrancada. Los separados serán unidos y colmados. Todos los que entren en la cámara nupcial irradiarán luz. Ese fuego brilla en la noche y no se apaga, pero los misterios de esta boda se desarrollan de día y a plena luz. Ese día y su resplandor no tendrán ocaso.

**127.** Quien hace hijo de la cámara nupcial, recibirá la luz. Si uno no la recibe mientras se encuentra en esos lugares, tampoco la recibirá en otro lugar. Quien reciba dicha luz, no podrá ser visto ni detenido, y nadie podrá molestarlo mientras viva en este mundo, e incluso, cuando haya salido de él, pues ya ha recibido la verdad en imágenes. El mundo se ha convertido en eón, pues el eón es para él plenitud, y lo es de esta forma: manifestándose a él exclusivamente, no escondido en las tinieblas y en la noche, sino oculto en un día perfecto y en una luz santa.

# INDICE

Introducción............................................................ 7
Protoevangelio de Santiago ................................... 9
Evangelio del Pseudo Mateo .................................. 31
Libro sobre la Natividad de María......................... 73
Evangelio de Tomás................................................ 89
Evangelio Arabe de la Infancia ............................. 107
Evangelio de Nicodemo.......................................... 147
Libro de San Juan Evangelista................................ 203
Historia de José el Carpintero................................. 227
Primera Epístola de San Clemente a los Corintios.. 251
Evangelio (gnóstico) según Tomás......................... 291
Evangelio según Felipe........................................... 311